AF152845

Kontaktadresse nach EU-Produktsicherheitsverordnung:
produktsicherheit@fischerverlage.de

Überall, wo Menschen zusammentreffen, entwickeln sich Mißverständnisse, Schwierigkeiten und Konflikte, die zu Streß und
Krankheit führen können.

Nossrat Peseschkian zeigt in seinen Fallgeschichten, wie ein anderer Blickwinkel helfen kann, aus einer verfahrenen Situation
herauszufinden. Dazu verwendet er orientalische Geschichten
und Gleichnisse, die den Patienten neue Perspektiven zum Verständnis und damit zur Bewältigung ihrer Probleme eröffnen.
Denn gesund ist nicht, wer keine Probleme hat, sondern wer in
der Lage ist, mit ihnen positiv und phantasievoll umzugehen.

Dr. med. Nossrat Peseschkian wurde 1933 in Persien geboren
und lebt seit 1954 in der Bundesrepublik. Nach dem Studium in Freiburg/Br., Mainz und Frankfurt am Main erhielt er
seine psychotherapeutische Ausbildung in der Bundesrepublik
Deutschland, der Schweiz und den USA. Seit 1969 hat Dr.
Peseschkian als Facharzt für Neurologie und Psychiatrie/Psy-
chotherapie eine Praxis in Wiesbaden mit den Schwerpunkten
psychosomatische Medizin und Psychotherapie. Er trat mit vielen Vorträgen und Publikationen an die Öffentlichkeit. 1997 erhielt er den Richard-Merten-Preis; 2006 das Bundesverdienst-
kreuz am Bande.
Im Fischer Taschenbuch Verlag sind erschienen: ›Psychotherapie des Alltagslebens. Konfliktlösung und Selbsthilfe‹ (Bd.
1855); ›Der Kaufmann und der Papagei‹ (Bd. 3300); ›Positive
Familientherapie‹ (Bd. 6761); ›Auf der Suche nach Sinn‹ (Bd.
6770); ›Positive Psychotherapie‹ (Bd. 6783); ›33 und eine Form
der Partnerschaft‹ (Bd. 6792); ›Psychosomatik und Positive
Psychotherapie‹ (Bd. 11713); (mit Udo Boessmann) ›Angst und
Depression im Alltag. Eine Anleitung zu Selbsthilfe und positi-
ver Psychotherapie‹ (Bd. 13302); ›Der nackte Kaiser. Oder wie
man die Seele der Kinder und Jugendlichen versteht und heilt‹
(Bd. 15477); ›Steter Tropfen höhlt den Stein. Mikrotraumen –
Das Drama der kleinen Verletzungen‹ (Bd. 16310) sowie ›Die
Treppe zum Glück‹ (Bd. 17112; mit Raymond Battegay).
Siehe auch: Thomas Kornbichler (unter Mitarbeit von Manije
Peseschkian) ›Nossrat Peseschkian. Morgenland – Abendland.
Positive Psychotherapie im Dialog der Kulturen‹ (Bd. 15861).

Unsere Adresse im Internet: www.fischerverlage.de

Nossrat Peseschkian

Das Geheimnis des Samenkorns

Positive Streßbewältigung

Fischer Taschenbuch Verlag

Geist und Psyche
Begründet von Nina Kindler 1964

5. Auflage

© 2024 S. Fischer Verlag GmbH,
Hedderichstr. 114, 60596 Frankfurt am Main

© Nossrat Peseschkian 1996
Die Nutzung unserer Werke für Text- und
Data-Mining im Sinne von § 44b UrhG
behalten wir uns explizit vor.
Printed in Germany
ISBN 978-3-596-14569-0

Inhalt

1 Einleitung

Das Schmetterlingsphänomen

Ein Schmetterling hat sich in mein Zimmer verirrt. Unermüdlich stößt er im Fluge gegen die Fensterscheiben, immer von neuem, bis er ermattet auf die Fensterbank fällt. Dann rappelt er sich wieder auf, und da in seiner Vorstellungswelt Fensterscheiben nicht vorkommen, stößt er weiter mit dem Kopf dagegen. Er merkt nicht, daß dicht daneben die Balkontür offensteht.

Erika Grube

Überall, wo Menschen zusammentreffen und ein sinnvolles Leben führen wollen, entwickeln sich Mißverständnisse, Schwierigkeiten, Auseinandersetzungen und Konflikte, die für den einzelnen zu Streß führen können.

Wir alle sind von solchen Problemen und Streßfaktoren im Verhältnis zu uns selbst, zu unserem Partner, unseren Mitmenschen und in unseren Lebenszielen betroffen. Daher besteht auch ein großes Bedürfnis nach neuen Wegen und Methoden der Psychotherapie und Selbsthilfe, die ökonomisch, wirksam und praxisnah sind.

Gesund wollen wir im folgenden nicht denjenigen nennen, der keine Probleme hat, sondern den, der in der Lage ist, mit ihnen positiv und angemessen umzugehen.

Und das bedeutet kommunikatives und phantasievolles Handeln und Problemlösen. Es scheint mir aber wichtig, zu betonen, daß Schwierigkeiten und Probleme im Beruf, in Partnerschaft und Ehe nicht aus der wie auch immer begründeten Unfähigkeit eines Menschen entstehen, mit ihnen umzugehen. Sie entstehen aus der Tatsache, daß er die notwendigen Voraussetzungen dazu nicht erlernt hat. Wie in der Geschichte des Schmetterlings wiederholen die Menschen so ständig den gleichen Fehler.

Die beiden folgenden Beispiele zeigen, wie ein phantasievoller und positiver Umgang mit Problemen aussehen kann:

Der Ehemann kommt von der Arbeit und überrascht seine Frau, die gerade eine Torte mit 15 Kerzen anzündet. »Hat jemand Geburtstag?«, fragt er? »Ja«, antwortet sie, »mein Wintermantel wird heute fünfzehn Jahre alt«.

Ein Geschäftsmann kommt in das Zimmer eines Mitarbeiters und findet diesen schlafend am Schreibtisch. Er weckt ihn auf und sagt: »Wissen Sie, daß Sie eine Stunde während der Arbeit geschlafen haben?« »Ja«, antwortete der, »Sie haben völlig recht, aber ich habe die ganze Zeit von meiner Arbeit geträumt«.

Psychotherapie und Selbsthilfe statt kranker Psyche

Muß man erst geschieden sein, um zu wissen, wie gut eine Ehe ist? Muß man erst einen Herzinfarkt gehabt haben, um beurteilen zu können, wie wichtig die körperliche Gesundheit ist? Muß man erst einen Selbstmordversuch begangen haben, um sich über die Bedeutung der seelischen Gesundheit klar zu werden?

Streß, Konflikte und Störungen entstehen im Alltagsleben. Eheprobleme beispielsweise entstehen zunächst in der partnerschaftlichen Beziehung und dort im Verhältnis zu sich selbst und den übrigen sozialen Kontakten. Treten beispielsweise Probleme in Beruf und Partnerschaft auf, kann auf verschiedene Weise darauf reagiert werden. Sie könnten kündigen beziehungsweise die Scheidung einreichen. Sie können aber auch Ihren Kummer im Alkohol ersäufen; Drogen nehmen und mit ihrer Hilfe eine bessere Welt suchen oder Rache üben und selbst fremdgehen. Doch Sie haben auch die Möglichkeit, aktiv in das Problem einzugreifen. All dies ist Selbsthilfe. Nur haben einige dieser Selbsthilfemaßnahmen den Nachteil, noch mehr Ärger und Schwierigkeiten hervorzurufen. Es kommt daher darauf an, solche Maßnahmen der Selbsthilfe zu finden, die für alle beteiligten Parteien annehmbar und durchführbar sind.

Solche Methoden werden in diesem Buch vorgestellt.

Unser Ziel war es daher, Möglichkeiten positiver und phantasievoller Problembewältigung aufzuzeigen. Wir wollen einen breiten Leserkreis erreichen, der an einer Bewältigung von Alltagsproblemen interessiert ist: Ärzte, Psychotherapeuten, Psychologen, Lehrer, Erzieher, Eltern, Jugendliche, Studenten, Manager, Geschäftsleute und viele mehr.

Streß hat viele Gesichter

Fast jeder klagt heutzutage über Streß, und bereits im Kindergarten- oder Schulalter diagnostizieren Ärzte Streß bei Kindern. Doch was ist Streß eigentlich? Termindruck? Viel Arbeit? Oder müssen mehrere Faktoren zusammen kommen, damit man von Streß sprechen kann? Wie wird Streß festgestellt? Hat wirklich jeder Streß, der über Streß klagt?

Das Wort Streß wurde von dem österreichisch-kanadischen Biochemiker Hans Selye geprägt und bedeutet »Anstrengung, Anpassung, Anspannung, auch Sorge, Kummer«. Die Medizin definiert Streß als »Zustand des Organismus, der durch ein spezifisches Syndrom gekennzeichnet ist, dabei aber durch verschiedenartige unspezifische Reize ausgelöst werden kann. Unter Streß kann man auch äußere Einwirkungen verstehen, auf die der Körper nicht in genügender Weise adaptiert ist.«

Solche äußeren Einwirkungen können vielfältigster Natur sein: Zu ihnen gehören Krankheiten sowie die Angst vor Krankheiten, Reizüberflutung, extreme Arbeitsbedingungen, Hobbys und Freizeitverhalten, Familienkonflikte, Existenz- und Zukunftsängste sowie Sinnkrisen.

Weitere belastende Streßfaktoren sind persönliche Eigenschaften wie Verschlossenheit, strenge Moral, Konsumkultur, Bewegungsmangel und einseitiges Leistungsstreben.

Wer Streß positiv bewältigen will, sollte wissen:

Alle Menschen ohne Ausnahme werden von den sie umgebenden Bedingungen beeinflußt, der einzelne steht nicht alleine da.

Jeder Mensch reagiert angesichts seiner Einzigartigkeit unterschiedlich auf die Umwelteinflüsse. Diese Einzigartigkeit bezieht sich einmal auf seine körperlichen, beruflichen, sozialen, kulturellen und ethisch-weltanschaulichen Erfahrungen. Ziel ist, die Einzigartigkeit in den vier Qualitäten des Lebens zu erfahren und eine Ausgewogenheit zu erreichen. (Siehe das Balancemodell im Kapitel 3).

Jeder Mensch hat die Fähigkeit, die Möglichkeit und die Chance, durch gelerntes Problemlösungsverhalten oder Beratung eine Anti-Streß-Bewältigung zu erfahren. Einen wesentlichen Beitrag zu einer erfolgreichen Streßbewältigung leistet dabei unser Gefühl, in belastenden Situationen über Kontroll- und Einflußmöglichkeiten zu verfügen.

Ein Forschungsprojekt hat dies eindrucksvoll bestätigt. Es wurde mit Arbeitern durchgeführt, die störenden Hintergrundgeräuschen ausgesetzt waren: Maschinen- und Straßenlärm sowie fremdsprachigen Unterhaltungen. Eine Gruppe konnte einen Knopf betätigen und damit die Geräusche abstellen. Die andere Gruppe hatte keine solche Möglichkeit. Die Arbeitsleistung der ersten Gruppe lag durchweg höher als bei der zweiten. Das Verblüffende dabei war, daß der Knopf kein einziges Mal gedrückt wurde. Offenbar genügte es zu wissen, daß er vorhanden war.

Jeder braucht demnach solche Knöpfe. Sie helfen uns, mit den Belastungen zu leben, die uns umgeben. Die meisten Ereignisse im persönlichen und gesellschaftlichen Bereich lassen sich tatsächlich kontrollieren und steuern.

Aufbau des Buches

Die Möglichkeiten der Streßbewältigung werden am Beispiel von Menschen verschiedener Alters- und Berufsgruppen aufgezeigt, denen ich in meiner Praxis begegnet bin. Die Darstellung erfolgt in sechs Schritten:

Geschichten und Spruchweisheiten: In meiner Praxis, in Seminaren und Vorträgen habe ich immer wieder die Erfahrung gemacht, daß die orientalischen Geschichten und Parabeln den Zuhörern und Patienten helfen.

Das erste Gespräch: In der psychotherapeutischen Praxis dient das Erstgespräch der Diagnostik und ist der Einstieg in die Therapie. Es eröffnet Hoffnung auf Besserung und hat zentrale Bedeutung für die Beziehung zwischen Patient und Therapeut.

Therapieverlauf: Im Laufe der Therapie wird versucht, mit den Patienten ein realistisches Verhältnis zu ihren Problemen zu finden.

Das Problem aus der Sicht der Positiven Psychotherapie: Damit erhalten die Leser Hintergrundinformationen, die auch zum besseren Verständnis eigener Problemlagen gedeutet werden können.

Problemlösung aus der Sicht des Patienten: Dieser Abschnitt zeigt, was die Patienten in den psychotherapeutischen Sitzungen zusammen mit dem Therapeuten erarbeitet und in die Praxis umgesetzt haben.

Problemlösung aus der Sicht des Therapeuten: Am Schluß jedes Kapitels steht eine Zusammenfassung des therapeutischen Prozesses. Die oft angefügten Fragebogen verhelfen Lesern wie Patienten zu einem ganzheitlichen Verständnis ihrer Probleme.

Vielleicht, so hoffe ich jedenfalls, ergeben sich aus dem Buch Perspektiven für den Umgang der Menschen mit sich selbst und ihren Mitmenschen im Sinne einer »positiven Streßbewältigung«.

2 Streß und Krankheit

Eine Fabel auf den Weg

Als Gott die Welt erschaffen hatte, kam der Mensch zu ihm und sagte: »Du hast mich als Mensch erschaffen; sage mir auch, wie lange ich leben, wie ich leben, wovon ich mich nähren und was ich arbeiten soll.« Gott sprach zu ihm: »30 Jahre sollst du leben. Nähren sollst du dich von allem, was deine Gesundheit nicht zerstört, und deine Arbeit wird es sein, alles zu beherrschen, was es auf der Erde gibt.« Der Mensch sagte: »Gott, ich danke Dir für das gute Leben, das Du mir schenkst, aber die Jahre sind mir zu wenig.« Gott sprach: »Geh' und setze dich dort in die Ecke.«

Da kam der Ochse und fragte Gott: »Gott, du hast mich als Ochsen auf der Welt erschaffen. Sage mir auch, wie lange ich leben, wie ich leben, was ich arbeiten und wovon ich mich ernähren soll.« Gott sprach zu ihm: » Siehst du den Menschen, der dort in der Ecke sitzt? Er wird dein Herr sein. Deine Arbeit wird es sein, den Acker zu pflügen und die Fuhren zu ziehen. Nahrung sollen dir Gras und Stroh sein, und 30 Jahre sollst du leben!« Der Ochse sagte zu ihm: »Oh Gott, welch ein Ochsenleben! Nimm ein wenig von meinen Jahren.« Als der

Mensch in der Ecke das hörte, gab er Gott ein Zeichen und flüsterte: »Nimm von seinen Jahren und gib sie mir!« Da lachte Gott und sprach: »Nimm dir 20 von dem Ochsen!« Er gab ihm 20 Jahre Ochsenleben.

Da kam der Hund und sagte: »Gott, Du hast mich als Hund erschaffen. Sag mir, wie lange ich leben, was ich arbeiten und wovon ich leben soll.« Gott sprach zu ihm: »Siehst du den Menschen in der Ecke? Er wird dein Herr sein. Du wirst ihm sein Haus, seine Schafe und allen Besitz bewachen. Nähren sollst du dich von den Brotrinden und Knochen, die an seinem Tische übrigbleiben, und 30 Jahre leben.« Der Hund sagte: »Ach Gott, welch ein Hundeleben! Nimm ein wenig von den Jahren!« Als der Mensch in der Ecke das hörte, gab er Gott ein Zeichen und flüsterte: »Nimm von den seinen und gib sie mir!« Gott lachte wieder und sprach: »Nimm dir 20 von dem Hund.« Und so wurden dem Menschen 70 Jahre zuteil und dem Hund 10.

Zuallerletzt kam zu Gott der Affe und sagte: »Gott, Du hast mich auf der Welt als Affen geschaffen. Sage mir, wie lange ich leben, wovon ich leben und was ich arbeiten soll.« Gott sprach zu ihm: »Siehst du den Menschen, der in der Ecke sitzt? Er wird dein Herr sein. Nähren sollst du dich von Nüssen und anderen Früchten. Mit deinen Späßen und Spielereien sollst du ihn und seine Kinder erheitern. 30 Jahre sollst du leben.« Der Affe sagte: »Ach Gott, welch ein Affenleben! Nimm ein wenig von den Jahren.« Als der Mensch, der in der Ecke saß, das hörte, machte er Gott ein Zeichen und flüsterte: »Nimm von seinen Jahren und gib sie mir!« Gott lachte und sprach: »Nimm auch von

ihm die 20 Jahre.« Da nahm der Mensch noch 20
Jahre, und es wurden 90.
Und so lebt der Mensch 30 Jahre ein freies Men-
schenleben. Vom 30. bis 50. lebt er ein Ochsenle-
ben. Er legt den Ochsenriemen um den Hals, plagt
sich, um Frau und Kinder zu ernähren und Geld zu
sparen. Mit 50 wird er alles, was er bis dahin er-
worben hat, wie ein Hund bewachen und bis zum
70. Jahr ein Hundeleben führen. Er wird den
ganzen Tag mit allen schelten, über jede Kleinigkeit
fluchen, schimpfen und keifen. Und schließlich
vom 70. bis zum 90. Jahr lebt er ein Affenleben, wo
alle über ihn spotten und lachen, ihn für ein kleines
Kind oder einen Affen halten.

Die Angst vor dem Unbekannten

Mit der Geburt betreten wir einen Lebensraum, der
wie wir selbst ständigen Veränderungen unterworfen ist.
Als Kind werden wir uns allmählich unserer selbst bewußt. Die Pubertät läßt uns in die Erwachsenenwelt hin-
einwachsen. Der Single wird zum Paar, Beruf und Eltern-
schaft wollen gemeistert sein. Dann werden wir mit der
Sinnkrise der Lebensmitte und der Wechseljahre konfrontiert. Der Ruhestand fordert wieder eine grundsätzli-
che Umgestaltung des Lebens, und das Alter führt uns in
die Auseinandersetzung mit der Sterblichkeit und in die
Vorbereitung auf den Tod.

Jedes Lebensalter hat seine besonderen Ängste:
Kinder, denen keine erwartungsvolle Freude am Lernen
vermittelt worden ist, werden in der Schule Angst vor
Versagen und Prüfungen empfinden. In der Jugend äng-
stigt sich der Mensch vor dem, was er begehrt: der Ich-
du-Beziehung zum anderen Geschlecht. Und überdies

fürchten sich die Jugendlichen, von Gleichaltrigen wie von Älteren nicht anerkannt zu werden. Der Mensch in seinen besten Jahren sorgt sich um nahezu alles – wie die Anzahl von Versicherungen beweist, die er abschließt. Er hat Angst, krank oder arbeitslos zu werden, erworbenen Besitz oder gewonnenen Einfluß zu verlieren. Gegen Ende der Berufslaufbahn überkommt den Menschen die Angst vor dem Altenteil, die Sorge, nicht mehr gebraucht zu werden, aus dem Kreis vertrauter Kollegen ausscheiden zu müssen, die Furcht, den gewohnten Lebensrhythmus schlagartig auf Null sinken zu sehen.

Jeder neue Lebensabschnitt, jeder Übergang, jeder Einschnitt bringt unbekannte Risiken mit sich, die Ängste hervorrufen können. Psychotherapeuten diagnostizieren diese Wandlungsangst in allen Lebensphasen.

In der Persönlichkeitsentwicklung spielt zeitlebens die Angst vor dem Unbekannten in einem selbst, in den neuen Wesensmerkmalen, die sich entfalten, eine große Rolle. Denn der Mensch neigt durchweg dazu, nur die vertraute, erfolgreiche Seite seines Wesens zu pflegen und die andere Seite zu ignorieren. Diese Schwierigkeit, über den eigenen Schatten zu springen, definieren die Therapeuten als »Schattenangst«: Männer betonen ihre Männlichkeit, unterdrücken das Gefühlvolle; Frauen wollen begehrt sein, statt eine aktive Partnerbeziehung anzustreben.

Belastende Lebensereignisse und Konflikt

Bestimmte Lebensereignisse, z. B. berufliche Veränderung, Umzug, Todesfall etc., gelten weithin als besonders belastend. Weniger bekannt ist, daß auch viele Kleinigkeiten, wie z. B. Unpünktlichkeit des Partners, Zugverspätung, Unzuverlässigkeit und Ungerechtigkeit des

Partners oder eines Mitarbeiters, zu Verletzungen *(Mikrotraumen)* führen und krank machen können. Individuell können die einzelnen Streßfaktoren natürlich sehr unterschiedlich stark empfunden werden. Doch ein Leben ohne Streß ist in den Industrienationen kaum vorstellbar. Dies gilt gleichermaßen für den privaten wie auch für den geschäftlichen Bereich. Der Tod des Partners ist, wie Befragungen ergeben haben, der größte Streßfaktor. Als sehr starker Streß wird von den Befragten auch eine Scheidung empfunden. Auf den nächsten Plätzen folgen Streßfaktoren am Arbeitsplatz, nämlich Kündigung, neue Verantwortung und vergeblich erwarteter Aufstieg. Umzug und Urlaub schließen die Liste der wichtigsten Stressoren.

Wie ein Mensch mit diesen Belastungen fertig wird, hängt von seiner Persönlichkeit und seinen Einstellungen ab. Vor ihrem Hintergrund erhalten die äußeren Ereignisse ihr emotionales Gewicht.

Vier Formen der Konfliktverarbeitung

Wenn wir ein Problem haben, uns ärgern, uns überlastet oder unverstanden fühlen, in ständiger Anspan-

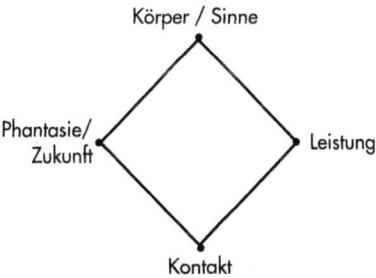

Abb. 1. Die vier Qualitäten des Lebens (Bereiche der Konfliktverarbeitung).

nung leben oder in unserem Leben keinen Sinn sehen, können wir diese Schwierigkeiten in vier Lebensbereichen (Abb. 1) zum Ausdruck bringen, denen analog vier *Medien der Erkenntnisfähigkeit* zugeordnet werden. Sie lassen erkennen, wie man sich und seine Umwelt wahrnimmt und auf welchem Weg die *Realitätsprüfung* erfolgt:

Körper (Mittel der Sinne),
Leistung (Mittel des Verstandes),
Kontakt (Mittel der Tradition),
Phantasie (Mittel der Intuition).

Beispiel: Der Vater reagiert durch Flucht in die Arbeit (Leistung); die Mutter reagiert durch Rückzug, Meidung sozialer Kontakte (Kontakt); das Kind reagiert durch körperliche Beschwerden (Körper/Sinne).

Jeder Mensch entwickelt seinen eigenen Präferenzen, wie er auftretende Konflikte verarbeitet. Welche Formen der Konfliktverarbeitung bevorzugt werden, hängt zu einem wesentlichen Teil von den Lernerfahrungen ab, die man in seiner eigenen Lebensgeschichte gemacht hat.

Einige allgemein orientierende Fragen können helfen, den Schwerpunkt der Konfliktverarbeitung herauszufinden:

Wie reagieren sie, wenn sie Probleme haben? Antworten Sie auf Konflikte durch Ihren Körper, durch Leistung, indem Sie Hilfe bei anderen Menschen suchen oder in Ihrer Phantasie?

Welche Aussage gilt für Sie? Ich glaube, was ich verstehe. Ich glaube an das, was – z. B. durch meine Eltern – überliefert ist. Ich glaube an das, was mir spontan einfällt.

Was war das Motto zu Hause? Essen und Trinken hält Leib und Seele zusammen. Kannst du was, dann bist du was. Was sagen die Leute? Alles liegt in Gottes Hand.

Bildlich gesprochen entsprechen die vier Bereiche einem Reiter, der motiviert (Leistung) einem Ziel zustrebt (Phantasie). Er braucht dazu ein gutes und gepflegtes Pferd (Körper) und für den Fall, daß dieses ihn einmal abwerfen sollte, Helfer, die ihn beim Aufsteigen unterstützen (Kontakt).

Körper / Sinne

Im Vordergrund steht das Körper-Ich-Gefühl. Wie nimmt man seinen Körper wahr? Wie erlebt man die verschiedenen Sinneseindrücke aus der Umwelt?

Streßfaktoren: Krankheiten, Kuren, Operationen bei sich selbst oder Angehörigen, übermäßige akustische Reize (Lärm, Musik, Geräusche über einen bestimmten Zeitraum), optische Reize (Umwelt, Straßenverkehr, Fernsehen, Werbung etc.).

Körperliche Reaktionen auf Konflikte sind unter anderem: körperliche Aktivitäten (sportliche Betätigung oder Sich-Hängenlassen), Schlaf (Konflikte überschlafen oder Schlafstörungen), Nahrungsaufnahme (Freßsucht, »Kummerspeck« oder Nahrungsverweigerung, Magersucht), Sexualität (Donjuanismus, Nymphomanie oder Sexualabwehr), körperliche Funktionsstörungen und psychosomatische Reaktionen.

Psychopathologische Symptome: Qualvolles Gefühl der Beengung; Empfindung, an etwas unbestimmbar Drohendes hilflos ausgeliefert zu sein; innere Unruhe und Spannung.

Psychomotorische Symptome: mimische Ausdrucksphänomene, Unruhe.

Vegetative Symptome: Hautblässe im Gesicht, Schweißausbrüche, Pupillenerweiterung, Herzrasen,

Mundtrockenheit, Durchfall, Blutdruckanstieg, Blutzuckeranstieg, verringerte Libido und Potenz.

Leistung / Verstand

Diese Dimension hat in der Industriegesellschaft, vor allem im amerikanisch-europäischen Kulturkreis, ein besonderes Gewicht. Hierzu gehören die Art und Weise, wie Leistungsnormen ausgeprägt sind und wie sie in das Selbstkonzept eingegliedert werden. Denken und Verstand ermöglichen es, systematisch und gezielt Probleme zu lösen und Leistung zu optimieren. Zwei einander entgegengesetzte Konfliktreaktionen sind möglich: die Flucht in die Arbeit und die Flucht vor Leistungsanforderungen.

Streßfaktoren: Unzufriedenheit mit beruflichen Ergebnissen, Kündigung, Berentung, Höhergruppierung, Nichtbeförderung, Stellenwechsel, neue Mitarbeiterinnen/Mitarbeiter und/oder Vorgesetzte, Verlust von Mitarbeiterinnen/Mitarbeitern etc.

Typische Symptome: Selbstwertprobleme, Überforderung, Streßreaktionen, Versagensängste, Konzentrationsstörungen und defizitäre Symptome wie Rentenneurose, Apathie, Leistungshemmungen, Flucht in die Arbeit, Strebertum und Beschäftigungsdrang, Leistungszwang, Entlastungsdepression, Denkhemmung, Zivilisationsmüdigkeit, Arbeitshemmung, Faulheit, Konkurrenzkampf, Kraftlosigkeit, fehlende Frische, Magenbeschwerden, Schlafstörungen, Alkoholismus und Drogenabhängigkeit usw.

Kontakt / Tradition

Die sozialen Verhaltensweisen werden durch individuelle Lernerfahrungen und die Überlieferung (Tradition) mitgeprägt. So erwartet man von einem Partner zum Beispiel Höflichkeit, Ehrlichkeit, Gerechtigkeit und Ordnungssinn sowie die Beschäftigung mit bestimmten Interessengebieten und sucht sich schließlich denjenigen aus, der in irgendeiner Weise diesen Kriterien entspricht.

Wir können auch auf Konflikte reagieren, indem wir die Beziehung zu unserer Umwelt problematisieren: Ein Extrem ist hierbei die Flucht in die Geselligkeit, wobei in der Geborgenheit und der Aktivität der Gruppe die Probleme entschärft werden sollen. Man versucht durch Gespräche mit anderen, Sympathie zu erwecken und Solidarität zu erzielen: »Wenn ich mich über meine Schwiegermutter aufrege, rufe ich meistens eine Freundin an und spreche mit ihr stundenlang darüber.« Umgekehrt kann man den Rückzug aus der Gemeinschaft antreten. Man distanziert sich von Menschen, die einen beunruhigen, fühlt sich gehemmt, meidet Geselligkeiten sowie jede Möglichkeit, mit anderen Menschen zusammenzukommen.

Streßfaktoren: Eingehen einer Partnerschaft, Heirat, Geburt, Trennung von Partnerin/Partner, Kindern, Eltern, Freunden, Scheidung, Hausbau, Wohnungswechsel, finanzielle Probleme, zwischenmenschliche Konflikte etc.

Symptome: Hemmungen, unbewußtes Anklammerungsbedürfnis, Kontaktangst, Kontaktdrang, Kontaktarmut, übertriebene Bindungen, Bindungslosigkeit, Trennungsängste, Objektangst, Über- und Untertreibungen, Versprechungen, Notlügen, Drohungen und Verwünschungen, Gerüchte und positives sowie negatives Nachreden, Hänselei und Witze, Ironie und Zynismus, Zwiesprache mit sich selbst, Schimpfen, Zwangshandlungen, Schwören und Bekräftigungen, Isolierung von Minderheitsgruppen, Diskriminierung, Gewalttätigkeit, Kriminalität und Wohlstandskriminalität, Massengewalttätigkeit, Gruppenegoismus und Kriege.

Phantasie/Intuition

Die Intuition scheint im Zusammenhang mit den psychischen Prozessen des Traumes oder der Phantasie zu stehen, die gleichfalls eine Form der Problem- und Konfliktverarbeitung darstellen können. Intuition und Phantasie reichen über die unmittelbare Wirklichkeit hinaus und können all das beinhalten, was wir als Sinn einer Tätigkeit, Sinn des Lebens, Wunsch, Zukunftsmalerei oder Utopie bezeichnen. Auf die Fähigkeiten der Intuition und Phantasie und die sich durch sie entwickelnden Bedürfnisse gehen Weltanschauungen und Religionen ein, die damit die Beziehung auch zu einer ferneren Zukunft (Tod, Leben nach dem Tode) vermitteln.

Streßfaktoren: Todesfälle, Verluste, Selbstzweifel, Schwinden beruflicher oder privater Zukunftsperspektiven, Berentung, Alter etc.

Man kann auf Konflikte reagieren, indem man die Phantasie aktiviert, Konfliktlösungen phantasiert, sich in Gedanken einen gewünschten Erfolg vorstellt oder Menschen, die man haßt, in der Vorstellung bestraft oder gar tötet. Als »Privatwelt« schirmt die Phantasie gegen verletzende und kränkende Einbrüche aus der Wirklichkeit ab und schafft eine vorläufig angenehme Sphäre (Alkohol- und Drogenmißbrauch). Sie kann eine »böse Tat« oder eine schmerzliche Trennung von einem Partner ungeschehen erscheinen lassen. Sie kann aber auch verängstigen, übermächtig werden und als Projektion der eigenen Ängste die Wirklichkeit unerträglich machen. Phantasie vermischt sich so mit Wahrnehmungen und führt zu Symptomen, wie sie in der Schizophrenie als Wahnvorstellungen anzutreffen sind.

Symptome: Einheitsverlust, Zwangsdanken, Angstpsychose, Religion als Lebensziel, Lebensangst, Todesangst, Pessimismus (»nach mir die Sintflut«), Stimmungsschwankungen, Ungewißheit, Ratlosigkeit, Haltlosigkeit, passive Erwartungshaltung, Erwartungsangst, Resignation, Aberglaube, Selbstmordgedanken, psychogener Tod.

Vier Vorbilddimensionen

Das emotionale Gewicht belastender Ereignisse hängt aber auch von den Beziehungen ab, die ein Mensch zu seiner Umwelt hat. Jeder Mensch geht in irgendeiner Form solche Beziehungen ein, wobei sich vier Grundbeziehungen unterscheiden lassen: die Beziehung zum Ich, zum Du, zum Wir und zum Ur-Wir (Abb. 2). Auf die Entwicklung jeder dieser Beziehungen nimmt eine charakteristische Vorbilddimension Einfluß. Vorbild für die Beziehung zum Ich ist das Verhältnis der Eltern und Geschwister zu einem selbst; für das Du die Beziehung der Eltern untereinander, für das Wir die Beziehung der Eltern zur Umwelt und für das Ur-Wir die Beziehung der Eltern zur Religion/Weltanschauung. Die Eltern bzw. Geschwister sind in der Kleinfamilie für das Kind die primären Bezugspersonen und stellen damit Prototypen für Formen der sozialen Beziehungen bereit.

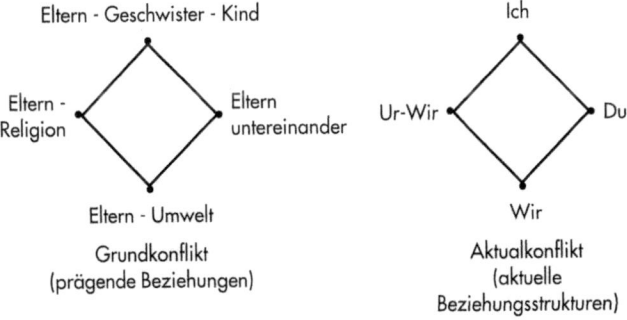

Abb. 2. Die vier Grundbeziehungen (Vorbilddimensionen).

Diese Grundbeziehungen werfen ein neues Licht auf die sozialen Beziehungen eines Menschen, die wir unter dem Begriff »Kontakt« zusammengefaßt haben. Mit »Kontaktmangel« wird angedeutet, daß eine bestimmte Art von Kontakt, zumeist die zum Du und Wir, beeinträchtigt ist. Man spricht in diesem Fall von einer Minussymptomatik, läßt aber offen, welche Formen des Kontaktes gemeint sind und auf welche Aktualfähigkeiten (siehe unten) sie sich beziehen. So können Aktualfähigkeiten wie ein Filter sozialen Beziehungen vorgeschaltet sein: Man verzichtet darauf, Gäste einzuladen, weil man durch sie in seiner Ordnung gestört wird und Gäste Geld kosten, also das eigene Sparsamkeitskonzept berühren. Ebenso kann die Beziehung zum Ich durch Mißerfolge (Fleiß/Leistung) bei mangelnder Unterstützung aus dem Bereich der primären Fähigkeiten blockiert sein. Das Verhältnis zum Du kann über Konflikte, die den Bereich Sexualität, Treue, Vertrauen betreffen, empfindlich gestört werden, genauso wie sich enttäuschte Erwartungen hinsichtlich Ehrlichkeit, Gerechtigkeit und Hoffnung vor das Verhältnis zum Ur-Wir stellen können.

Die Aktualfähigkeiten

Wie bereits erwähnt sind es oft nicht etwa die großen Ereignisse, die zu Störungen führen, sondern die immer wiederkehrenden kleinen seelischen Verletzungen (Mikrotraumen), die zu »empfindlichen« oder »schwachen« Stellen führen, die sich schließlich zu Konfliktpotentialen auswachsen. Diese Konfliktpotentiale lassen sich in zwei Gruppen einteilen:

die leistungsorientierten psychosozialen Normen und
die emotional orientierten Kategorien.

Jeder dieser beiden Gruppen sind bestimmte Fähigkeiten zugeordnet, die wir als Aktualfähigkeiten bezeichnen. Den leistungsorientierten Normen entsprechen die sekundären Fähigkeiten *Pünktlichkeit, Ordnung, Sparsamkeit, Sauberkeit, Fleiß/Leistung, Gehorsam, Höflichkeit, Ehrlichkeit, Treue, Gerechtigkeit, Zuverlässigkeit* und *Genauigkeit.* Zu den emotional orientierten Normen gehören *Liebe, Geduld, Vertrauen, Sexualität, Zeit, Vorbild, Kontakt, Hoffnung, Einheit* und *Glaube.*

Die Aktualfähigkeiten werden im Verlauf der Sozialisation inhaltlich gestaltet und als Konzepte in das Selbstbild aufgenommen. Sie bestimmen die Spielregeln dafür, auf welche Weise man sich und seine Umwelt wahrnimmt und mit ihren Problemen fertig wird.

Während der eine sehr viel Wert auf Fleiß oder Sparsamkeit legt, betont der andere die Ordnung, die Pünktlichkeit, den Kontakt, die Gerechtigkeit, die Höflichkeit, die Ehrlichkeit etc. Jede dieser Normen erfährt ihre eigene situations-, gruppen- und gesellschaftsgebundene Gewichtung. Diese unterschiedlichen Wertorientierungen treffen im zwischenmenschlichen Zusammenleben und im Erleben des einzelnen aufeinander und können dort zu Dissonanzen und Streß führen.

Die Konzepte sind Steuermänner des Verhaltens. Das auf die Aktualfähigkeiten *Sparsamkeit* und *Fleiß/Leistung* bezogene Konzept »Sparst du was, dann hast du was – hast du was, dann bist zu was« beispielsweise, das ein Mensch vertritt, hat Einfluß auf sein Erleben und viele seiner Handlungen: auf das Verhältnis zum eigenen Körper, zum Essen, zum Lustgewinn, zur Bedürfnisbefriedigung, zum Beruf, zum Partner, zu den zwischenmenschlichen Beziehungen, zur Kreativität und schließlich zur eigenen Zukunft. Mit anderen Konzepten verbunden, kann es in weitem Ausmaß die individuellen Möglichkeiten bestimmen: »Gäste einladen ist für mich rausgeschmissenes Geld«; »Was für mich zählt, ist der beruflliche Erfolg«; »Nach mir die Sintflut«; »Lieber Ratten im Keller als Verwandte im Haus«; »Ich brauche meine Mitmenschen nur dafür, um meine Interessen durchzusetzen«.

So verknüpfen sich die Konzepte eng mit den Gefühlen und können im Falle eines Konfliktes zum Auslöser von Aggressionen und Ängsten werden. Dabei gibt es im wesentlichen zwei Möglichkeiten, die durch die Dichotomie *Höflichkeit – Ehrlichkeit* gekennzeichnet werden können:

Die *Höflichkeit* beinhaltet die Fähigkeit, sich anzupassen, einzuordnen, »Ja« zu sagen, mit dem Preis des Triebverzichts und der emotionalen Reaktion der *Angst.*

Die *Ehrlichkeit* als Fähigkeit, offen Bedürfnisse durchzusetzen, zu sich selbst zu stehen und sich zu behaupten, beinhaltet die Reaktion der *Aggression.*

Dies ist die zentrale »Schaltstelle«, in der sich die weitere Richtung der Konfliktverarbeitung entscheidet. Das heißt, daß hinter Klagen, Ängsten, Depressionen, Aggressionen und psychosomatischen Störungen oft Motive, die sich auf bestimmte soziale Normen beziehen, stecken. So können Kopfschmerzen, Schlafstörungen, innere Unruhe oder Aggressivität nach Auseinandersetzungen im Beruf, als Folge von Erziehungsschwierigkeiten mit den Kindern und im Zusammenhang mit hartnäckigen Eheproblemen auftreten.

»Wenn ich erfahre, daß in der Schule eine Rechenarbeit geschrieben wird, verspüre ich innere Unruhe, so lange, bis meine Tochter Renate (neun Jahre) mit der Zensur nach Hause kommt. Ist die Arbeit gut ausgefallen, löst sich die Unruhe auf. Kommt ein schlechtes Ergebnis heraus, empfinde ich richtige

Herzschmerzen.« (32jährige Mutter von drei Kindern, Herzbeschwerden und Kreislaufstörungen, Konfliktbereiche: Leistung, Vertrauen, Hoffnung).

»Ich mußte meine letzte Arbeitsstelle aufgeben, obwohl ich sehr gerne dort gearbeitet habe...weil ich einige wichtige Aufträge nicht richtig durchgeführt habe...ich war nicht ordentlich genug für meinen Chef. Er regte sich immer über meinen Schreibtisch auf ... ich kam oft fünf bis zehn Minuten zu spät...« (27jährige Sekretärin, Depressionen, Kreislaufbeschwerden, Konfliktbereiche: Ordnung, Pünktlichkeit und Geduld).

»Für meinen Mann sind Ordnung und Pünktlichkeit ein Buch mit sieben Siegeln. Ich muß immer lange auf ihn warten, weil er mir nie sagt, wann er nach Hause kommt. Er läßt auch alle seine Sachen einfach herumliegen. Mich regt das furchtbar auf.« (28jährige Patientin; u.a. starke Kopfschmerzen, Depressionen und Sexualstörungen, internistisch und neurologisch o.B.; Konfliktbereiche: Ordnung, Pünktlichkeit, Geduld, Vertrauen, Hoffnung).

Diese Beispiele zeigen auch, daß an den Konfliktgeschehnissen der ganze Organismus beteiligt ist. Besonders Hormonsystem und vegetatives Nervensystem reagieren auf emotionale Prozesse. Hormone sowie von zentralen und peripheren Nervenzellen produzierte Transmittersubstanzen werden als Signalstoffe verwendet, die körperliche Reaktionen auslösen. So können funktionelle Störungen entstehen, aber auch psychosomatisch bedingte organische Erkrankungen. Bekannte Streßkrankheiten sind z. B. Magen- und Zwölffingerdarmgeschwüre, funktionelle Herzbeschwerden, Kopfschmerzen, Unterleibsbeschwerden, rheumatische Erkrankungen, Asthma und Neurodermitis.

3 Die Positive Psychotherapie

Der Traum und sein Sinn

Ein orientalischer König hatte einen beängstigenden Traum. Er träumte, daß ihm alle Zähne, einer nach dem anderen, ausfielen. Beunruhigt rief er seinen Traumdeuter herbei. Dieser hörte sich den Traum sorgenvoll an und eröffnete dem König: »Ich muß dir eine traurige Mitteilung machen. Du wirst, genau wie deine Zähne, alle Angehörigen, einen nach dem anderen, verlieren«. Diese Deutung erregte den Zorn des Königs, und er befahl, den Traumdeuter in den Kerker zu werfen. Dann ließ er einen zweiten Traumdeuter kommen. Der hörte sich den Traum an und sagte: »Ich bin glücklich, dir eine freudige Mitteilung machen zu können: Du wirst älter werden als alle deine Angehörigen, du wirst sie alle überleben.« Der König war hoch erfreut über diese Interpretation und belohnte ihn reich. Die Höflinge wunderten sich sehr darüber. »Du hast doch eigentlich nichts anderes gesagt als dein armer Vorgänger. Aber wieso traf ihn die Strafe, während du reich belohnt wurdest?«, fragten sie.

Der Traumdeuter antwortete: »Wir haben beide den Traum ähnlich gedeutet. Aber es kommt im Le-

ben nicht nur darauf an, was man sagt, sondern wie man es sagt« (vgl. Peseschkian 1991).

Die Positive Psychotherapie ist eine konfliktzentrierte Behandlungsmethode, die auf drei Säulen beruht:

   dem positiven Ansatz,
   dem inhaltlichen Vorgehen,
   der fünfstufigen Therapie und Selbsthilfe.

Der positive Ansatz

Der Begriff des Positiven, der in der Positiven Psychotherapie besonders hervorgehoben wird, bezieht sich darauf, daß die Therapie nicht primär darauf ausgerichtet ist, eine bestimmte Störung zu beseitigen, sondern zunächst versucht, die vorliegenden Fähigkeiten und Selbsthilfpotentiale zu erfassen und zu mobilisieren. Positiv bedeutet hier entsprechend seiner ursprünglichen Bedeutung (Lat.: positum) das Tatsächliche, das Vorgegebene. Tatsächlich und vorgegeben sind nicht nur Störungen und Konflikte, die eine Person oder eine Familie mit sich bringen, sondern auch die Fähigkeit, mit diesen Konflikten umzugehen.

Während ein Großteil der psychotherapeutischen Richtungen von den Störungen, Krankheiten und damit vom Negativen ausgeht, sehen wir *die menschlichen Fähigkeiten* als das Primäre und das Wesentliche. Es sind die unterdrückten oder einseitig ausgeprägten Fähigkeiten, die zu möglichen Quellen von Konflikten, Streßproblemen und Störungen im innerseelischen und zwischenmenschlichen Bereich werden. Sie können sich in Depressionen, Ängsten, Aggressionen, Streß, Verhaltensauffälligkeiten und psychosomatischen Störungen äußern.

Das positive Menschenbild

Dem Konzept der Positiven Psychotherapie liegt die Auffassung zugrunde, daß *jeder Mensch* ohne Ausnahme *zwei Grundfähigkeiten* besitzt, *die Erkenntnisfähigkeit* und *die Liebesfähigkeit.* Beide Grundfähigkeiten gehören zum Wesen eines jeden Menschen. Je nach den Bedingungen seines Körpers, seiner Umwelt und der Zeit, in der er lebt, werden sich diese Grundfähigkeiten differenzieren und zu einer unverwechselbaren Struktur von Wesenszügen führen.

Die Positive Psychotherapie akzeptiert die Menschen so, wie sie gegenwärtig sind, sieht in ihnen zugleich aber auch das, was sie werden können. Dies bedeutet zunächst, den Menschen mit seinen Störungen und Krankheiten anzunehmen, um dann nach seinen noch unbekannten, verborgenen und durch die Krankheit verschütteten Fähigkeiten zu suchen.

Auch Krankheitsbilder können in diesem Sinne positiv gedeutet werden:

- *Depression* bedeutet die Fähigkeit, mit tiefster Emotionalität auf Konflikte zu reagieren.
- *Angst vor Einsamkeit* bedeutet, das Bedürfnis zu haben, mit anderen Menschen zusammen zu sein.
- *Frigidität* ist die Fähigkeit, mit dem Körper »nein« zu sagen.
- *Anorexia nervosa* (Magersucht) ist die Fähigkeit, mit wenig Mitteln auszukommen.

Das positive Vorgehen führt zu einem Standortwechsel, der die Basis für eine therapeutische Zusammenarbeit darstellt, so daß eine konsequente Auseinandersetzung mit bestehenden Problemen und Konflikten ermöglicht wird. Man kommt somit vom Symptom zum Konflikt.

Die transkulturelle Sichtweise

Eine zentrale Rolle in der Positiven Psychotherapie spielt der sogenannte transkulturelle Ansatz. Wir fragen hierbei danach, wie die gleichen Probleme oder Konflikte in anderen Kulturen wahrgenommen und bewertet werden, wie andere Menschen der eigenen Kultur und Familie damit umgehen. Indem man sich vergegenwärtigt, daß das gleiche Verhalten in einer anderen Kultur oder zu einer anderen Zeit nach anderen Maßstäben bewertet wird, es dort als unauffällig oder gar wünschenswert gilt, vollzieht sich eine Erweiterung des Horizontes. Man mißt das Verhalten nicht mehr allein an den vorgegebenen Wertmaßstäben, sondern vergleicht sie mit anderen Konzepten. Durch die Relativierung der eigenen Werthaltungen werden Vorurteile in Frage gestellt, Fixierungen gelöst und Kommunikationsblockaden aufgehoben.

Ich habe in Tabelle 1 versucht, einige Einstellungen und Verhaltensweisen zusammenzutragen, die für das westliche und das östliche Denken und Fühlen typisch zu sein scheinen, um sie einander gegenüberzustellen. Mit Westen sind die Industrieländer Mitteleuropas und Nordamerikas gemeint, die das westliche Denken und Handeln repräsentieren. Der geographische Bereich Asiens und Afrikas entspricht den Konzepten, die wir als östlich bezeichnen.

Das inhaltliche Vorgehen

Um menschliche Konflikte zu verstehen, fragen wir nach ihren Inhalten. Diese Inhalte sind nicht statisch, sondern entwickeln ihre eigene Dynamik. Am markantesten zeigen sie sich im Umgang mit den Menschen, die für uns eine besondere Bedeutung besitzen: unsere Eltern, Großeltern, Geschwister, Partner, Kinder.

Tabelle 1. Einstellungen und Verhaltensweisen in West und Ost.

Verhalten/ Konzept	West	Ost
Begrüßung	»Wie geht es Ihnen?« »Danke, wie geht es Ihnen?« Im Abendland gilt das Ich als Bezugspunkt der eigenen Identität. Man nimmt an, wenn das Ich »in Ordnung« ist, müßte es mit der Familie, dem Beruf usw. schon klappen.	»Wie geht es Ihnen? Wie geht es Ihrer Familie?« Das orientalische Konzept setzt einen anderen Schwerpunkt: Wenn es meiner Familie gut geht, geht es mir auch gut. Die Familie – das Wir – gehört unmittelbar zu Identität und Selbstwert.
Krankheit	Wenn jemand krank ist, möchte er seine Ruhe haben. Er wird von wenigen Personen besucht. Besuche werden auch als soziale Kontrolle empfunden.	Ist hier jemand erkrankt, so wird das Bett ins Wohnzimmer gestellt, z.B. bei einem Beinbruch. Der Kranke ist Mittelpunkt und wird von zahlreichen Familienmitgliedern, Verwandten und Freunden besucht. Ein Ausbleiben der Besucher würde als Beleidigung und Mangel an Anteilnahme aufgefaßt.
Depressionen	Mitteleuropäer und Nordamerikaner euntwickeln depressive Verstimmungen, weil ihnen der Kontakt fehlt, sie isoliert sind und unter Mangel an emotionaler Wärme leiden. Bei den Inhalten der Depressionen stehen soziale Isolation, Ordnung, Sauberkeit und in besonderem Maße Sparsamkeit im Vordergrund.	Im Orient entwickeln sich Depressionen eher, weil sich die Menschen durch die Enge ihrer sozialen Verpflichtungen und Verflechtungen überfordert fühlen. Inhaltlich stehen Ängste um die Fruchtbarkeit, das soziale Ansehen und das Verhältnis zur Zukunft im Vordergrund.

Auch wenn Sie dieses Buch lesen, um eigene Konflikte zu lösen, müssen Sie zunächst den Konfliktinhalten auf die Spur kommen. Dabei ist nach dem Konzept der Positiven Psychotherapie nicht derjenige Mensch gesund, der keine Konflikte hat, sondern derjenige, der gelernt hat, mit den auftretenden Konflikten angemessen umzugehen. Angemessen bedeutet dabei, keinen der vier Lebensbereiche zu vernachlässigen, sondern seine Energie (nicht unbedingt die Zeit!) annähernd gleichmäßig auf die vier Bereiche zu verteilen.

Dies bedeutet, daß sich auch die Therapie nicht nur mit einem Bereich, z. B. dem Körper, beschäftigen kann, sondern alle beteiligten Bereiche berücksichtigen muß. In diesem Sinne können wir von einem ganzheitlichen Ansatz der Positiven Psychotherapie sprechen. Um ein seelisches Gleichgewicht zu garantieren, müssen alle vier Lebensqualitäten in einem ausgewogenen Verhältnis zueinander stehen. Ausschlaggebend ist dabei die Fähigkeit, positiv und kreativ zu denken. Eine Eigenschaft, die vielen Menschen nahezu abhanden gekommen, aber durchaus wieder erlernbar ist.

Nach meiner Beobachtung stehen in Europa und Nordamerika als Formen der Konfliktverarbeitung die Bereiche »Körper« und »Leistung« im Vordergrund, während im Orient »Kontakt« und »Phantasie« überwiegen.

Im persönlichen Bereich kommen Einseitigkeiten in den vier Qualitäten des Lebens außer in offenen Formen in vier Fluchtreaktionen zum Ausdruck: Man flieht in die Krankheit (Somatisierung), in Aktivität und Leistung (Rationalisierung), in die Einsamkeit oder in die Geselligkeit (Idealisierung oder Herabsetzung) und in die Phantasie (Verleugnung).

Die fünf Stufen der Positiven Psychotherapie

Wer durch eine Anhäufung von Belastungen (Streß) krank geworden ist, findet in der Positiven Psychotherapie ein Behandlungskonzept, das in relativ kurzer Zeit seine Selbsthilfemöglichkeiten mobilisiert. Eine Besserung oder eine Heilung tritt oft schon nach 6 bis 10 Therapiesitzungen ein. Dabei stehen die fünf Therapiestufen immer in einem dynamischen Zusammenhang. Sie laufen nicht eine nach der anderen ab, sondern greifen als lebendiger Prozeß ineinander.

Die Fallbeispiele der Kapitel 5 bis 22 zeigen, wie die Bearbeitung der jeweiligen Problematik im Rahmen der Therapie verläuft. Fast in allen Fällen wurden dabei die Partner miteinbezogen.

1. Stufe: Beobachtung/Distanzierung

Die Konfliktbeteiligten verhalten sich zunächst wie jemand, der so nahe vor einem Bild steht, daß er es fast mit der Nase berührt. Er sieht lediglich einen kleinen Ausschnitt, ohne das Drumherum wahrzunehmen. In der ersten Stufe kommt es darauf an, die Streßfaktoren und Konflikte möglichst umfassend zu erfassen und inhaltlich zu beschreiben. Dazu schreibt der Klient auf, über was oder wen und wann er sich ärgert und welche Anlässe ihm angenehm sind. Damit beginnt zugleich ein Prozeß des Unterscheidenlernens und der Distanzierung, der durch die positive Umdeutung der Symptome durch den Therapeuten unterstützt wird.

Was Sie selbst tun können

Schreiben Sie auf, worüber Sie sich ärgern und worüber Sie sich freuen. Beschreiben Sie diese Situationen genau.

Kritisieren Sie nicht, sondern beschränken Sie sich (vorerst) auf die Beschreibung.

Sprechen Sie nicht mit dritten Personen über Ihre Probleme, sondern notieren Sie genau, unter welchen Umständen die Probleme auftreten und – noch besser – unter welchen Umständen nicht.

Entwickeln Sie Alternativen: Wie hätten Sie sich in einem bestimmten Konflikt anders verhalten können?

Beispiel: Herr B. hat eine verantwortungsvolle Position. Abends kommt er sehr spät nach Hause. Seine Kinder sehen ihn fast nur noch am Sonntag. Zeit zum Spielen hat er so gut wie nie, da er am Wochenende private Korrespondenz erledigt.

Ist-Wert: Ehefrau: »Lebst du für deinen Beruf oder für mich und die Kinder? Du kannst dich jetzt entscheiden!«

Soll-Wert: Ehefrau: »Ich weiß, wie anstrengend dein Beruf ist, und wir wissen deine Leistungen auch zu schätzen. Können wir dir irgendwie helfen, daß du auch einmal Zeit für die Kinder und mich hast? Wir wollen versuchen, die Durststrecke gemeinsam zu überwinden.«

2. Stufe: Inventarisierung

Bei der Inventarisierung geht es um die Art der Konflikt- und Streßbewältigung, die der Klient an sich selbst und am Partner beobachtet. Anhand eines Fragebogens (s. S. 36–39) werden die vier Bereiche der Konfliktverarbeitung und die Aktualfähigkeiten besprochen. Ziel ist es, den Wurzeln der Konflikte auf die Spur zu kommen und die Art der Problemverarbeitung zu erkennen.

Was Sie selbst tun können

Schreiben sie auf, in welchen Bereichen Sie Ihre Probleme austragen. Sind es überwiegend Körper/ Sinne, Leistung, Kontakt oder Phantasie?

Machen Sie eine Reise in die Vergangenheit und überlegen Sie, wie die Beziehungen Ihrer Eltern zu Ihnen und zueinander waren. Wer war Ihr Vorbild?

Welches Motto galt bei Ihnen zu Hause?

Wenn Sie den Fragebogen auf S. 36 ff. durchgehen, wo entdecken sie bei sich Defizite oder Überbetonungen? Unterscheiden Sie sich in diesen Punkten von Ihrem Partner, und entstehen dadurch Mißverständnisse und Konflikte?

3. Stufe: Situative Ermutigung

Indem wir uns mit Dingen beschäftigen, die wir als positiv und anregend erleben, fällt es uns leichter, auch den Dingen ins Auge zu sehen, die wir als unangenehm und negativ empfinden. Diese Stufe wendet sich deshalb zunächst von den Konflikten ab und fragt z. B. nach dem, was eine Familie oder Partnerschaft trotz allem zusammenhält. Auch Geschichten, Parabeln und Spruchweisheiten können einen Standortwechsel erleichtern und helfen, vom beharrlichen Wälzen alter Probleme wegzukommen.

Was Sie selbst tun können

Was positiv oder negativ ist, hängt von den jeweiligen Konzepten ab, die als Maßstab dienen. Fragen Sie sich nach den Erwartungen und Einstellungen hinter dem Verhalten Ihrer Mitmenschen, das Ihnen Probleme bereitet.

Versuchen Sie in den nächsten ein bis zwei Wochen, den anderen nicht zu kritisieren, sondern zu ermutigen, damit sich positive Fähigkeiten stärker ausprägen können.

Auch *paradoxe Ermutigung* ist möglich: Den anderen in seinem problematischen und kritischen Verhalten zu ermutigen, kann ihnen helfen, sein Verhalten in einem anderen Licht zu sehen.

Stellen Sie sich Ihre Konzepte und Gegenkonzepte in Form von Geschichten und Spruchweisheiten vor, z. B. »Wir passen nicht zusammen« – »Gegensätze ziehen sich an.«

4. Stufe: Verbalisierung

Um aus der Sprachlosigkeit oder der Sprachverzerrung des Konflikts herauszukommen, wird schrittweise die Kommunikation mit dem Partner nach festgelegten Regeln trainiert. Während die bisherigen Schritte vor allem die Fähigkeit zum Verstehen gefördert haben, beginnt nun die direkte Auseinandersetzung, um die Konflikte zu lösen, statt sie nur agierend auszutragen.

Was Sie selbst tun können

Sprechen Sie mit dem Partner, der Familie, den Kollegen oder in einer Selbsthilfegruppe über die Probleme.

- Lernen Sie die Meinung und Position des anderen kennen und setzen Sie die eigene dagegen.
- Suchen Sie nach Lösungen, die allen nützen. Dies geht nur, wenn Sie ehrlich gesagt haben, was Sie für richtig halten.
- Das zeitweilige Tauschen von Funktionen und Rollen kann das Verständnis füreinander fördern.

5. Stufe: Zielerweiterung

In diesem Schritt wird die neurotische Einengung des Gesichtsfeldes gezielt abgebaut. Man lernt, den Konflikt nicht auf andere Verhaltensbereiche zu übertragen, sondern neue und bisher noch nicht erlebte Ziele anzusteuern. Die Zielerweiterung dient dazu, einen Plan für die nächste Zeit zu machen, die vier Qualitäten des Lebens und die Aktualfähigkeiten zu erweitern, sich neue Verhaltens- und Umgangsweisen zu erschließen.

Was Sie selbst tun können

- Welche Ziele und Wünsche haben Sie für die nächste Zeit? Was würden Sie tun, wenn Sie keine Probleme mehr hätten?
- Erweitern Sie Ihre Ziele im Bereich der Aktualfähigkeiten und erschließen Sie sich neue Möglichkeiten der Konfliktverarbeitung.

Selbsthilfe in der Gruppe

Nicht alles auf einmal

Der Mullah, ein Prediger, kam in einen Saal, um zu sprechen. Der Saal war leer, bis auf einen jungen

Stallmeister, der in der ersten Reihe saß. Der Mullah überlegte sich: »Soll ich sprechen oder es lieber bleiben lassen?« Schließlich fragte er den Stallmeister: »Es ist niemand außer dir da, soll ich deiner Meinung nach sprechen oder nicht?« Der Stallmeister antwortete: »Herr, ich bin ein einfacher Mann, davon verstehe ich nichts. Aber wenn ich in einen Stall komme und sehe, daß alle Pferde weggelaufen sind und nur ein einziges dageblieben ist, werde ich es trotzdem füttern.« Der Mullah nahm sich das zu Herzen und begann seine Predigt. Er sprach über zwei Stunden lang. Danach fühlte er sich sehr erleichtert und glücklich und wollte durch den Zuhörer bestätigt wissen, wie gut seine Rede war. Er fragte: »Wie hat dir meine Predigt gefallen?« Der Stallmeister antwortete: »Ich habe bereits gesagt, daß ich ein einfacher Mann bin und von so etwas nicht viel verstehe. Aber wenn ich in einen Stall komme und sehe, daß alle Pferde außer einem weggelaufen sind, werde ich es trotzdem füttern. Ich würde ihm aber nicht das ganze Futter geben, das für alle Pferde gedacht war.«

Sozialisation und Erziehung finden in der Primärfamilie statt, Umerziehung/Therapie in der Therapeut-Patient-Beziehung, aber auch in einer Familiengruppe, Elterngruppe, Partnergruppe oder einer Gruppenform, die den engeren Familienverband überschreitet. Das Vorgehen wird im folgenden am Beispiel der Familiengruppe beschrieben.

Ähnlich wie therapeutische Sitzungen weit in das Alltagsleben eines Patienten hineinstrahlen, können auch zeitlich begrenzte und in sich abgeschlossene Familiengruppensitzungen den Familienalltag nachdrücklich beeinflussen. Dabei gelten folgende Spielregeln:

Alle Familienmitglieder treffen sich regelmäßig zur vereinbarten Zeit, etwa einmal wöchentlich für 45 bis 60 Minuten. Es können aber auch zu besonderen Anlässen Sitzungen einberufen werden. Kann man durch unvorhergesehene Umstände an einem Termin nicht teilnehmen, sollten die übrigen Gruppenmitglieder rechtzeitig davon unterrichtet und gemeinsam ein neuer Zeitpunkt festgelegt werden. Manchmal ergibt sich die Gelegenheit zur Familiengruppe von selbst, z. B. nach dem Essen, wenn alle Familienmitglieder noch zusammensitzen. Das Wort Familiengruppe, Familienrat (Dreikurs 1973) oder Familienkonferenz (Gordon 1972) braucht dabei noch nicht einmal zu fallen. Die informelle Aufforderung zu einem Gespräch (»Was haltet ihr davon, wenn wir uns jetzt einmal über ... unterhalten?«) leitet häufig sehr kreative und dynamische Familiengruppensitzungen ein. Jedes Mitglied wird als gleichwertiger Partner akzeptiert.

Während der Woche notiert jedes Mitglied in einem eigenen Heft die Themen, die es vorbringen möchte, sowie die gemeinsam erarbeiteten Abmachungen und Beschlüsse der Gruppe. Kritisiert wird erst in der Familiengruppe. Beobachtungen werden bis dahin in das Gruppenheft eingetragen.

Die Familiengruppe trifft sich pünktlich zur festgelegten Zeit und nimmt, wenn möglich, im Kreis um einen Tisch Platz. Dabei ist darauf zu achten, daß die einzelnen Gruppenmitglieder nicht zu weit entfernt voneinander sitzen. Fernsehen, Radio und andere störende Einflüsse werden am besten ausgeschaltet. Allerdings ist auch darüber das Einverständnis der Gruppe herzustellen. Man wartet, bis sich alle Teilnehmer versammelt haben. Erfolge einzelner Familienmitglieder, die Auflösung von Problemen und angenehme Ereignisse sind das erste Thema des Treffens. Diese Form der positiven Einleitung erfüllt neben vielen anderen Funktionen auch die Aufgabe, erreichte Gruppenziele zu bestätigen und sie innerhalb der Familiengemeinschaft anzuerkennen. Dann wendet sich die Familiengruppe den Problemen, Konflikten und Wünschen zu. Der vor jeder Sitzung der Familiengruppe gewählte Gruppenassistent fragt: »Wer möchte heute etwas sagen? Wer hat ein besonderes Problem?« Die geäußerten Probleme werden gesammelt und durchgearbeitet, wobei der Gruppenassistent alle Gruppenmitglieder nach ihrer Meinung zu den Problemen fragt. Folgende Fragen haben sich dabei bewährt:

Was ist das Problem? Welches sind die Ursachen, Hintergründe, Konzepte, Ziele und Interessen, die sich hinter dem Problem verbergen? Welche Lösungsmöglichkeiten bestehen?

Den Mitgliedern der Familiengruppe, vor allem den Eltern, fällt die Aufgabe zu, nach den positiven Seiten des angesprochenen Konfliktes zu fragen.

Das Thema, das in der Gruppensitzung die größte Bedeutung hatte, wird zum Motto der Woche erhoben. Es gibt so z. B. eine »Woche der Höflichkeit«, »Woche der Ordnung«, »Woche der Ehrlichkeit«, »Woche der Pünktlichkeit« usw.

Die starre Rollenverteilung in der Familie verstellt den Eltern häufig die Einsicht in die Probleme der Kinder und umgekehrt. Ein Rollentausch ist die direkteste Methode, um die Struktur der Familie dynamisch zu gestalten. Ein Gruppenmitglied übernimmt für eine begrenzte Zeit Aufgaben und Rollenmerkmale, die bis dahin einem anderen Gruppenmitglied zukamen. So betätigt sich der Vater beispielsweise als Hausfrau, die Mutter übernimmt Planungsaufgaben, die sonst dem Familienoberhaupt zukamen, die Kinder übernehmen ihrerseits Aufgaben und

Funktionen, die im Zuständigkeitsbereich der Eltern lagen, z. B. Haushalt, Planung und Beratung.

Wichtig ist, daß in der Familiengruppe nicht nur Probleme diskutiert werden. Vielmehr können auch künftige Unternehmungen – Wochenendausflüge, Einkäufe, Reisen, Gäste einladen, Feste, Geschenke – in der Gruppe geplant werden. Damit lernt jedes Familienmitglied, aktiv mitzuarbeiten, und erfährt, daß es in der Familiengruppe Einfluß auf Entscheidungen nehmen kann.

Eine ähnliche Vorgehensweise empfiehlt sich auch für Gruppen im Betrieb, die Konflikte klären und die Zusammenarbeit verbessern helfen.

Die Gedanken, Einsichten und Entschlüsse, die aus einer solchen Gruppensitzung resultieren, sind nicht das Eigentum einzelner Gruppenmitglieder, sondern das Ergebnis der Gruppenarbeit. Es verhält sich wie mit dem Geschmack einer Gemüsesuppe, der etwas ganz anderes ist als die Summe ihrer Bestandteile. Im Zusammenwirken kristallisiert sich eine neue, höhere Einheit heraus.

Fragebogen zur Konfliktverarbeitung

Der nachfolgende Fragebogen bietet eine gute Möglichkeit, sich des eigenen Umgangs mit Konflikten bewußt zu werden. Die darin angesprochenen Aktualfähigkeiten erweisen sich dabei als Streßindikatoren. Wenn ich mich z. B. jedesmal darüber ärgere, wenn ein Mensch in meiner Umgebung unpünktlich, unordentlich, unzuverlässig oder ungeduldig ist, sind das ständige kleine Verletzungen, die in Streß einmünden und über längere Zeit zu körperlichen Reaktionen führen können.

Fragen zum Bereich Körper

1) Welche körperlichen Beschwerden haben Sie, welche Organe sind betroffen?
2) Wie beurteilen Sie Ihr Aussehen?
3) Empfinden Sie Ihren Körper als Freund oder Feind?
4) Ist es für Sie wichtig, daß Ihr Partner gut aussieht?
5) Welche der 5 Sinne haben für Sie größere Bedeutung?
6) Auf welches Organ schlägt sich bei Ihnen Ärger, Wut, Angst?
7) Wie reagiert Ihr Partner/Ihre Familie, wenn Sie krank sind? Wie verhalten Sie sich, wenn Ihr Partner krank ist? Welchen Einfluß haben Krankheiten auf Ihr Lebensgefühl und Ihre Beziehung zur Zukunft?
8) Brauchen Sie viel oder wenig Schlaf? Wie reagieren Sie, wenn Sie wenig/schlecht schlafen?
9) Machen Sie sich vor dem Schlafen Gedanken über den vergangenen und den kommenden Tag?
10) Wie beurteilen Sie Ihr Sexualleben?
11) Treiben Sie und Ihr Partner/Ihre Familie Sport? Welchen? Wie intensiv?
12) Welche Bedeutung hat für Sie gutes und reichhaltiges Essen?
13) Welche Bedeutung hat das Rauchen für Sie? Wie reagieren Sie, wenn Ihr Partner raucht?
14) Welche Bedeutung hat Alkohol für Sie, Ihren Partner und Ihre Familie?
15) Welche Bedeutung haben Drogen für Sie und Ihre Familie?
16) Können Sie Ihre Meinung in Diskussionen mit Ihrem Partner/Ihrer Familie richtig zum Ausdruck bringen?

Fragen zum Bereich Leistung

1) Sind Sie mit Ihrem Beruf zufrieden?
2) Welche Tätigkeit würden Sie gern ausüben?
3) Welche Tätigkeiten bereiten Ihnen Schwierigkeiten?
4) Welche Aktualfähigkeiten sind betroffen, wenn es Konflikte im Beruf gibt?
5) Ist es für Sie wichtig, in Ihren Leistungen immer gut abzuschneiden?

6) Wo liegen Ihre Interessenschwerpunkte (körperliche, intellektuelle, künstlerische Tätigkeiten, Verwaltungsaufgaben usw.)?
7) Fühlen Sie sich auch wohl, wenn Sie einmal nichts zu tun haben?
8) Fällt es Ihnen leicht, die Leistung anderer anzuerkennen (Partner, Familie, Kollegen)?
9) Legen Sie viel Wert auf Fleiß und Leistung?
10) Sagen Sie Ihrem Partner/Ihren Kindern/Ihren Kollegen, *warum* Sie etwas tun sollten?
11) Wie reagieren Sie, wenn Ihr Partner/Ihre Kinder/Ihre Kollegen einen Fehler machen?
12) Gibt es typische Situationen im Berufsleben, die sich öfters wiederholen?
13) Wie fühlen Sie sich, wenn Sie vor Kollegen sprechen müssen, z. B. bei Präsentationen, Konferenzen usw.?
14) Fühlen Sie sich über- oder unterfordert am Arbeitsplatz?
15) Haben Sie Berührungsängste vor neuer Technik (z.B. Computer), neuen Arbeitsmethoden, neuen Organisationsformen?
16) War Ihre Berufswahl Ihre freie Entscheidung?
17) Wie reagieren Sie, wenn ein Vorgesetzter/Kollege Sie kritisiert?

Fragen zum Bereich Kontakt

1) Halten Sie sich für kontaktfreudig?
2) Wie fühlen Sie sich in einer Gesellschaft unter vielen Menschen?
3) Bei welchen Menschen fällt es Ihnen leicht oder schwer, Kontakte aufzunehmen?
4) Laden Sie Gäste ein (Familie, Freunde, Kollegen)?
5) Wie oft gehen Sie ins Kino/Theater/Konzert/andere kulturelle Veranstaltungen? Mit wem?
6) Sind Sie Mitglied in einem Verein? Beteiligen Sie sich aktiv?
7) Nehmen Sie an geselligen Aktivitäten Ihrer Firma/Abteilung teil und wie fühlen Sie sich dabei?
8) Wie oft lachen Sie Ihren Partner/Ihre Kinder/Ihre Kollegen an?

9) Sind Sie eher ein »Einzelkämpfer« oder arbeiten Sie gerne im Team?

10) Nehmen Sie besondere Rücksicht auf das, was »die Leute« sagen oder denken könnten?

11) Wie fühlen Sie sich, wenn am Arbeitsplatz »getratscht« wird?

12) Können Sie über fachliche und/oder zwischenmenschliche Probleme mit Ihren Kollegen/Vorgesetzten sprechen?

Fragen zum Bereich Zukunft

1) Halten Sie sich selbst für optimistisch oder pessimistisch?

2) Hängen Sie gern der Vergangenheit nach? »Träumen« Sie von der »alten« oder »besseren« Zeiten?

3) Denken Sie manchmal daran, einen anderen Beruf zu haben?

4) Wie sehen Sie Ihre berufliche Zukunft bzw. die Zukunft Ihrer Firma?

5) Wurde Ihre Berufswahl dadurch beeinflußt, daß diese Branche zukunftsträchtig ist?

6) Machen Sie sich Gedanken über die Zukunft allgemein für sich, Ihre Familie, Ihre Mitmenschen, die Welt?

7) Haben religiöse und/oder weltanschauliche Gesichtspunkte Einfluß auf Ihr Verhalten und Ihre Empfindungen?

8) Haben Sie Angst vor Krankheit und Tod?

9) Glauben Sie an ein Leben nach dem Tod?

10) Was ist Ihr Lebensziel?

11) Was könnten Sie zum Weltfrieden beitragen?

12) Machen Sie sich Gedanken darüber, wie man die wirtschaftlichen und ökologischen Probleme lösen könnte? Was könnten Sie heute schon dazu beitragen?

13) Wie stellen Sie sich Ihre persönliche Zukunft vor?

14) Was halten Sie von der Aussage: »Unsere Enkel müssen für die Schäden zahlen, die wir heute anrichten.«?

4 »Hätten Sie mich doch früher angerufen«

(Der Therapeut)

Erst einen Schacht haben und dann ein Minarett klauen

Ein Mann hatte seit seinen Kindertagen das Minarett seiner Stadt bewundert. Als kleiner Junge schon war er fasziniert von der schönen schlanken Form des Bauwerks und der wunderbaren blauen Kuppel, die zu jeder Tageszeit in anderen Schattierungen leuchtete. Er stellte sich vor, wie schön es wäre, später einmal, wenn er groß wäre, dieses Minarett zu besteigen und es eines Tages ganz für sich allein zu haben. Diesen Traum träumte er viele Male, wenn er gedankenverloren auf die schöne Kuppel des Minaretts schaute, und es machte ihm gar nichts aus, daß er wußte, daß es noch größere und schönere Minarette in anderen Städten des Landes gab.

Eines Tages war der Plan in ihm gereift, das Minarett einfach zu klauen. Da es nur ein kleines Minarett war, war dies auch gar nicht so schwierig. Doch dann stand er plötzlich vor dem Problem, wo er das Minarett verstecken sollte, damit wirklich nur er wußte, wo es war, und es wirklich nur ihm ganz allein gehörte. So viel er auch überlegte und nachdachte, es wollte ihm nicht schnell genug eine Lösung einfallen, wo man ein kleines Minarett ver-

stecken könnte. Die Menschen in der Stadt würden sofort merken, daß das Minarett nicht mehr an seinem gewohnten Platz stand, er hatte nur wenige Stunden Zeit. So verflog die Freude sehr schnell, und er erkannte, daß man erst einen Schacht haben muß, ehe man ein Minarett klaut.

Orientalische Geschichte

Die Fähigkeit, die Folgen einer Handlung in eigene Überlegungen einzubeziehen, auch wenn dies auf Kosten der Spontaneität geht, erweist sich oft als sehr nützlich. Im Grunde sollte dies in vielen Situationen des täglichen Lebens geschehen. So muß ich in meinem Beruf stets die Folgen einer Handlung oder Entscheidung in meine Überlegungen einbeziehen, um nicht hinterher in eine Situation permanenter Überlastung und unliebsamer Überraschungen zu geraten.

Die Einladung

Herr A. ruft in der Praxis an und möchte mich sprechen. Er beginnt das Gespräch: »Ich habe Sie bei einem Vortrag in München kennengelernt und möchte Sie gerne für einen Vortrag in Warschau gewinnen.« »Vielen Dank für das Vertrauen, das Sie mir entgegenbringen, wenn Sie mich für einen Vortrag im Ausland gewinnen möchten. Informieren Sie mich doch bitte kurz über Ort und Zeit des Vortrages, für welchen Teilnehmerkreis er gedacht ist, ob Sie schon Vorstellungen hinsichtlich eines Themas haben und wie die allgemeinen Bedingungen sind.« Herr A. gibt kurz die notwendigen Informationen, und ich fahre dann fort: »Vielen Dank, ich werde in meinem Terminkalender nachsehen und darüber nachdenken, ob ich die Aufgabe übernehmen kann.« »Aber es nimmt doch gar nicht viel Zeit in Anspruch, der Vortrag soll doch nur gut eine Stunde dauern!«, versucht Herr A. mich zu überzeugen. Wir vereinbaren meinen Rückruf für den nächsten Tag nach 16 Uhr.

Dieser Anruf klingt routinemäßig, doch was setzt er in Bewegung? Bis zu dem vereinbarten Rückruftermin muß ich mich bereits intensiv damit befassen. Da der Vortrag im Ausland stattfinden soll, würde er mit An- und Abreise vier Tage in Anspruch nehmen. Zunächst einmal muß ich für mich selbst Antwort auf die folgenden Fragen finden: Wie ist meine körperliche Lage, kann ich mir die Reise zumuten? Ist der vorgesehene Termin noch frei? Bleibt noch genügend Zeit für die Vorbereitungen (Vorabmanuskript, ausführliches Manuskript usw.)? Wie kann ich die in der Zeit meiner Abwesenheit liegengebliebene Arbeit bewältigen? Wer könnte meine Vertretung übernehmen? Wer von meiner Familie würde mitfahren und ist zeitlich in der Lage, mich zu begleiten? Wozu mache ich das? Welchen Sinn hat es für mich, diesen Vortrag zu übernehmen?

Körperlich fühle ich mich in der Lage, die Reise zu unternehmen. Der gewünschte Termin ist noch frei, auch die Vorarbeiten könnten termingerecht erledigt werden. Ich kann durch den Vortrag meine Erfahrungen an andere Menschen weitergeben, und die Übernahme der Aufgabe bringt keine finanziellen Nachteile.

Meine Frau hat Zeit, mich auf dieser Reise zu begleiten. Auch habe ich die Möglichkeit, neue Menschen kennenzulernen und neue Kontakte zu knüpfen. Vielleicht bringt diese Aufgabe neue Erfahrungen für mich, die ich in der Zukunft einsetzen kann.

Am nächsten Tag ruft Herr A. nochmals an, und ich sage zu, diesen Vortrag zu übernehmen. Es werden noch einige Detailfragen geklärt. Ein Exposé von drei Seiten ist schnellstmöglich anzufertigen, drei Wochen vor dem Termin muß ein ausführliches Manuskript von 15 Textseiten vorliegen. Der Vortragstermin selbst ist in drei Monaten.

Die Vorbereitungszeit

Noch ehe die eigentlichen Vorarbeiten beginnen, muß ich den Zeitbedarf für den Vortrag selbst und die schriftlich abzugebenden Vorarbeiten in meinen Terminkalender eintragen. Bei weiteren Vortragswünschen muß ich diese berücksichtigen und kann keine weiteren Termine annehmen, die diesen Zeitplan tangieren. Außerdem muß ich mir sofort überlegen, welches Begleitmaterial ich benötige (Fotos, Dias, Folien usw.) und ob am Vortragsort die entsprechende technische Ausstattung vorhanden ist.

In der Zwischenzeit habe ich versucht, die Reisewege zu erkunden und die zeitlich günstigste Möglichkeit zu finden.

Es gilt jetzt abzuwägen zwischen Flug, Bahn und Auto. In welchem Zustand ist mein Auto? Wie sind die Verkehrsbedingungen in Polen? Gibt es bleifreies Benzin? Wie sind die Anschlußmöglichkeiten bei einer Bahnverbindung? Mit welcher Fluggesellschaft kann ich fliegen? Bleibt bei einem Flug das Auto hier am Flughafen stehen? Dazu werden die Parkgebühren mit den Kosten für ein Taxi verglichen. Wieviel Zeit brauche ich insgesamt, wenn ich Verspätungsmöglichkeiten, Verkehrsstau und andere Unwägbarkeiten einrechne? Habe ich mich entschieden, muß eine Reisereservierung sowie die Hotelreservierung am Vortragsort vorgenommen werden. Ich notiere mir auch die Frage, ob ich vom Veranstalter am Flughafen/Bahnhof abgeholt werde oder mich selbst um Bus oder Taxi kümmern muß.

Wie sind die Hotelpreise? Welche Hotelkategorie muß ich wählen, damit ein Minimalstandard gewährleistet ist? Wie ist die Lage des Hotels? Ruhig oder an einer Hauptverkehrsstraße? Kann ich von dort zu Hause anrufen? Verlangt das Hotel Vorauszahlung? Gibt es Nichtraucherzimmer?

Dann ist zu klären, welche Kleidung ich brauche. Ist es dort im Winter sehr kalt? Wieviel Kleidung brauche ich? Wieviel Geld benötige ich? Welche Währung gilt in dem Land? Benötige ich ein Visum für die Einreise? Ist mein Paß noch ausreichend lange gültig? Gilt meine Krankenversicherung für dieses Land?

Neben Kleidung und persönlichen Dingen, wie Brille, Lesestoff, Fotoapparat sowie einer Reiseapotheke muß ich alle Unterlagen und Materialien für den Vortrag einpacken und auch an Prospektmaterial zum Auslegen, Papier für Notizen und Schreibzeug denken.

Als nächstes muß ich mich über Land und Leute ein wenig informieren, damit ich weiß, was mich erwartet. Komme ich mit meinen Fremdsprachenkenntnissen zurecht, so daß ich beispielsweise in dem Hotel eine Bestellung beim Ober aufgeben kann? Wie wird die Frage des Trinkgeldes gehandhabt? Wie sind die Zollbestimmungen? Wie ist die allgemeine wirtschaftliche, soziale, politische und religiöse Lage? Gibt es Auswirkungen auf die persönliche Sicherheit? Kann man in Vortragspausen oder abends durch die Straßen laufen, oder ist so etwas unmöglich? Welche anderen Freizeitmöglichkeiten gibt es? Wie sind die Beziehungen zwischen Mann und Frau? Kann meine Frau bei dem Vortrag anwesend sein? Gibt es Rassenprobleme in dem Gastland?

Sind alle diese Fragen beantwortet, sind die Reisevorbereitungen immer noch nicht abgeschlossen. Es ist noch zu klären, wer sich um Haus, Pflanzen und Post kümmert, auch muß ich meine Mitarbeiter und Familienangehörigen über die Dauer meiner Abwesenheit informieren. Wie ist die Arbeitsbelastung in der Zeit vor meiner Abreise? Besteht die Gefahr, daß ich todmüde und in letzter Sekunde an den Vortragsort komme? Wie kann ich das noch steuern?

Und zu guter Letzt muß ich rechtzeitig das Haus verlassen und auch einen Verkehrsstau auf dem Weg zum Flughafen einrechnen. Dann ist eigentlich nur noch zu überlegen, ob mein Köfferchen als Handgepäck mitgeht oder ob ich das Gepäck aufgeben muß. Wenn ich dann im Flugzeug sitze, kann ich die Vorbereitungen als abgeschlossen betrachten.

Am Vortragsort

Während eines hoffentlich entspannenden Fluges versuche ich, mich auf den zweiten Teil der Reise einzustellen. Was kommt an dem Vortragsort alles auf mich zu, und auf was muß ich mich an Ort und Stelle einstellen?

Der erste Eindruck entsteht während der Paß- und Zollkontrollen. Wie lange dauert es, und wie ist der Umgang mit den Beamten? Meine Koffer werden gründlich durchsucht. Erst nachdem ich eine Einladung der Veranstaltung gezeigt habe, die mich als einen der Referenten ausweist, kann ich das zunächst beanstandete bedruckte Papier – Informationen, Buchhinweise und das Vortragsmanuskript – mitnehmen.

Im Hotel werde ich freundlich empfangen. Bei meiner ersten Mahlzeit serviert man mir allerdings die Suppe erst als Abschluß der Mahlzeit. Ist das ein Versehen des Kellners gewesen? Dann muß ich mich auf den nächsten Tag einstellen. Von wann bis wann gibt es Frühstück? Wie komme ich an den Ort, an dem der Vortrag stattfinden soll? Zu welchen Zeiten bin ich im Programm eingeteilt? Was kann ich zur körperlichen Betätigung und Entspannung tun? Fühle ich mich so erschöpft, daß ich gar keine Lust habe, etwas von Land und Leuten zu sehen oder gar Einladungen anzunehmen? Ist ein organisiertes Besuchsprogramm für alle Teilnehmer dieser Veranstaltung vorgesehen? Wie verhält man sich in einer solchen transkulturellen Gruppe? Waren die Vorbereitungen zu Hause so ausreichend, daß ich nun auch etwas Bescheid weiß über die polnische Geschichte und Kultur? Bei einem Rundgang überlege ich mir, was ich meiner Familie von dieser Reise mitbringen möchte. Ist Handeln möglich oder gar erwünscht?

Nun, endlich ist es soweit, die letzten Vorbereitungen für den Vortrag sind noch zu treffen. Der Vortrag soll in Englisch gehalten werden, für mich eine Fremdsprache. Welche Sprache sprechen die anderen Teilnehmer? Gibt es die Möglichkeit einer Simultanübersetzung, oder muß jeder versuchen, so gut wie möglich das zu verstehen, was ich vortrage? Ergeben sich Kommunikationsprobleme aus dieser Situation?

Ich stehe im Vortragssaal und muß mit höchster Konzentration meinen Vortrag halten, dabei versuchen, Kontakt mit dem Auditorium aufzubauen und nebenher noch beim entsprechenden Stichwort die richtigen Folien in den Overheadprojektor zu legen. Im Anschluß an den Vortrag ist eine Diskussion vorgesehen, ich muß mich nun schnellstmöglich auf die hier gestellten Fragen einstellen. Wie geht man am besten in einer fremden Sprache auf die in der Diskussion gestellten Fragen ein? Wie kann ich auf kritische Äußerungen reagieren? Wie reagiere ich auf Unhöflichkeiten? Wie ist allgemein die Reaktion der Teilnehmer? Haben sie meinen Vortrag verstanden? Wie reagiere ich, wenn einige Teilnehmer gleich anschließend ihre Lebensgeschichte erzählen und Beratung von mir wünschen? Wie reagieren die Teilnehmer auf die in der Diskussion gestellten Fragen?

Trotz der allerbesten Vorbereitung bleiben aber immer noch Fragen offen und es gibt Überraschungen, mit denen man rechnen muß: Ich weiß vorher nicht, wie viele Personen an der Veranstaltung teilnehmen. Ich weiß nicht, welche Fragen in der Diskussion gestellt werden.

Am Abend findet ein geselliger Abend für die Vortragsteilnehmer statt. Die Unterhaltung ist lebhaft, ein polnischer Teilnehmer berichtet über politische und religiöse Zustände seines Landes und will Meinungen der anderen dazu hören. Ich werde beispielsweise gefragt, wie ich über das Asylantenproblem in Deutschland denke, und was man zur Lösung der damit zusammenhängenden Fragen tun kann. Weitere Fragen des Gastlandes und der verschiedenen Heimatländer werden angesprochen, Vorurteile auf beiden Seiten erhitzen die Gesprächsteilnehmer. Als Gast einer solchen Runde wird man, ob man will oder nicht, mit diesen Fragen und Problemen konfrontiert. Wie geht man damit um? Beschäftigt man sich hinterher noch damit und versucht, in einem weiteren Gespräch Verständnis für die unterschiedlichen Positionen zu wecken, oder streift man diese Eindrücke am Ende des Abends einfach von sich ab?

Wieder zu Hause

Nach vier Tagen sind meine Frau und ich einerseits voll neuer Eindrücke, andererseits aber auch von der Anstrengung etwas ermüdet, wieder zu Hause. Was haben die übrigen Familienmitglieder in der Zwischenzeit gemacht?

Was ist nun hier in der Zwischenzeit an Arbeit angefallen? Ein kurzer Überblick informiert mich. Eilige Anfragen werden sofort erledigt, alles andere kann bis morgen warten.

Zusätzlich muß ich daran denken, alle Belege für die Reisekostenabrechnung zu sammeln und zu sortieren.

Außerdem muß ich dem Veranstalter eine Rechnung für den Vortrag stellen. Es ist auch sinnvoll, das restliche Geld zurück zu tauschen, wenn nicht in absehbarer Zeit wieder eine Reise nach Polen auf meinem Programm steht.

In einer ruhigen Stunde versuche ich dann, ein Resümee zu ziehen.

Was hat dieser Vortrag gebracht? Wie habe ich mich während und nach der Reise gefühlt? Wie habe ich auf Streßsituationen reagiert? Warum konnte ich dort nicht einschlafen? Kam das nur durch den Zeitunterschied? Warum hatte ich Herzbeschwerden und Schmerzen im Arm? Kam das nur vom Koffertragen und vom Sitzen im Flugzeug? Auf welches Organ schlägt sich denn bei mir der Ärger? Wie ist meine psychosomatische Situation jetzt? Eine ehrliche Antwort auf diese Fragen hilft mir, das Erlebte zu verarbeiten und in dem Beziehungsrahmen meiner eigenen Lebensgeschichte zu sehen.

Welchen Eindruck hatte ich von dem Vortrag selbst? Konnten die Zuhörer davon profitieren? Mache ich das eigentlich gerne, und bin ich mit meinem Beruf zufrieden? Ich lerne aus all meinen Erfahrungen, wie ich eine solche Reise zeitlich und organisatorisch vorbereiten muß und wie ich auf Belastungen dieser Art reagiere. Entweder muß ich meine Arbeit noch besser beherrschen, oder ich komme zu dem Schluß, daß ich nicht alles allein machen kann, also delegieren muß. Wer könnte den Vortrag an meiner Stelle halten? Es könnte aber auch sein, daß es für mich besser ist, meine Energien und Kapazitäten anders einzuteilen, also das Angebot für einen Vortrag abzulehnen.

Die Auswertung der Erfahrungen, die ich auf dieser Reise machen konnte, ist ein wichtiger Bestandteil der Nachbereitung. Waren die Daheimgebliebenen mit den ihnen übertragenen Aufgaben überfordert? Bin ich eigentlich kontaktfreudig? Bin ich zeitlich überhaupt in der Lage, die neugeknüpften Kontakte zu halten? Kann ich es entsprechend organisieren, versprochenes Informationsmaterial an Interessenten zu schicken? Wie fühle ich mich, wenn ich in einer Gesellschaft mit vielen Menschen bin? Bei welchen Menschen fällt es mir schwer, Kontakt aufzunehmen? Warum hat es mir gar nicht gefallen, als ein Diskussionsteilnehmer mir dauernd ins Wort fiel?

Was war an dieser Reise enttäuschend, und wie gehe ich damit um? Kann ich die Enttäuschungen im Zuge dieser Nachbereitung auffangen, oder komme ich ganz generalisierend zu dem Schluß: Ich übernehme nie wieder einen Vortrag?

Praktische Konsequenzen

Erst wenn ich zu einem Ergebnis und zu einer Bewertung meiner Reise gekommen bin, ist sie auch wirklich abgeschlossen, und ich kann meine zukünftigen Entscheidungen daran orientieren. Verhalte ich mich nicht so, sondern übernehme Vorträge vielleicht nur, weil sie eine nette Abwechslung im täglichen Einerlei sind und mich vielleicht an schöne Orte der Welt bringen, dann besteht die Gefahr, daß diese einseitige Betrachtungsweise eine Anhäufung von Belastungsfaktoren mit sich bringt, die meine sonstige Arbeit und meine Gesundheit beeinträchtigen oder mich zu falschen Schlußfolgerungen verführen. Wer positiv mit Streß umgehen will, muß lernen, mit den vielen einzelnen Schritten zur Bewältigung des Alltags bewußt umzugehen.

Hätten Sie geglaubt, Herr A., daß Ihr Anruf eine solche Kette von Fragen und Überlegungen auslöst? Vielleicht denken Sie jetzt: »Hätte ich doch nicht angerufen« oder: »Hätte ich doch noch früher angerufen!«

5 »Mein Sohn ist faul«

(Ein Schüler)

Wer A sagt, muß auch B sagen

In einer Unterrichtsstunde, die im Orient als Maktab bezeichnet wird, hatte der Lehrer mit einem Jungen große Probleme. »Sag A!« (Persisch Alef). Der Junge hob nur verneinend den Kopf und kniff die Lippen zusammen. Der Lehrer übte sich in Geduld und begann wiederum: »Du bist ein so netter Junge, sag doch A. Das tut doch nicht weh.« Dafür empfing er bloß einen abweisenden Blick des Kindes. Schließlich, nach einigen Versuchen, riß dem Lehrer die Geduld. »Sag A«, schrie er, »sag A.« Die Antwort des Kindes war nur: »Mm-mm.« Daraufhin ließ der Lehrer den Vater kommen. Zusammen beschworen sie den Kleinen, er solle doch nur A sagen. Endlich gab der Junge nach und sagte zum Erstaunen aller klar und deutlich A. Der Lehrer, überrascht von diesem pädagogischen Erfolg, rief: »Maschallah, wie herrlich! Nun sag auch mal B.« Da protestierte der Kleine heftig und schlug energisch mit seinem Fäustchen auf den Tisch: »Nun ist aber Schluß! Ich wußte ja, was auf mich zukommt, wenn ich bloß A sage. Dann wollt ihr, daß ich auch B sage, und dann muß ich noch das ganze Alphabet aufsagen, dann muß ich lesen lernen, schreiben ler-

nen und rechnen lernen. Ich wußte schon, warum
ich nicht A sagen wollte!«

Orientalische Geschichte

Bernd, ein 13jähriger Schüler, kommt mit seiner Mutter zum Erstgespräch in meine Praxis. Die Mutter fällt mir auf als eigentlich sehr hübsche Frau in einfacher Aufmachung. Sie äußert den dringenden Wunsch, eine Therapie für ihren Sohn bei mir und keinem anderen Therapeuten machen zu wollen. Die Mutter erwartet von der Therapie ihres Sohnes, daß er seine beschämende »Faulenzerei« und »Konzentrationsstörung« los wird. Sie hat zwei Gespräche mit einem Schulpsychologen geführt, jedoch das Vertrauen ihm gegenüber verloren, da er einer Bekannten Details aus dem Gespräch wiedergegeben habe, so daß sie die Intimität des Gesprächs nicht gewahrt sah.

Das erste Gespräch

Die Mutter eröffnet das Gespräch: »Herr Doktor, wir machen uns zunehmend Sorgen um die schulischen Leistungen von Bernd. Er arbeitet überhaupt nicht systematisch und zielgerichtet, und neulich wollte er zum ersten Mal überhaupt nicht in die Schule gehen. Er hat versucht, nach überstandener Krankheit den Schulbesuch noch hinauszuzögern. Er ist einfach faul.«

Therapeut: »Konventionell wird Faulheit als Mangel an Fleiß definiert. Faulheit ist aber auch etwas anderes, nämlich die Fähigkeit, Leistungsanforderungen aus dem Weg zu gehen. Diese positive Auffassung der Faulheit gewinnt dadurch an Bedeutung, daß viele Streßkrankheiten durch berufliche, schulische, gesundheitliche und familiäre Überforderung hervorgerufen werden.

Vielleicht erklärt diese Definition auch die Aggressivität, mit der fleißige Menschen auf sogenannte Faulenzer reagieren.«

Mit dieser positiven Interpretation konnte sich die Mutter beschäftigen, ohne daß es für sie kränkend gewesen wäre.

Ich frage den Jungen: »Was sagst du dazu? Wie fühlst du dich?«

Darauf Bernd: »Ich kann mich so schlecht konzentrieren und bin dann unzufrieden mit mir selber. In der letzten Zeit habe ich auch oft Kopfschmerzen in der Schule, so daß ich nicht aufpassen kann. Ich bin auch unzufrieden mit mir, weil ich weiß, daß meine Leistungen in der Schule schlecht sind und daß ich meine Eltern damit traurig mache. Es ist ja auch schlimm für sie, denn beide sind Lehrer. Außerdem wird mir immer vorgehalten, daß mein kleinerer Bruder alles besser macht.«

Therapeut: »Was meinst du, woher das kommt, daß du dich nicht konzentrieren kannst? Erinnerst du dich an Ereignisse, die dich besonders beschäftigen?«

Bernd: »Ja, schon... (druckst ein bißchen herum), also es hat mir nicht gefallen, daß mein bester Freund nicht mehr mit mir in die gleiche Schule geht. Da war ich am Anfang sehr traurig und hab mich hier so alleine gefühlt. Die Schule und unsere Wohnung liegen ja in verschiedenen Städten, da kann ich mich gar nicht verabreden.«

Therapeut: »Du hättest gerne mehr Kontakt zu deinen Schulkameraden?«

Bernd: »Klar, die machen doch oft was zusammen, und ich kann nie mitmachen und nie mitreden.«

Therapeut: »Wie lange warst du mit deinem Freund zusammen in der Schule, und welche Klasse besuchst du jetzt?«

Bernd: »Wir waren die ganzen vier Jahre in der

Grundschule zusammen, und dann sollte ich plötzlich hier in die Schule gehen, und er ging in H. auf das Gymnasium. Ich gehe jetzt in die 7. Klasse.«

Therapeut (zur Mutter): »Wie sehen Sie die Einwände Ihres Sohnes?«

Mutter: »Es stimmt schon, daß Bernd sehr traurig war, als er von seinem Freund getrennt wurde. Für uns war das aber wichtig, weil unsere eigenen Beobachtungen und die der Klassenlehrerin darin übereinstimmten, daß Bernd von seinem Freund bevormundet wurde. Die Klassenlehrerin riet von einem gemeinsamen Schulbesuch in einer weiterführenden Schule ab.«

Therapeut: »Haben Sie bei Ihrer Entscheidung daran gedacht, was es für Ihren Sohn bedeuten würde, aufgrund der Trennung von Wohn- und Schulort wenig Kontakte zu haben?«

Mutter: »Nein, Bernd war bisher immer sehr zurückhaltend, hatte in der Grundschule wenig Kontakte, außer zu diesem Freund. Ich hätte nicht gedacht, daß es ihm was ausmacht. Er ist jetzt in seiner Klasse durchaus beliebt, aber er ergreift selten selbst die Initiative.«

Therapeut zu Bernd: »Gibt es noch etwas, das dich beschäftigt hat?«

Bernd: »Ja, meine Mutter war im Krankenhaus, und da hab ich einfach Angst gehabt, daß etwas passiert.«

Therapeut zu Bernd: »Du bist ein sehr aufmerksamer Junge und du hast dir um die Gesundheit deiner Mutter Sorgen gemacht.«

Therapeut zur Mutter: »Weswegen mußten Sie ins Krankenhaus?«

Mutter: »Bei mir wurde vor zwei Jahren ganz plötzlich eine Schilddrüsenerkrankung diagnostiziert. Als Nebenwirkung des Medikamentes kam es zu einer schweren Bluterkrankung. Ich war vier Wochen im Krankenhaus, davon eine Woche isoliert, es durfte niemand von der Familie zu mir. Bernd hat am Telefon oft geweint. Dann kam ich nach Hause und mußte nach einer Woche plötzlich und unerwartet wieder ins Krankenhaus, um eine spezielle Schilddrüsenbehandlung durchführen zu lassen. Da ist Bernd schon stark aus seinem seelischen Gleichgewicht geraten.«

Therapeut zu Bernd: »Wie hast du darauf reagiert?«

Bernd: »Ich war halt immer in Gedanken und habe mir überlegt, was passiert, wenn meine Mutter nicht wieder gesund wird. Da hatte ich total die Panik, und ich konnte auch einfach nichts behalten, selbst wenn ich genug gelernt hatte. Und wenn ich dann eine schlechte Arbeit geschrieben hatte, dann wurde alles nur noch schlimmer, weil ich halt wieder unzufrieden mit mir selber war, aber ich konnte einfach nichts machen, als immer nur dran denken, was mit meiner Mutter wird, und in der Situation hatte ich nicht mal mehr meinen Freund. Ich hab mich so allein und verlassen gefühlt. Außerdem denk ich manchmal, daß meine Mutter auch übertreibt. Sie meint immer, ich muß alles sofort machen, und ich muß alles alleine können, ich hab das Gefühl, sie hilft mir nicht gerne, weil sie das bei meinem Bruder nicht braucht.«

Therapeut an die Mutter gewandt: »Stimmt das?«

Mutter: »Ich denke schon, daß Schüler ihre Hausaufgaben alleine machen sollen, daß sie dabei Selbständigkeit und Eigenverantwortung lernen sollen. Bei meinem jüngeren Sohn ist das der Fall, der arbeitet ganz selbständig und planmäßig.«

Therapeut: »Benötigt Bernd denn viel Hilfe?«

Mutter: »Nein, eigentlich nicht so viel, aber er verläßt sich oft darauf, daß ich ihm helfe und zögert manchmal die Erledigung seiner Aufgaben bis zum Abend hinaus. Ich muß ihn dann ständig ermahnen. Neulich habe ich ihn daran erinnert, für eine Mathematikarbeit zu lernen, da ich von seinem Lehrer wußte, daß er Lücken hat. Da hat er total abgeblockt, überhaupt nicht geübt und war auch nicht bereit, im Familienkreis mit uns darüber zu sprechen. Das belastet mich dann sehr. Wir haben im Augenblick nur dann ein gutes Verhältnis, wenn ich mich stark zurücknehme, aber das ist doch auf Dauer keine Lösung. Wir tun alles für ihn, aber es ändert sich nichts.«

Therapeut: »Können Sie denn nachvollziehen, was die beiden Punkte, die wir hier angesprochen haben, für Ihren Sohn bedeuteten?«

Mutter: »Ja, schon, aber das kann doch nicht so weitergehen mit seinen Leistungen.«

Therapeut: »Kinder reagieren oft sehr stark, wenn sie für sie so bedrohliche Ereignisse verarbeiten müssen, wie den Verlust eines Freundes, den Schulwechsel auch noch in eine andere Stadt und eine schwere Erkrankung der Mutter. Solche Streßfaktoren bewirken, daß sie sich nicht konzentrieren können. Meinen Sie, Sie könnten Vertrauen in Ihren Sohn haben, daß seine Leistungen sich wieder bessern, wenn wir hier gemeinsam an den Themen arbeiten, die Ihnen und Ihrem Sohn zu schaffen machen?«

Mutter: »Ja, ich denke schon.«

Therapieverlauf

Die Therapie des Jungen wurde im Rahmen einer Familientherapie durchgeführt. Die »Faulenzerei« und Unordentlichkeit des Jungen standen im Zusammenhang mit seinem Bedürfnis nach Kontakt mit Gleichaltrigen und nach Anerkennung durch die Eltern.

Die Geschichte »Wer A sagt muß auch B sagen« hatte ich Bernd erzählt. Den Eltern gab ich folgende Geschichte mit auf den Weg.

»Das darfst du nicht«, sagte der Vater. Gläubig blickte der Kleine zu ihm auf und ließ es sein. »Dafür bist zu klein«, erklärte die Mutter. Respektvoll zog er sich zurück. »Auch dies ist nicht gut«, erzog ihn der Vater. »Und jenes nicht recht«, erzog ihn die Mutter. »Wenn große Leute sprechen, sagen Kinder nichts«, ermahnte man ihn. Also schwieg er bescheiden. »Gib dich nicht so dumm!«, rügte der Lehrer. Und der Junge ließ das Fragen. »Er ist so linkisch und gar nicht gesprächig«, langweilten sich die Mädchen. Das munterte auch nicht auf. »Sitz nicht im Hause herum!«, rügte der Vater. »Was suchst du auf der Straße?«, rügte die Mutter. »Er scheint mir verklemmt«, meinte der Arzt. »Verschlossen!«, sagte der Lehrherr. »Verträumt. Was soll aus ihm werden?« »Kann ich nicht brauchen«, urteilte der Chef. »Vergrämt mir die Kundschaft. Spricht kaum. Keinen eigenen Kopf. Fragt aber auch nichts. Seltsamer Kauz!« »Organisch gesund!« sagte der Arzt. »Und war so ein hübsches Kind«, flüstern die Nachbarn. »Alles kümmerte sich um ihn: die Familie, die Schule, nichts fehlte ihm. Aber er wird mit dem Leben nicht fertig. Die armen Eltern.«

Theo Schmich

Die Mutter als Pädagogin erkannte die Gefahr, die darin liegt, wenn viele Bezugspersonen sich dauernd mit einem Kind beschäftigen. Auf diese Art und Weise konnte Bernd keine größere Selbständigkeit und Selbstverantwortung entwickeln. Durch diese Erkenntnis konnten wir in der Beratung zu einem veränderten Kommunikationsstil in der Familie gelangen, wobei dem Vater dabei eine besondere Rolle zukam.

Wir, also Mutter, Vater und Therapeut, zeigten Bernd, daß er eine Reihe von positiven Eigenschaften besaß und gar nicht so faul sein konnte, wie seine Umgebung und zum Schluß er selber immer wieder behaupteten. Das Hauptgewicht der Behandlung lag jedoch bei den Eltern. Die Mutter wurde nicht nur in die Therapie einbezogen, sondern erhielt »therapeutische Aufgaben«. Zu festgelegten Terminen konnten sich die Eltern mit mir beraten. Dabei wurden ihre Konzepte über Kontakt (Gäste), Ordnung und Leistung aktualisiert und erweitert.

Leistung und Faulheit aus der Sicht der Positiven Psychotherapie

Ein Mensch benötigt nicht nur Informationen (Entwicklung der sekundären Fähigkeiten) im Sinne der Ausbildung. Er benötigt auch eine emotionale Basis, um diese Ausbildung bewältigen zu können. Es ist daher zu unterscheiden zwischen Ausbildung und Bildung, die im Erziehungskonzept von Eltern und pädagogischen Institutionen häufig verwechselt werden. Bewußte Erziehung heißt nicht nur, die Erziehungsinhalte zu kennen, sondern auch, sich des Erziehungszieles bewußt zu sein: Warum, wozu und wofür erziehe ich mein Kind? Für mich? Für sich? Für die Menschheit?

In psychologischen Studien wurde dargelegt, daß Kinder oft schon im Grundschulalter gestreßt sind, weil sie einen Terminkalender wie Manager haben. Dafür sind fest geplante Freizeitaktivitäten verantwortlich, die für spontanes Spielen und Ruhepausen kaum noch Zeit lassen. Kinder sind meist nicht in der Lage, den Eltern diese Situation zu beschreiben, und eine schlechte Streßverarbeitung ist die Folge. Jeder zweite Schüler leidet an Spannungskopfschmerzen. Darauf verwiesen Fachleute beim Deutschen Schmerzkongreß 1995. Auslöser von Spannungskopfschmerzen und Migräne bei Kindern sind meist Schulstreß oder soziale Konflikte.

Jeder Mensch benötigt Zeit für seine Entwicklung. Er braucht sie für seine körperliche Reifung, seine seelische Differenzierung und Entfaltung im sozialen Zusammenleben. Umgekehrt fordert man von ihm, daß er selbst anderen Zeit gewährt. Eine Vielzahl von Störungen in der Erziehung können auf unzeitgemäße Rollenübernahme und Rollenerwartungen zurückgeführt werden. Überforderung, Unterforderung und Inkonsequenz sind die zentralen Ursachen.

Von Bedeutung sind hier die Aktualfähigkeiten Fleiß/Leistung, Geduld, Vorbild und Zeit.

Die Aktualfähigkeit Fleiß/Leistung

Definition und Entwicklung: Die Fähigkeit und Bereitschaft, eine meist anstrengende und ermüdende Verhaltensweise über einen längeren Zeitraum hinweg beizubehalten, um ein bestimmtes Ziel zu erreichen. Fleiß und Leistung sind Kriterien gesellschaftlichen Erfolges, die durch Prestige und Ansehen honoriert werden. Das Spiel stellt in der Entwicklung des Kindes eine Vorstufe zu Fleiß und Leistung dar. In der Schule wird Fleiß mit einem ernsthaften Anspruch gefordert. Er geht dann mit einem Verzicht auf andere, eventuell leichtere Triebbefriedigungen einher. Es fällt daher um so leichter, fleißig zu sein, je mehr man die Beschäftigung mit einer Aufgabe selbst als lohnend empfinden kann.

Wie fragt man danach? Wer von Ihnen legt mehr Wert auf Fleiß und Leistung? Haben Sie oder hatten Sie berufliche Probleme? Sind Sie mit Ihrem Beruf unzufrieden oder mit den Menschen, die mit Ihnen arbeiten? Worin engagieren Sie sich mehr: im Beruf oder in der Familie? Fühlen Sie sich wohl, wenn Sie einmal nichts zu tun haben? Sind Sie mit den schulischen oder beruflichen Erfolgen ihrer Kinder zufrieden? Wie sind Sie zu Ihrem Beruf gekommen? Wer von Ihren Eltern legte mehr Wert auf Fleiß und Leistung?

> **Sprachbilder:** Aktiv sein, sich beschäftigen, arbeiten, tätig sein, die Zeit ausnutzen, sich vor etwas drücken, die Arbeit nicht erfunden haben, sich kein Bein ausreißen. Flucht in die Arbeit, Strebertum, Leistungszwang, Streß, Überforderung, Zivilisationsmüdigkeit, Konkurrenzkampf, Neid, Aggressionen, Ängste, Faulheit, Flucht in die Einsamkeit, Magenbeschwerden, Schlafstörungen, Kopfschmerzen, Alkoholismus und Drogenabhängigkeit.

Was können Sie tun? Ein junger Mensch benötigt nicht nur Informationen im Sinne der Ausbildung. Er benötigt auch eine emotionale Basis, um dieser Ausbildung Herr zu werden. Zwischen Bildung und Ausbildung muß unterschieden werden. Wenn Sie sich über Ihren Beruf ärgern, lohnt es sich zu unterscheiden: Ärgern Sie sich tatsächlich über Ihre berufliche Tätigkeit oder über die unerfreulichen Begleitumstände (Ungerechtigkeit der Vorgesetzten, Rivalität der Kollegen)? Wenn Leistung zum Konfliktherd wird, ist es nicht unbedingt das Ziel, die Leistungsanforderung zu verringern, sondern die anderen Bereiche, wie den Kontakt oder die Beziehung zu sich selbst zu fördern.

Die Aktualfähigkeit Geduld

Definition und Entwicklung: Die Fähigkeit, sich selbst, einen Menschen oder eine Situation so zu nehmen, wie er (sie) ist. Geduld ist gleichbedeutend mit der Fähigkeit zu warten, die eigenen Wege des Partners trotz der bestehenden Zweifel und Erwartungen zu dulden, Teilbefriedigungen aufzuschieben und den anderen Zeit zu lassen. Einen prinzipiell ungeduldigen Menschen gibt es kaum. Meist äußert sich die Ungeduld nur in bestimmten Bereichen wie Pünktlichkeit, Ordnung, Sparsamkeit, Treue oder Fleiß/Leistung.

Wie fragt man danach? Wer von Ihnen ist geduldiger, oder wer regt sich leichter auf? In welchen Situationen und wem gegenüber werden Sie und Ihr Partner ungeduldig? Was empfinden Sie dabei, wenn Ihr Partner ungeduldig wird? Können Sie warten? Verlieren Sie schnell Ihre Beherrschung? Wer von Ihren Eltern brachte mehr Geduld auf? Wie reagierten Ihre Eltern, wenn Sie einmal ungeduldig wurden?

> **Sprachbilder:** Auf den Tisch schlagen, »Mir platzt der Kragen«, überkochen, sauer reagieren, aus der Haut fahren, sich abfinden, in Kauf nehmen, aushalten, dulden, beherrschen, ertragen, etwas hinnehmen, ruhig Blut bewahren, sich in der Hand behalten, gelassen bleiben. Ungeduld, Geduld aus Angst, Inkonsequenz, Überempfindlichkeit, überhöhte Erwartungen, Ehrgeiz, nicht zuhören können, Rücksichtslosigkeit, Arroganz, Kopfschmerzen, Schlafstörungen, innere Unruhe.

Was können Sie tun? Ungeduld braucht man nicht in sich hineinzufressen. Sprechen Sie darüber. Schreiben Sie auf, was Sie in Ungeduld versetzte und womit Sie Ihren Partner ungeduldig gemacht haben; sprechen Sie mit dem Partner zu einer geeigneten Zeit darüber. Wenn Sie mit Ihrem Partner ein Problem besprochen haben, lassen Sie ihm die Zeit, die er braucht, um sich mit Ihren Konzepten auseinanderzusetzen und die eigenen Konzepte zu überdenken. Geben Sie sich nicht mit der Behauptung zufrieden, daß Sie ein ungeduldiger Mensch sind. Achten Sie einmal darauf, in welchen Situationen, wem gegenüber und in welchem Ausmaß Sie Ihre Geduld verläßt. Wenn man schon ungeduldig geworden ist, ist es meist angenehmer, sich zu entschuldigen, als die Schuldgefühle für sein aufbrausendes Verhalten mit sich herumzutragen.

Die Aktualfähigkeit Vorbild

Definition und Entwicklung: Die Fähigkeit, andere nachzuahmen oder selber das Modell der Nachahmungen zu bieten. Nachgeahmt werden nicht nur Verhaltensweisen, die vom Vorbild zur Nachahmung freigegeben sind, sondern auch Haltungen, Einstellungen und Gefühlsqualitäten, die vom Vorbild als Privatsache betrachtet werden. Nachahmung ist eine der wesentlichen Lernfunktionen. Das Kind ahmt seine Eltern nach, weil es die Nachahmung als solche als belohnend empfindet oder weil sie belohnt wird; sie erfolgt oder unterbleibt, weil das Vorbild belohnt oder bestraft wurde.

Wie fragt man danach? Wer von Ihnen ist mehr das Vorbild? Welche Person, Figur, welcher Autor, welches Motto ist Ihr Leitbild? Möchten Sie gerne wie die anderen sein? Wer von Ihren Eltern war Ihr Vorbild? Finden Sie bei sich (Ihrem Partner) Eigenschaften und Verhaltensweisen, die Sie an eine frühere Bezugsperson erinnern?

Sprachbilder: Abgucken, imitieren, kopieren, nachahmen, nachäffen, nacheifern, sich nach jemandem richten, in die Fußstapfen eines anderen treten, sich mit fremden Federn schmücken.
Nachahmungstendenzen, Einschränkung der eigenen Urteilsfähigkeit, affektive Ablehnung des Vorbildes, Schwanken zwischen Liebe und Haß, Hemmungen, Idealisierung, überhöhte Erwartungen, Enttäuschungen, Selbstwertprobleme, finanzielle Schwierigkeiten.

Was können Sie tun? Jede unserer Handlungen und auch Gedanken kann ein Vorbild für andere sein: Verhalten Sie sich in dem Bewußtsein, daß Sie Vorbild sind. Auch das, was wir vom besten Vorbild übernommen haben, bedarf der Nachprüfung: Mit eigenen Augen sehen, mit eigenen Ohren hören, mit der eigenen Vernunft urteilen.

Die Aktualfähigkeit Zeit

Definition und Entwicklung: Die Fähigkeit, den Zeitablauf zu gestalten und Beziehung zu Vergangenheit, Gegenwart und Zukunft aufzunehmen. Dies kann passiv geschehen, indem Zeiteinteilungen und Zeitgestaltungen übernommen oder aktiv gegliedert werden. Bereits von der frühen Kindheit an lernt das Kind, ob es selber etwas mit der Zeit anfangen, wie es sie gestalten kann, oder ob es passiv allem Geschehen ausgesetzt ist.

Wie fragt man danach? Wer von Ihnen hat für sich und für den Partner mehr Zeit? Wie fühlen Sie sich, wenn Ihr Partner für Sie wenig Zeit hat, und in welchen Situationen kommt das vor? Kommen Sie mit Ihrer Zeit aus, oder empfinden Sie Langeweile oder Hetze? Haben Sie genug Zeit für sich selbst, und können Sie mit dieser Zeit etwas anfangen? Was würden Sie tun, wenn Sie eine Woche lang freie Zeit zu Ihrer Verfügung hätten? Haben Sie (Ihr Partner) eine geregelte Arbeitszeit? Welche Zukunftspläne haben Sie? Denken Sie oft darüber nach, was Sie in der Vergangenheit richtig oder falsch gemacht haben? Wer von Ihren Eltern hatte mehr Zeit für Sie?

> **Sprachbilder:** Langeweile, dauerhaft, beständig, vergänglich, utopistisch, Hetze, Freizeit, die guten alten Zeiten, Zeit verschwenden, Zeit ist Geld, kommt Zeit kommt Rat, nütze die Zeit, denn sie eilt.

Überforderung, Unterforderung, Vernachlässigung, Angst, Grübelei, Eigenbrötelei, Streßerscheinungen, Fixierung auf die Vergangenheit, einseitige Realitätsbezogenheit, Utopismus, Magenbeschwerden, Herzbeschwerden, Sexualstörungen.

Was können Sie tun? Überlegen Sie sich vorher, was Sie mit Ihrer Zeit anfangen möchten, und sprechen Sie mit dem Partner oder der Familie darüber. Durch Planung können Sie Störungen vermindern. Mit den Überraschungen, die trotzdem auftreten, müssen wir fertig werden. Stellen Sie fest, was dringlich und weniger dringlich ist, und arbeiten Sie die Dinge nacheinander auf. Nehmen Sie sich Zeit für sich, für den Partner, die Familie, sozialen Kontakt, den Beruf und die Weltanschauung oder Religion.

Eine Anekdote, die ich auch Bernd und seinen Eltern erzählte, soll das Gesagte zusammenfassen:

Ein Vater sagte zu seinem Sohn: »*Warum bist du so faul? Abraham Lincoln war in deinem Alter der beste Schüler in der Klasse.*« *Der Sohn antwortete:* »*Vater, du hast völlig recht, aber Abraham Lincoln war in deinem Alter der Präsident von Amerika.*«

Problembewältigung aus der Sicht von Bernd und seinen Eltern

Die Eltern waren erstaunt, daß in der Therapie so eine lockere Atmosphäre herrschte. Es war offensichtlich nicht notwendig, wichtige Themen ernst abzuhandeln.

Die Erkenntnis der eigenen kleinen erlittenen Schädigungen wie Hausbau, Umzug, Schulwechsel, Krankheit der Mutter, fehlende Hilfe im Haushalt, Tod der Großmutter und berufliche Überforderung des Vaters führte zu einem Verständnis für die Probleme des Kindes. Die Mutter sagte: »Eigentlich brauchen in erster Linie mein Mann und ich Ihre Hilfe.«

Das Balancemodell war eine gute Einstiegsmöglichkeit für die Eltern, ihre eigenen Energien auf verschiedene Bereiche zu verteilen und das auch bei den Kindern zuzulassen. Das inhaltliche Vorgehen und die Aufklärung von Mißverständnissen über die betroffenen Aktualfähigkeiten Geduld und Vorbild führte zu einer Entspannung der innerfamiliären Situation und hatte Auswirkungen auch auf den beruflichen Bereich.

Die Eltern berichteten, daß sie im Grunde genommen ihrem Bernd dankbar sein müßten, da er ihnen durch seine Faulheit geholfen hätte, sich besser zu verstehen und aus ihrer Einseitigkeit herauszukommen. Sie können jetzt verstehen, wie er ihre Ungeduld und Aggressionen empfunden hat und wie betroffen er durch die ganze Situation war.

Bernd stimmte dem zu: »Ja, das stimmt. Ich konnte meine Gefühle halt nicht so ausdrücken, daß meine Eltern mich verstanden haben. Die Geschichte hat mir große Freude gemacht, ich konnte sie gut auf mich beziehen. Ich wußte, wenn ich immer lerne, dann hört das nicht auf, dann muß es immer noch besser werden. Die Familiengruppe war total gut. Mein Bruder und ich konnten in der Gruppe über alles sprechen. Wir haben auch die fünf Stufen besprochen, und das hat mir in meiner Beziehung zu anderen Kindern geholfen.«

»Über die Anekdote mit Abraham Lincoln haben wir in der Familie oft gelacht. Die Eltern akzeptieren meine Kontakte, und wir laden manchmal einen Schulfreund mit seinen Eltern ein. In der Schule geht jetzt alles viel leichter. Das Lernen macht wieder richtig Spaß.«

Problembewältigung aus der Sicht des Therapeuten

Die Behandlung erstreckte sich über acht Monate. Es wurden Sitzungen mit Mutter und Sohn, Eltern alleine und der gesamten Familie durchgeführt. Inhaltlich waren einmal die gerade erwähnten Lebensereignisse der Eltern relevant, zum anderen wurden die Vorbilddimensionen der Eltern und ihre Auswirkungen auf ihre Leistungsfähigkeit und Leistungsforderungen thematisiert. Diese Vorgehensweise gab den Eltern eine Leitlinie, die aufgetretenen Probleme und Schwierigkeiten schrittweise aufzuarbeiten und für sich und die Familie neue Ziele zu definieren und zu entwickeln.

Die Bücher *Der Kaufmann und der Papagei* und *Psychotherapie des Alltagslebens* wurden von den Eltern im Sinne einer Bibliotherapie gelesen und durchgesprochen.

Die Mutter erkannte, wie wichtig es war, ihren Mann in erzieherische Fragen einzubeziehen und tat dies auch.

Es gelang den Eltern, psychologische und pädagogische Aspekte intensiver in ihre Arbeit als Lehrer zu integrieren, besonders bei Elternabenden. In diesem Sinne hat die Therapie über den »Patienten« hinaus gewirkt.

Was können Sie tun?

Zur Problembewältigung bieten sich drei Schritte an, die mit der Wahrnehmung der eigenen Empfindung beginnen:

Worüber ärgere ich mich eigentlich? Was bereitet mir Angst, Unbehagen oder Freude?

Welche Möglichkeiten habe ich, das Problem zu lösen? Welche Ziele stehen hinter meinem Handeln? Was würde ich machen, wenn ich keine Probleme und Beschwerden hätte?

Als Hilfsmittel empfiehlt es sich, die Beobachtungen und mögliche Alternativen in eine Tabelle nach folgendem Muster einzutragen:

Situation (was liegt vor)	Ist-Wert (wie habe ich reagiert)	Soll-Wert (wie kann ich besser reagieren)
Der Vater hat den Kindern versprochen, am Sonntag nach dem Mittagessen mit ihnen rudern zu gehen.	Der Vater kommt eine Stunde später als vereinbart und sagt: »Jetzt ist es leider zu spät, und es lohnt sich nicht mehr, rudern zu gehen.« Auf die Frage der Mutter nach dem Grund des Zuspätkommens antwortet er: »Ich wäre ja gerne gekommen, doch ich wollte meinen Freunden beim Frühschoppen nicht sagen, daß ich gehen muß.«	Die Freunde des Vaters beim Frühschoppen: »Was, du willst schon gehen? Das kannst du uns doch nicht antun!« Der Vater: »Ich würde gerne noch bleiben, aber diesmal habe ich meinen Kindern versprochen, mit ihnen rudern zu gehen, und deswegen möchte ich nicht zu spät kommen.«

Durch dieses Vorgehen kann man einen Einblick in die Konflikte erhalten und alternative Lösungsmöglichkeiten finden: Ich habe so reagiert, ich hätte aber auch anders reagieren können.

6 »Ich habe mein Examen nicht bestanden«

(Eine Studentin)

Späte Rache

Ein Mann war zur Strafe von den Dorfbewohnern in eine ausgetrocknete Wassergrube geworfen worden. Die geschädigten Dorfbewohner nahmen nun, jeder für sich, die Gerechtigkeit in die eigene Hand. Sie standen am Rande der Grube und ließen einen Regen von Speichel über den Sünder herniedergehen. Andere warfen mit dem Kot der Straße. Plötzlich traf ein Stein den Gepeinigten. Erstaunt blickte er auf und fragte den Werfer: »Die anderen kenne ich alle. Wer bist du, daß du den Stein wirfst?« Der Mann am Grubenrand antwortete: »Ich bin der Mann, dem du vor 20 Jahren ein Leid angetan hast.« Der Sünder wunderte sich: »Wo warst du denn die ganze Zeit?« »Die ganze Zeit«, kam die Antwort, »hatte ich den Stein in meinem Herzen getragen. Jetzt, wo ich dich so erbärmlich gefunden habe, nahm ich den Stein in meine Hand.«

In meine psychotherapeutische Praxis kam eine 25jährige Studentin, Frau B., die mit zunehmendem Näherrücken des Wiederholungstermins für ihr Examen unter erheblichen Prüfungsängsten, nächtlichen Alpträumen, Magen-Darm-Problemen und Schlafstörungen litt.

Sie wirkte sportlich-burschikos, dabei vorsichtig-abwartend und eher resigniert. Sie betrat das Behandlungszimmer mit hängendem Kopf und fing an zu weinen. Sie brauchte einige Zeit, um sich zu fassen.

Das erste Gespräch

Noch immer sichtlich verstört, begann Frau B. zu berichten:

»Ich bin im letzten Jahr bei meinem Examen durchgefallen, damals hatte ich in der Vorbereitungsphase einen totalen Zusammenbruch und habe nur noch geweint. Mit dem Näherrücken des erneuten Examenstermins habe ich schon jetzt, obwohl noch fünf Monate Zeit sind, nächtliche Alpträume. Ich bin unkonzentriert beim Lernen, werde immer unruhiger und habe Angst, wieder zu versagen, ja besser, schon versagt zu haben, ehe ich das Examen überhaupt geschrieben habe. Die körperlichen Beschwerden verschlimmern die ganze Situation noch. Durch die Magen-Darm-Probleme habe ich massiv abgenommen und dazu kommen die Schlafstörungen.«

Darauf erwiderte ich: »Ich habe den Eindruck, daß Sie sehr interessiert sind, beruflich etwas zu erreichen und mit aller Kraft versuchen, die Prüfung zu bestehen. Sie konzentrieren sich vorwiegend auf die Prüfung. Kennen Sie folgende Geschichte?«

Ein Student hatte bei der Prüfung furchtbare Angst. Der Professor fragte: »Haben Sie Angst vor meinen Fragen?« »Nein«, antwortete der Student, »aber vor meinen Antworten«.

Frau B. war überrascht und fing plötzlich an zu lachen: »Das ist genau meine Situation. Ich muß gute Noten haben denn was werden sonst meine Eltern von mir denken, wo ich doch weiß, wie wichtig ihnen dieses Examen ist.«

Darauf fragte ich sie: »War es Ihr Wunschfach?«

»Ja, eigentlich wollte ich etwas Kreatives machen, habe mir aber nicht zugetraut, die Aufnahmeprüfung zu bestehen und mich deshalb gar nicht erst beworben. Heute bedauere ich das. Das jetzige mache ich aber nicht ungern und habe bis auf das Versagen in der Prüfung alles gut geschafft.«

Therapeut: »Können Sie sich vorstellen, auf diesem Gebiet zu arbeiten?«

Frau B.: »Ja, das Anwendungsgebiet ist sehr breit.«

Therapeut: »Was ist denn in den letzten fünf bis zehn Jahren alles auf Sie zugekommen?«

»Meine Eltern sind sehr oft umgezogen, und ich habe dementsprechend viele Schulen besucht und dabei zwei Schuljahre verloren. Vor etwa zehn Jahren haben sich meine Eltern scheiden lassen, beide sind heute wieder verheiratet. Als ich 19 Jahre alt war, bin ich ausgezogen und habe nach dem Abitur mein Studium angefangen, ohne zu wissen, was da auf mich zukommt. Es fiel mir schwer, zu akzeptieren, daß meine Eltern neue Partner hatten. Im Abstand von einem Jahr sind zwei Großelternteile gestorben, und es gab zu dieser Zeit viele Auseinandersetzungen mit meinem Vater. Meine Mutter hatte Probleme mit ihrem zweiten Mann und sich deswegen auch von ihm getrennt. Mein Partner hat sich entschieden, eine neue Arbeitsstelle anzunehmen, die weit weg von hier liegt, und das fiel genau in meine Prüfungsvorbereitung für die erste Prüfung. Da hab ich mich so unendlich verlassen gefühlt, denn es fehlte mir die moralische Stütze, die ich in dieser Zeit dringend gebraucht hätte. Ich war – trotz intensiver Vorbereitung – so blockiert, daß ich bei einer Klausur ein leeres Blatt abgegeben haben. Danach konnte ich nur noch heulen.«

Therapeut: »Das waren eine ganze Reihe von belastenden Ereignissen, mit denen Sie fertig werden mußten. Wie sind Sie damit umgegangen?«

Frau B.: »Mit meinen Eltern habe ich viel geredet und bin zu dem Ergebnis gekommen, daß ich es akzeptieren muß, daß sie ihr eigenes Leben leben, denn letztlich möchte ich ja auch, daß sie mein Leben und meine Entscheidungen akzeptieren. Zum Beispiel, daß ich nach der Prüfung in die Stadt gezogen bin, in der mein Partner lebte. Nach diesem Umzug war in der Beziehung zu ihm aber nichts mehr so wie vorher und jetzt, mitten in dem ganzen Schlamassel, beginne ich zu erkennen, daß er das wohl nur gemacht hat, um sich aus der Beziehung zu lösen. Damit werde ich aber nicht fertig. Ich habe nach wie vor sehr starke Gefühle für ihn.«

An dieser Stelle bat ich Frau B., die Geschichte »Späte Rache« laut vorzulesen.

Frau B.: »Was meinen Sie damit? Wollen Sie damit sagen, ich räche mich an irgendwem? Ich glaube, wenn ich ganz ehrlich bin, versaue ich mir das Leben, wenn ich Rache will. Aber anstatt das gleich zu bereinigen, was mich stört, warte ich immer auf eine passende Gelegenheit und die kommt häufig erst zu spät. Die ewigen Wut- oder Rachegedanken verhärten das Innere eines Menschen. Mein Partner war sich dessen nicht bewußt, was er mir angetan hat. Ich lerne aus der Geschichte, daß ich meine Eltern und meinen Partner nicht fertig machen soll.«

Therapieverlauf

Frau B. ist ein Einzelkind, und beide Eltern sind Akademiker. Sie hatte als Kind eine antiautoritäre Erziehung erlebt, bei der von Seiten der Mutter Zeit, Geduld und Liebe im Vordergrund stand. Mit Schulbeginn sah sie sich unvorbereitet den hohen Leistungserwartungen des Vaters ausgesetzt. Während der gesamten Schulzeit hatte sie gegen die väterlichen Forderungen rebelliert und war, wie sie berichtete, eine miserable Schülerin.

Trotzdem hatte sie unbewußt die Leistung als eine Aufgabe übernommen, da sich dies als einzig stabile Orientierungshilfe während ihrer unruhigen Kindheit erwies. Durch unangekündigte Umzüge und Schulwechsel, den jahrelangen Streit der Eltern und die Untreue ihres Partners fühlte sie sich entwurzelt. Die erhoffte Geborgenheit hatte sie bisher auch nicht in ihren eigenen Partnerschaften gefunden.

In der Therapie erkannte sie ihre ambivalente Haltung gegenüber dem Leistungsbereich und das gleichzeitig bestehende Ungleichgewicht der übrigen Bereiche Körper, Kontakt und Phantasie. Vor diesem Hintergrund wurden ihr ihre Versagensängste verständlich. In dieser Verfassung war sie tatsächlich nicht in der Lage, die Prüfung erneut anzutreten. Ein Aufschub des Examenstermins und ein Gespräch mit den Eltern über ihre finanzielle Situation gaben ihr die Möglichkeit, sich selbst so weit zu stabilisieren, um eine reale Chance zum erfolgreichen Abschluß des Studiums zu haben.

Bis zu diesem Zeitpunkt hatten 28 Therapiesitzungen stattgefunden.

Prüfungsängste aus der Sicht der Positiven Psychotherapie

Leider werden die positiven Aspekte von Prüfungsangst selten gesehen. Dabei bietet sie zum einen die Möglichkeit zur bewußten Auseinandersetzung mit dem Leistungskonzept der Eltern und der Gesellschaft, zum anderen mit der oft nicht eingestandenen Frage wie »Studiere ich das Richtige?«. »Entspricht das wirklich meinen Neigungen?«, »Was mache ich, wenn das Studium fertig ist?«, »In welchem Bereich will ich meine Kenntnisse einsetzen?«, »Finde ich meinen Arbeitsplatz oder muß ich nehmen, was ich kriege, um nicht arbeitslos zu sein?«

In der Auseinandersetzung mit diesen Fragen zeigt sich eine starke Beziehung zur Zukunft, die hier geplant wird. Da die Signale oft von der Umwelt nicht verstanden werden, und es so nicht zu einer offenen Auseinandersetzung kommt, entwickeln sich Rache und Schuldgefühle, Unsicherheit und ambivalente Haltungen.

Die folgenden drei Arten der Reaktion auf Leistungsanforderungen und Leistungsfähigkeit zeigen, welche Rolle dabei die Aktualfähigkeiten Liebe und Gerechtigkeit, Höflichkeit und Ehrlichkeit spielen.

Der anspruchsvolle Erwartungstyp

Liebe und Höflichkeit werden überbetont. Dieser Typ erwartet, daß seine Partner sich so verhalten, wie er es sich vorgestellt hat. Dabei formuliert er keineswegs immer seine Wünsche, reagiert aber sauer, wenn sie ihm nicht gleich von den Augen abgelesen werden.

Jede Schwierigkeit, jede Leistungsanforderung, Krise oder Krankheit wird von ihm als Katastrophe erlebt. Er lebt im Leid und scheint den Unterschied zwischen Leid und Anstrengung nicht zu kennen. Diese Menschen neigen dazu, ihre Forderungen gegenüber der Umwelt für sich zu behalten. Sie gewöhnen sich ihre Wünsche ab, um in der Abhängigkeitssituation, in der sie sich geborgen fühlen, bleiben zu können. Sie können auch, wenn Forderungen an sie gestellt werden, nicht nein sagen. Manche versuchen ihren Willen gegenüber der übermächtigen Erwachsenenwelt wie ein kleines Kind mit Trotz durchzusetzen. Es kommt dabei zu heftigen Machtkämpfen und Rachegelüsten, bei denen oft zu raffinierten Mitteln gegriffen wird.

Der Erfolgs- und Prestigetyp

Gerechtigkeit und Ehrlichkeit werden überbetont. Die einseitige Betonung der sekundären Fähigkeiten führt zu einer überstarken Bereitschaft zur Übernahme sozialer Rollen unter dem Motto: »Hast du was, dann bist du was!« Der Erfolg gilt als einziger Maßstab des persönlichen Wertes; kein anderer Wert als der des Erfolges und des Prestiges scheint akzeptierbar. Der besagte Typ fühlt sich bei Erfolgen den anderen haushoch überlegen, bei Niederlagen ist sein Selbstwert gefährdet. Er reagiert, besonders körperlich, mit Schlafstörungen, Kopfschmerzen, innerer Unruhe, Schweißausbrüchen und Magenbeschwerden. Er erwartet für seine Anstrengungen die Anerkennung seiner Umgebung, die er aber auf die Dauer nicht erhält. Auf der Suche nach Anerkennung widmet er sich immer mehr zweitrangigen Arbeiten und verliert die Übersicht über die ihm tatsächlich gestellten Anforderungen. Er hält im beruflichen Bereich die Lage des Bleistiftes auf dem Schreibtisch für wichtiger als die sachliche Beratung mit Kollegen. Die Beziehung zu Mitarbeitern ist durch ein weiteres Moment belastet. Während der erfolgsorientierte Perfektionist zum offenen Konkurrenzkampf neigt, sucht der ängstliche Perfektionist seine Position durch Neid und Mißgunst zu verteidigen. Ein solcher Mißgünstling wird allmählich zur Karikatur. Er kommt eher als seine Kollegen an den Arbeitsplatz, tut so, als sei er mit seiner Arbeit beschäftigt, registriert aber genauer als eine Stechuhr die Pünktlichkeit seiner Kollegen. Wer zu spät kommt, den meldet er dem Chef oder den anderen Kollegen. Das Tragische an seiner Rolle ist, daß er durch diese Tätigkeit nicht etwa Ansehen und Freunde gewinnt, sondern auf die Dauer Mißtrauen und Ablehnung. Am Abend ist sein Pulver verschossen; er fühlt sich müde, leer und unzufrieden und wundert sich, daß er nicht weiterkommt. Vor der Tatsache, daß er seine Energie zumeist im Leerlauf verschwendet, verschließt er jedoch gemeinhin die Augen. Die Auswirkungen auf die Familie sind beträchtlich.

Der Entlastungstyp

Ständige Schwankungen zwischen Gerechtigkeit und Liebe sowie Höflichkeit und Ehrlichkeit. Die fehlende eindeutige Orientierung an der Haltung der Eltern spiegelt sich bei Kindern in unentschlossener Einstellung und Unsicherheit wieder. Bei solchen Menschen ist später die Entscheidungsfähigkeit stark eingeschränkt. »Ich weiß nicht, was richtig und was falsch ist.« Ihre Stimmung ist wie bei Verliebten starken Schwankungen unterworfen. »Himmelhoch jauchzend, zum Tode betrübt...« Sie fühlen sich heute »high« und morgen »down«. Ist bei solchen Menschen der Leistungsanteil ausgeprägt, kommt es zu einer besonderen Form der Depression, die in der Literatur als »Entlastungsneurose« bezeichnet wird. Jemand, der mit großer Anstrengung ein Ziel erstrebt und endlich erreicht hat, fällt in emotionale Leere und Unzufriedenheit zurück. Da er die unbewußte Motivation nicht kennt, flüchtet er in immer neue Aufgaben. Seine berufliche Entwicklung zeigt – als Äquivalent zu dem psychischen Konflikt – dauernde Berufswechsel auch dann, wenn offene Unzufriedenheit gegenüber der Arbeit fehlt. Dieses Verhalten beruht auf einer bipolaren Identifikation, bei der ein Pol die gesellschaftlichen Leistungsnormen, der andere hingegen unbewußte und verdrängte Zweifel an diesen Leistungsnormen repräsentiert. Nach außen hin imponieren diese Menschen oft als Pragmatiker, die genau wissen, was sie wollen. Oft genug verbirgt sich dahinter jedoch ein Gefühl der Unsicherheit. Eigene Meinung oder Zivilcourage sind nur in Ansätzen vorhanden. Ändern sich äußere Machtverhältnisse, ändert sich ein solcher »Wendehals« mit. Er hat jedoch genügend innere Reserven, um bei einem neuerlichen Machtwechsel wiederum seine Meinung zu ändern und dies plausibel zu begründen. Bei aktiven Politikern äußert sich die Struktur dieses Typs in der Weise, daß einerseits der Friedenswille betont, andererseits durch Waffenlieferungen alles getan wird, um diesen Frieden wieder zu gefährden. Ein Land wird zerstört, um es durch großzügige Wirtschaftshilfe wiederaufzubauen und den Schaden wiedergutzumachen.

Problembewältigung aus der Sicht von Frau B.

Nach der Therapie erzählte Frau B.: »Für mich war es eine Überraschung zu erleben, daß meine Ängste auch positive Aspekte haben. Ich konnte mich immer wieder innerhalb der drei Formen der Leistungsfähigkeit wiederfinden, habe aber gesehen, daß ihr Verhältnis untereinander nicht ausgeglichen war. Das Gespräch mit meiner Mutter und ihre Einbeziehung in die Therapie brachte am Anfang einige schwere Auseinandersetzungen, aber gab uns neue Möglichkeiten, miteinander offener und ehrlicher, dabei trotzdem rücksichtsvoller zu sprechen. Ich habe das Gefühl, daß das auch meiner Mutter sehr gut getan hat.

Die vier Qualitäten des Lebens und die Energieverteilung waren für mich eine neue Entdeckung. Die Geschichte »Späte Rache« hat in der Zwischenzeit für mich eine neue Bedeutung erfahren. Der Spruch »Reiberei erzeugt Wärme« ist für uns eine Leitlinie, Konflikte und Probleme ganz am Anfang zu erkennen und darüber zu sprechen.«

Problembewältigung aus der Sicht des Therapeuten

Die Zusammenarbeit mit Frau B. und die Aufarbeitung ihrer aktuellen Probleme brachte eine deutliche Besserung der Beschwerden. Da sich während des Lernens durch ständige Auseinandersetzung mit den Eltern Streßfaktoren entwickelt hatten, wurde die Mutter in die Therapie einbezogen. Beide Eltern legten unabhängig voneinander großen Wert auf Leistung und hatten gelegentlich mehr Angst als die eigene Tochter, was werden soll, wenn sie die Prüfung nicht besteht. Aus diesem Grunde konnte Frau B. vor allem mit der Mutter nicht über ihre eigenen Wünsche, Bedürfnisse und Hoffnungen sprechen. Der Schlüsselkonflikt Höflichkeit und Ehrlichkeit brachte eine weitere Entwicklung innerhalb des therapeutischen Prozesses.

Die Mutter beschrieb ihre Erfahrungen mit Höflichkeit und Ehrlichkeit innerhalb der eigenen Familie folgendermaßen: »Mein Vater war von schonungsloser Ehrlichkeit, es machte ihm nichts aus, andere zu verletzen. Meine Mutter, eine sehr sensible Frau, reagierte immer mit viel Feingefühl, stellte dabei aber häufig ihre eigenen Bedürfnisse zurück. Ich konnte beobachten, daß mein Vater mit seiner Einstellung besser im Leben zurechtkam, deshalb habe ich mir seine Art zu eigen gemacht. Früher – vor allem in meiner ersten Ehe – war ich rücksichtsvoll wie meine Mutter und habe dadurch eine Menge Probleme gehabt. Jetzt bin ich eher wie mein Vater und habe auch Probleme, besonders mit meiner Tochter. Wenn meine Tochter mich manchmal anlügt, ärgert mich das furchtbar.«

Die Mutter war nach der Therapie in der Lage, die Ängste, die Aggressionen, die Rachegefühle und Notlügen der Tochter anzunehmen und sich mit ihr in einem Beratungsprozeß auseinanderzusetzen. Die Zusammenarbeit mit der Mutter bedingte eine Entlastung der täglichen Streßfaktoren bei der Tochter, so daß sie sich besser auf das Lernen konzentrieren konnte.

Was können Sie tun?

Ausschlaggebend für ein ausgewogenes Seelenleben ist die Fähigkeit, positiv und kreativ zu denken, eine Eigenschaft, die durchaus erlernbar ist.

Dazu müssen jedoch alle vier Lebensqualitäten berücksichtigt werden. Auch Leistungsprobleme dürfen deshalb nicht isoliert gesehen werden.

Daher können Sie an sich oder andere folgende Fragen stellen:

1) Wie ist mein Verhältnis zu mir selbst? Nehme ich mir Zeit für meine körperlichen Bedürfnisse wie Schlaf, Nahrung, Ästhetik, Bewegung und Sport, Sexualität, Körperkontakt, Zärtlichkeit und Gesundheit?
2) Wie ist mein Verhältnis zum Beruf: Habe ich den Beruf freiwillig gewählt oder wurde ich in diesen Beruf gezwungen? War nichts anderes da, was ich werden konnte? Interessieren die gestellten Aufgaben? Arbeite ich nur, um Geld zu verdienen und mir etwas anderes leisten zu können, oder ist der Beruf Sinnerfüllung

und inneres Bedürfnis geworden? Treten Konflikte im Beruf auf? Bin ich überfordert oder unterfordert? Gefällt mir der Beruf, aber komme ich mit den Kollegen nicht aus? Wieweit kann ich einen Beitrag zur gesellschaftlichen Entwicklung leisten? Inwieweit werden ethische und moralische Fragen in den Beruf einbezogen?

3) Wie ist mein Verhältnis zum Partner und zur sozialen Umgebung? Gibt es guten Kontakt zur Frau oder zum Mann und zu den Kindern? Nehme ich mir Zeit für meine Familie? Habe ich Vertrauen zu ihnen? Nehme ich Rücksicht auf meine Familie? Wird nur Gehorsam und Höflichkeit gefordert oder lege ich Wert auf einen offenen Meinungsaustausch?

4) Wie ist mein Verhältnis zu Verwandten, Freunden und Kollegen? Wie ist mein Verhältnis zu meinen Landsleuten und anderen Menschen überhaupt? Bin ich kontaktbereit, gesellig? Habe ich Vorurteile, Ängste oder Aggressionen gegenüber einzelnen Personen oder Gruppen?

5) Wie ist das Verhältnis zur Zukunft: Bin ich mit der Gegenwart zufrieden oder unzufrieden? Sehe ich Entwicklungsmöglichkeiten oder Stillstand? Welche Ziele habe ich und an was orientiere ich mich?

6) Welche Bedeutung hat für mich überhaupt das Leben? Wie verarbeite ich Schwierigkeiten, die in den anderen Bereichen auftreten? Bin ich bereit, offen meine Meinung zu sagen, auch auf die Gefahr hin, die freundlichen Blicke der anderen zu verlieren?

7) Welche Beziehung habe ich zum musischen Bereich, zur Kunst, Malerei, Musik und Literatur?

7 »Gut, daß ich mein Amt zurückgegeben habe«

(Ein Lehrer)

Schatten auf der Sonnenuhr

Im Orient wollte einst ein König seinen Untertanen eine Freude bereiten und brachte ihnen, die keine Uhr kannten, von einer Reise eine Sonnenuhr mit. Sein Geschenk veränderte das Leben der Menschen im Reich. Sie begannen, die Tageszeiten zu unterscheiden und ihre Zeit einzuteilen. Sie wurden pünktlicher, ordentlicher, zuverlässiger und fleißiger und brachten es zu großem Reichtum und Wohlstand. Als der König starb, überlegten sich die Untertanen, wie sie die Verdienste des Verstorbenen würdigen könnten. Und weil die Sonnenuhr das Symbol für die Gnade des Königs und der Grund für den Erfolg der Bürger war, beschlossen sie, um die Sonnenuhr einen prachtvollen Tempel mit goldenem Kuppeldach zu bauen. Doch als der Tempel vollendet war und sich die Kuppel über der Sonnenuhr wölbte, erreichten die Sonnenstrahlen die Uhr nicht mehr. Der Schatten, der den Bürgern die Zeit gezeigt hatte, war verschwunden, der gemeinsame Orientierungspunkt, die Sonnenuhr, verdeckt. Der eine Bürger war nicht mehr pünktlich, der andere nicht mehr zuverlässig, der dritte

nicht mehr fleißig. Jeder ging seinen Weg. Das
Königreich zerfiel.

Orientalische Geschichte

Ein Lehrerehepaar, beide Anfang 40, kam aufgrund
der Empfehlung eines Kollegen zu mir in die Praxis.

Er wirkte schlank, um nicht zu sagen, abgemagert,
interessiert und schaute sich aufmerksam in dem Zimmer
um. Seine Frau war sehr freundlich, etwas korpulent und
gab ihrem Mann die Möglichkeit, ihre ausweglose Situation zu beschreiben.

Das erste Gespräch

»Seit Januar verspüre ich eine ständige Unruhe im
Unterbauch. Im unteren Rücken bin ich so verspannt,
daß ich zeitweilig bewegungslos bin. Ich erwache regelmäßig um fünf Uhr morgens und liege grübelnd wach,
obwohl ich noch müde bin. Mein Appetit hat stark nachgelassen. Ich muß mich beim Frühstück zwingen, ausreichend zu essen. Ich habe in drei Wochen drei Kilogramm
Gewicht verloren. Beim Zähneputzen mußte ich mich
mehrfach erbrechen, Schultern und Nacken sind anhal-
tend stark verspannt. Von Zeit zu Zeit verspüre ich auf-
flammende Hitze und kalten Schweiß auf meiner Stirn.
Ich beobachte bei mir sekundenlanges Aussetzen der Aufmerksamkeit. Wenn ich Gespräche verfolge, kann es sein,
daß mir Sekunden völlig fehlen. Auch meine Stimme
klingt für mich gepreßt, wo doch in meinem Beruf die
Stimme das Werkzeug ist. Seit Januar 95 – nachdem ich
zum Rektor gewählt wurde – haben sich die Symptome
verstärkt. Ich habe Angst vor dem Versagen, Angst davor,
der Verantwortung nicht gewachsen zu sein. Aus diesem
Grund habe ich das Amt wieder zurückgegeben.«

Therapeut: »Ich habe den Eindruck, daß Sie ein sehr wachsamer Mensch sind entsprechend dem Spruch: »Wer seine Träume verwirklichen will, muß immer wach sein«. Diese Wachheit läßt Ihnen Zeit, sich mit Ihren Gedanken und Problemen auseinanderzusetzen, wozu Sie im Lauf des Tages nicht kommen. Und sie gibt Ihnen die Fähigkeit, mit wenig Schlaf auszukommen. Da Sie ein sehr verantwortungsbewußter Mensch sind, machen Sie sich Gedanken, ob Sie eine so große Aufgabe einfach übernehmen oder vorher darüber nachdenken.«

Herr D.: »Ich bin überrascht, daß man meine Beschwerden, vor allem die Schlafstörungen, auch positiv sehen kann. Das gibt mir Hoffnung. Wenn ich eine Aufgabe übernehme, dann will ich das besonders perfekt machen, daher beschäftige ich mich mit dieser Aufgabe, auch wenn ich wenig schlafe und wenig esse.«

Frau D.: »Auch ich leide an Schlaflosigkeit, und meine Gedanken kommen nicht zur Ruhe. Ich wälze mich nachts im Bett und habe Angst, allem nicht gewachsen zu sein. Ich futtere alles Süße in mich rein und will mir damit eine Freude machen, weil ich nicht mehr glücklich bin. Ich quäle mich mit unseren Problemen und verliere die Lust am Leben – wenn nicht mein Mann und mein Sohn wären. Seit 1994, nach einem längeren Auslandsaufenthalt meines Mannes und nachdem die beruflichen Probleme bei ihm und mir zugenommen haben, kann ich nicht mehr schlafen, weil ich gedanklich immer auf Hochtouren laufe. Als mein Mann vor einem Monat die Rektorenstelle ohne Gründe aufgab, grassierten üble Gerüchte durch die Presse. Ich habe Fluchtgedanken, nur weg von diesem Ort. Meine Eltern sind seit Januar 1995 schwer erkrankt und müssen wahrscheinlich die Wohnung wechseln. Zur gleichen Zeit ist der Schwiegervater schwer erkrankt und mußte nach einer Operation in eine

Reha-Klinik. Ich brauche unbedingt Hilfe, sonst weiß ich nicht, was alles passieren wird.«

Therapeut: »Sie ergänzen sich, um die bestehenden Probleme und Schwierigkeiten gemeinsam zu lösen. Gesund ist nicht derjenige, der keine Probleme hat, sondern in der Lage ist, mit den Problemen positiv umzugehen.

Ich finde es großartig, daß Sie zusammen mit Ihrem Mann gekommen sind. Wir wollen gemeinsam auf die Probleme und Wünsche eingehen entsprechend dem orientalischen Spruch

Wer alleine ist, addiert, wer mit anderen zusammenarbeitet, multipliziert.«

Beide fühlten sich angesprochen und baten mich, noch einmal die positiven Aspekte ihrer Schlafstörungen zu erwähnen.

Therapeut: »Können Sie nochmals näher beschreiben, seit wann Ihre Beschwerden zugenommen haben und wo genau Sie auftreten?«

Herr D.: »Meine Beschwerden traten erstmalig auf, nachdem ich beruflich eine Aufgabe mit sehr viel mehr Verantwortung übernommen hatte. Im beruflichen Umfeld ›funktioniere‹ ich gut, meine körperlichen Probleme treten nur zu Hause auf.«

Frau D.: »Wieso nur zu Hause?«

Herr D.: »Weil du mir immer Vorwürfe machst und fragst, warum ich das Amt wieder zurückgegeben habe.«

Frau D.: »Ich frage dich ja nur, wie du eine solche Stelle, ein solch wichtiges Amt, wieder zurückgeben konntest. Was sagen die Leute? Wie soll ich das in meinem Kollegenkreis begründen?«

Therapeut: »Was halten Sie von dem Spruch: ›Man ist reich, wenn es reicht‹?«

Dieser Spruch wurde von dem Ehepaar sehr aufmerksam aufgenommen und gab den beiden die Möglichkeit, die positiven Aspekte im Verhaltens des Ehemannes zu sehen.

Therapieverlauf

Bei Herrn D. stand das Gefühl der beruflichen Überforderung und des Versagens im Vordergrund. Er fühlte sich für die Probleme der Kollegen und Schüler verantwortlich und konnte sich emotional nicht abgrenzen. Auf der anderen Seite erwartete er unbewußt, daß die Mitmenschen seine Leistung anerkennen sollten. Blieb das aus, fühlte er sich schnell ungerecht behandelt und enttäuscht.

In seiner Kindheit hatte er Anerkennung und emotionale Zuwendung nur im Zusammenhang mit Leistung erhalten, deshalb hatte er – bei gleichzeitiger Vernachlässigung anderer Bereiche – den Leistungsbereich bisher favorisiert. Erst seine neue berufliche Situation und die dadurch ausgelösten Gefühle machten es ihm möglich, sein Leistungskonzept in Frage zu stellen und innerhalb der Therapie zu überdenken. Die intuitive Handlung, die Stelle als Rektor aufzugeben, besaß für ihn eine lebensrettende Funktion. Er war nun in der Lage, seine früheren Aufgaben wieder mit der gewohnten Genauigkeit durchzuführen.

Der Konflikt kam aber durch die Reaktion von Frau D. nicht zur Ruhe. Auch für sie stand das Leistungskonzept verbunden mit Prestigedenken im Vordergrund. Durch weitere kleine seelische Verletzungen wie eigene berufliche Überforderung, Kindererziehung und die Krankheit der Eltern und Schwiegereltern sah sie sich in einer ausweglosen Situation, aus der sie am liebsten geflohen wäre. Hinzu kam ihr eigenes stark ausgeprägtes Höflichkeitskonzept. Sie kam immer wieder darauf zu sprechen, wieviel es ihr ausmache, daß die Entscheidung ihres Mannes in aller Munde sei.

Die vier Bereiche der Konfliktverarbeitung gaben beiden die Möglichkeit, sich zu entdecken und ihre Fluchtreaktionen ohne viele Widerstände wahrzunehmen.

Beide Partner waren überrascht, in wievielen Bereichen sie sich einig waren und konnten die Symptomensprache ihrer körperlichen Beschwerden und emotionalen Bedürfnisse in diesem Sinne akzeptieren.

Streß bei Lehrern aus der Sicht der Positiven Psychotherapie

Lehrer werden allgemein als Vertreter des Leistungsprinzips angesehen, und dennoch, häufig wegen der vielen Ferien und angeblich oder tatsächlich zu geringem Engagement gescholten. Sie geraten sehr schnell in eine Beziehungsfalle, indem sie einerseits als Wissensvermittler auftreten, andererseits aber auch erkennen müssen, daß das erhoffte und erwünschte Ergebnis oft nicht erreichbar ist.

Sie sehen sich einerseits der Erwartungshaltung der Eltern ausgesetzt, die häufig auch Erziehungsfunktionen des Lehrers einklagen oder ablehnen. Auf der anderen Seite stehen die Schüler, die heute oft schon vom ersten Schultag an überfordert sind. Diese Überforderung hat nichts mit der Intelligenz der Kinder zu tun. Viele von ihnen sind ständigen Belastungen ausgesetzt, wie etwa einer nicht kindgerechten Wohnsituation, schwierigen Familienverhältnissen, hohen Leistungserwartungen und Zukunftshoffnungen der Eltern sowie einer allgemeinen Reizüberflutung.

Der Lehrer gerät in der Mittlerrolle zwischen Schule, Eltern und Kind sehr schnell in eine ihn überfordernde Situation, da er diese Thematik etwa 30mal pro Klasse hat. Die Probleme multiplizieren sich mit der Anzahl der Klassen, in denen ein Lehrer unterrichtet und mit dem Wechsel der Klassen im Laufe eines Schultages.

Die Wahrnehmung der Wirklichkeit aus der Sicht der Positiven Psychotherapie

Um die Wirklichkeit wahrzunehmen, stehen uns Menschen vier Medien zur Verfügung. Oft ist es in Konfliktsituationen sinnvoll, sich dieser Zugänge zur Wirklichkeit einmal bewußt zu werden.

Die Sinne – unsere Wahrnehmungsfähigkeit

Jeder Mensch erfährt sich und seine Umwelt zunächst über die Sinne. Er tastet, sieht, hört, riecht, schmeckt und erfährt Rückmeldungen aus dem eigenen Körper. Die Sinne sind notwendig, um Informationen aus der Umgebung aufzunehmen, und durch sie können wir Vorhandenes von nicht Vorhandenem trennen. Wir werden der Wahrheit durch Überprüfen und In-Augenschein-Nehmen näher kommen. Unsere Sinne bilden jedoch die Wirklichkeit nicht hinreichend genug ab. Sie können uns täuschen, so daß wir das Falsche für wahr und das Wahre für falsch halten.

Zudem ist die Art der Wahrnehmung individuell sehr unterschiedlich. Was einem als rot erscheint, kann der andere durchaus als grün sehen. Der eine verbindet angenehme Gefühle mit etwas, was für einen anderen ein Greuel ist.

Unsere Sinne stehen im Vordergrund der Wahrnehmung, wenn das Aussehen eines Menschen, seine Sprache, seine Mimik und anderes über Sympathie oder Antipathie entscheiden.

Der Verstand – unsere kognitiven Fähigkeiten

Die sinnliche Wahrnehmung der Wirklichkeit wird vom Verstand geprüft. Die unterschiedlichen Erlebnisse beispielsweise mit einem Ofen – er ist heiß, verursacht Schmerzen, aber wärmt auch, oder er ist kalt, er tut mir nicht weh, aber wärmt auch nicht – werden durch den Verstand zusammengefügt. Der Verstand löst die scheinbaren Widersprüche auf und dient somit der Realitätsprüfung. Er ist eine der wichtigsten Waffen des Menschen, die ihm hilft, seine kulturelle Entwicklung voranzutreiben. Daher wird er nur zu gern als einziger Maßstab der Wahrheit genommen: Ich denke, also bin ich. So wichtig der Maßstab des Verstandes sein kann, so unzulänglich ist er, wenn er zum einzigen Maßstab wird. Wäre der Verstand der absolute Maßstab der Erkenntnis, so müßten alle Gelehrten, die rationale Argumente benutzen, zu weitaus mehr gleichen Schlußfolgerungen gelangen, als dies der Fall ist. So rational ein Argument auch sein mag, unter anderen Bedingungen und unter anderen Gesichtspunkten kann ihm ein anderes, ebenso rationales Argument entgegengehalten werden.

Das Mittel des Verstandes steht im Vordergrund, wenn ausschließlich sekundäre Fähigkeiten wie Leistung, Fleiß, Ordnung, Pünktlichkeit und Betragen über Sympathie oder Antipathie entscheiden.

Die Tradition – unsere emotionalen Fähigkeiten

Als erkenntnisfähiges Wesen verfügt der Mensch nicht nur über Gegenwart und Zukunft, sondern zugleich über eine Vergangenheit, die seine individuelle Erfahrung sogar überschreitet. Wir lernen durch Erfahrungen, die wir selbst oder die andere vor uns gemacht haben. Unser gesamter gesellschaftlicher Fortschritt ist nur denkbar auf der Grundlage von Traditionen. Wir müssen nicht immer wieder das Rad neu erfinden, sondern können uns auf bereits gewonnene Erkenntnisse stützen. Zugleich aber ist die Tradition eine der Hauptquellen von Vorurteilen und Konflikten. Überlieferte Aussagen, die zu dem Zeitpunkt ihrer Überlieferung Gültigkeit besaßen, brauchen nicht zu jedem anderen Zeitpunkt ebenfalls gültig zu sein. Eine andere Situation und eine andere Zeit erfordern andere, oft von der Tradition abweichende Erkenntnisse.

Das Mittel der Tradition steht im Vordergrund, wenn Normen, die einmal einen bestimmten Sinn gehabt haben, nicht durch den Zeitgeist relativiert werden.

Die Intuition – unsere moralischen Fähigkeiten

Ein weiteres Mittel unserer Erkenntnis ist die »Stimme unseres Herzens«. Sie wird auch als Eingebung, als Intuition und als Inspiration bezeichnet. Die Vorstellung dessen, was wichtig, gut, wahr und angemessen ist, taucht in einem Menschen auf, ohne daß er sich immer Rechenschaft über ihren Ursprung geben kann. Oft vertritt man solche Vorstellungen mit voller Überzeugung, da man genau spürt, daß man das Richtige tut. In der Tat sind die Intuition und die mit ihr verbundene Phantasie oft genug das Mittel, um zu vollkommen unkonventionellen, schöpferischen und im tiefsten Sinne wahren Erkenntnissen zu gelangen. Sie scheint eng mit dem Vertrauen zusammenzuhängen, das ein Mensch zu sich selber und den Kräften seines Glaubens hat. Gerade die Intuition liegt in tiefen Persönlichkeitsschichten des Menschen. Sie wird von den Kräften des Unbewußten gespeist. So sehr die Intuition zur Quelle neuer Erkenntnisse werden kann, so sehr ist sie anfällig gegenüber nicht vom Verstand überprüften, unbewußten Vorurteilen, Einseitigkeiten und festgefahrenen Einstellungen.

Ein Teil dieser tiefen Persönlichkeitsschichten wird vom Unbewußten gebildet. Nur einige Motive menschlichen Verhaltens gelangen zum Bewußtsein und werden von ihm kontrolliert. Im Unbewußten liegen noch nicht entwickelte, undifferenzierten Fähigkeiten sowie die menschlichen Energie. In ihm ruht somit alles, was im Menschen angelegt, aber noch nicht entfaltet ist, weil die Reifungsbedingungen noch nicht vorhanden sind. Die im Unbewußten ruhenden Fähigkeiten sind nach Verwirklichung strebende Energiepotentiale.

Daneben ist das Unbewußte ein Ort verdrängter und unterdrückter Aktual- und Grundfähigkeiten. Viele Fähigkeiten sind entweder von der jeweiligen Umwelt abgelehnt worden, wurden nicht entwickelt oder verkümmerten, da andere Fähigkeiten im Vordergrund standen. Somit führt also nicht nur Erlebtes zu Konflikten, sondern eben auch Nicht-Erlebtes.

Jeder der vier Wege zur Erkenntnis hat gewisse Schwächen. Weder für eine Realitätsprüfung noch als Antwort auf die Frage nach bisher Unbekanntem reicht einer der Wege aus. Uns stehen zu einer angemessenen Prüfung der Wahrheit alle Mittel der Erkenntnis zur Verfügung. Eine Einseitigkeit in ihrem Gebrauch kann zur Einseitigkeit in der Erkenntnis führen.

Problembewältigung aus der Sicht von Herrn D.

So berichtet Frau D. nach der Therapie: »In dem wir beide in die Therapie einbezogen wurden, konnten wir unsere gemeinsamen Probleme viel besser verstehen. Die vier Lebensqualitäten waren für uns eine große Unterstützung, unsere Ziele zu erweitern. Die Geschichte »Schatten auf der Sonnenuhr« zeigte uns, wie wir einzelne Bereiche unseres sozialen Lebens bevorzugten und andere vernachlässigten. Die vier Medien der Wahrnehmungsfähigkeit öffneten uns nicht nur unsere Entwicklungsmöglichkeiten, sondern halfen uns auch, kollegiale Probleme, wie Konkurrenzkampf, Neid und Machtkämpfe unter einem veränderten Blickwinkel zu sehen. Wir haben jetzt zu unserer weiteren Zukunft eine andere Beziehung entwickelt und sehen, daß wir trotz unseres Wissens nicht alles steuern können.

Ich bin meinem Mann heute dankbar, daß er das Amt zurückgegeben hat. Die dadurch ausgelöste Krise war für uns im wahrsten Sinne eine Entwicklungskrise«

Problembewältigung aus der Sicht des Therapeuten

Neben dem persönlichen Konflikt von Herrn D. und der Leistungseinstellung des Ehepaares nahmen die vier Medien der Erkenntnis einen breiteren Raum in der Therapie ein. Beide konnten zahlreiche Beispiele aus ihrer beruflichen Tätigkeit berichten, wo sie im nachhinein Einseitigkeiten bei sich und den Kollegen wahrgenommen hatten.

Herr D. berichtete von einem Ereignis, das seiner Tochter, Schülerin der ersten Klasse, widerfahren war:

Zu Ostern wurde im Religionsunterricht auch die Kreuzigung Jesu behandelt. Seine Tochter zeichnete Jesus am Kreuz mit Punkten im Gesicht mit der Begründung: »Jesus hat Masern. Wenn Jesus ein Mensch war, hat er auch mal Masern gehabt.« Dies stieß auf die Ablehnung der Religionslehrerin. Sie wertete das als Ungezogenheit und zerriß das Bild.

Da die Lehrerin nicht zu einem Gespräch bereit war, hatte sich der Vater selbst um ein ausführliches Gespräch mit seiner Tochter bemüht.

Da das Ehepaar sich besonders mit der Leistung und der Gegenwart beschäftigte, wurde auch das Thema weitere Zukunft angesprochen. Ich gab beiden den Abschnitt »Geplante Zukunft« aus meinem Buch *Auf der Suche nach Sinn* und bat sie, abwechselnd laut vorzulesen.

Das Verhältnis zur Zukunft, das einen wesentlichen Teil der Zielerweiterung ausmacht, bereitet vielen Menschen Schwierigkeiten. Die Konzepte der Zukunft reichen von: »Was nutzt es, wenn ich plane, es kommt ja doch anders« bis hin zu: »Ich werde alles, was auf mich zukommen kann, einkalkulieren. Ich muß einfach die Situation beherrschen, oder ich fühle mich unwohl«.

Was können Sie tun?

Wir müssen, so hat es den Anschein, mit dem Widerspruch leben, daß wir Zukunft planen können und müssen, daß sich aber die Zukunft nicht notwendigerweise unseren Plänen gemäß gestaltet. Dies gilt für unsere persönliche Zukunft genauso wie für die Zukunft der Menschheit. Dieser Mangel an Kontrollierbarkeit läßt viele Menschen und Institutionen resignieren. Die verantwortungsvolle Planung der Zukunft ist eine unserer wichtigsten Aufgaben. Wir wissen aber auch, daß allen Bemühungen zum Trotz ein Rest an Unsicherheit übrigbleibt, zu dem wir uns bekennen müssen und für den wir ebenfalls verantwortlich sind. Diese Überraschungen erfordern von uns andere Fähigkeiten als technokratischen Perfektionismus.

Intuition und Phantasie reichen über die unmittelbare Wirklichkeit hinaus und können all das beinhalten, was wir als Sinn einer Tätigkeit, Sinn des Lebens, Wunsch, Zukunftsmalerei oder Utopie bezeichnen. Phantasie ist somit im Sinne der Sinngebung und Sinnfindung eine im höchsten Maße moralische Fähigkeit, die auf die Entwicklung des einzelnen ebenso wie auf die Entwicklung der Menschheit Einfluß nimmt. In der Phantasie können Ziele und Wünsche entwickelt werden; mit ihrer Hilfe können Zielvorstellungen durchgespielt werden. Sie setzt aus dem individuellen und kollektiven Unbewußten schöpferische und zerstörerische Kräfte frei. Zu unserer Phantasie und Intuition sollten wir in allen vier Lebensbereichen in Beziehung treten.

8 »Ich habe etwas auf dem Herzen«

(Ein Arzt)

Das passende Wort

Ein Herrscher aus alten Zeiten grübelte über die Fragen des Lebens nach. Weil ihn das Wesen von Gut und Böse beschäftigte, befahl er seinem Diener, die Organe zu bringen, die am besten, schönsten und wertvollsten seien. Der Diener brachte das Herz und die Zunge eines Tieres. Der Herrscher schaute sich die Organe an, dachte über den Sinn nach, den sie bedeuteten und schickte den Diener nun, die häßlichsten und schlechtesten Organe zu holen. Der ging und brachte wiederum ein Herz und eine Zunge. Erstaunt fragte der Herrscher seinen Diener: »Du bringst Herz und Zunge als die besten Organe, aber auch gleichzeitig als die schlechtesten, wie kommt das?« Der Diener antwortete bescheiden: »Wenn das, was ein Mensch fühlt und denkt, offen von Herzen kommt und die Zunge nur Wahres ehrlich sagt, sind Herz und Zunge die wertvollsten Organe. Der Mensch, dem sie gehören, fühlt sich gesund und glücklich. Wenn aber das Herz zu einer Mördergrube wurde, die Wünsche verleugnet, und die Zunge Unwahrheit und Falsches sagt, sind beide Organe die reine Strafe für den Menschen, dem sie gehören. Die Zwie-

tracht, die er nach außen sät, erfüllt auch sein Inne-
res, und das Glück hat sich von ihm gewandt.«

Ein 48jähriger Internist, Herr E. aus Norddeutsch-
land, nahm an einer psychotherapeutischen Weiterbildung teil. Er war sehr interessiert und arbeitete sehr aktiv
mit. Nach diesem Weiterbildungsprogramm bat er mich
um einen Termin. Er wirkte sportlich-gepflegt, war
schlank, wies eine lebendige Gestik und Mimik auf und
wirkte spontan und offen. Im Gespräch kam er mir überdurchschnittlich intelligent und differenziert vor und
konnte Gefühle von Trauer und Einsamkeit zum Ausdruck bringen, obwohl er verheiratet und beruflich erfolgreich war. Allerdings schien es ihm schwer zu fallen,
Aggressionen zum Ausdruck zu bringen.

Das erste Gespräch

Herr E. begann das Gespräch: »Ich bin selbst Arzt
und habe erst ›fünf vor zwölf‹ gemerkt, daß ich vor
kurzem schwer erkrankt war, obwohl die Zeichen der
Herzschwäche sich schon Monate vorher gezeigt hatten,
habe ich sie aber nicht registriert. Ich fühlte mich damals
gejagt, rastlos, getrieben, nicht belastbar und litt unter
Schweißausbrüchen. Für mich und meine Familie war ich
unerträglich, aggressiv, intolerant und ungerecht. Nach
der Untersuchung im Krankenhaus war ich ein dreiviertel
Jahr aus dem Verkehr gezogen. Seitdem hat sich mein Leben total geändert, denn alles ist darauf ausgerichtet, daß
die Rhythmusstörungen so wenig wie möglich auftreten.
So treibe ich auch keinen Sport mehr, was ich früher sehr
gerne gemacht habe. Schon seit langem trinke ich keinen
Kaffee mehr, weil ich danach unter Atemnot leide, und
diese Tatsache macht mir bewußt, daß das Rhythmus-

problem schon länger besteht. Es wurde schlimmer nach der Trennung von einer Frau, die mir sehr viel bedeutete, und rückblickend glaube ich, das hat mir damals das Herz gebrochen. Es macht mich aber auch nachdenklich, daß sowohl mein Vater als auch dessen Mutter eine absolute Arrhythmie hatten. Da ich Angst vor den langfristigen Nebenwirkungen der Medikamente habe und schon lange die Ursachen der Störung auch im Inneren meiner Seele suchen will, bin ich jetzt hier.«

Therapeut: »Können Sie aus Ihrer Beschreibung der Erkrankung gewisse Zusammenhänge erkennen und etwas verstehen?«

Herr E.: »Ich war eine Woche in Ihrer psychotherapeutischen Weiterbildung zusammen mit etwa 150 anderen Kollegen. Ich fühlte mich von Ihrem Modell sehr angesprochen, und das ist der Grund, warum ich Sie aufsuche. Ich habe genug Zeit gehabt, mich mit mir und meiner Umgebung näher zu beschäftigen. Es ist in letzter Zeit wirklich eine Menge auf mich zugekommen, das ich nicht einordnen kann. Ich habe den Eindruck, viel auf dem Herzen zu haben.«

Therapeut: »Haben Sie eine Idee, was Sie so rastlos und ängstlich gemacht hat?«

Herr E.: »Ja, ich denke schon. Aber es ist für mich so schwer zu fassen, da es so viele Dinge sind. Manchmal frage ich mich, ob ich den richtigen Lebensplan habe oder auch hatte. Für meine Eltern war es das Wichtigste, daß wir Kinder es einmal besser haben sollten. Mein Vater war Spätheimkehrer und hatte dann nicht die Chance, seinem Traumberuf als Lehrer nachzugehen. Das soziale Ansehen war für meine Eltern ungeheuer wichtig, und sie orientierten sich stets an gesellschaftlich ›Höherstehenden‹. Ich habe mich während meiner Pubertät und des Studiums dagegen aufgelehnt, war politisch in Linksgruppen aktiv und identifizierte mich voll mit der APO-

These ›Macht kaputt, was euch kaputt macht‹. Diese Befreiungsideologie war für mich ganz wichtig, weil ich das Leben meiner Eltern so verlogen fand. Daher bin ich auch schon mit 15 Jahren aus der Kirche ausgetreten, weil ich auch hier gegen Autoritäten und alles Kirchliche und Religiöse kämpfte.«

Therapeut: »Was war oder ist für Sie der Sinn des Lebens?«

Herr E.: »Ich habe jahrelang Sicherheit im marxistischen Weltbild gefunden, und mir ging es gut dabei. Theologie ist für mich heute noch ihrem Wesen nach keine Wissenschaft, sondern eine Ideologie. Für mich war es wichtig, daß ich über alle sozialistischen Thesen intellektuell diskutieren konnte, und ich fühlte mich – gestärkt durch das notwendige Wissen – argumentativ auf der sicheren Seite. Erst bei der Beschäftigung mit Sterbenden im Rahmen meines Berufes erhielten diese Ansichten Risse. Hinzu kam sicherlich auch, daß der Marxismus durch die geschichtlichen Ereignisse unglaubwürdig wurde und dadurch mein Weltbild weitere Sprünge erhielt. Heute würde ich mich als vorsichtig Suchenden bezeichnen, aber ich lehne ganz entschieden jede Form von Ideologie ab.«

Therapeut: »Was bedeutete die politische Tätigkeit für Sie, und in welcher Form waren Sie aktiv?«

Herr E.: »Das fing schon in der Schulzeit an in Form von ersten pubertären Versuchen, Dinge wie antiautoritären Unterricht und selbstbestimmtes Lernen ausgerechnet im Religionsunterricht durchzusetzen. Später war ich Schulsprecher, gründete Basisgruppen und verbrachte meine Zeit mit Diskussionsrunden und dem Verfassen von Flugblättern. Ich lehnte das in meinen Augen bürgerliche und spießige Leben total ab. Ich lebte in einer Wohngemeinschaft, in der wir uns gegenseitig kritisierten und analysierten, bis ich langsam erkannte, daß ich etwas anderes brauchte. Meine Ideen zu ändern wäre mir wie ein Verrat vorgekommen. Während einer Phase langanhaltender Rückenbeschwerden mit Bettruhe erkannte ich die Funktionalität meiner Kontakte, denn keiner meiner politischen Freunde besuchte mich. Mir wurde bewußt, daß das Engagement in den verschiedenen politischen Gruppen für mich eine Art Ersatzreligion geworden war. Enttäuschend an dieser Erfahrung waren für mich zwei Seiten: Zum einen die nicht eingelöste menschliche Solidarität in politischen Gruppen und zum anderen die Erkenntnis, daß die Idee, für die ich mich so engagiert habe, sich als falsch, als nicht lebbar und an menschlichen Grundbedürfnissen vorbeikonzipiert erwiesen hat.«

Therapeut: »Zu wem hatten Sie als Kind eine bessere Beziehung: zum Vater oder zur Mutter?«

Herr E.: »Meine Kindheit zwischen fünf und elf Jahren habe ich als sehr harmonisch in Erinnerung. Meine Eltern unternahmen viel mit uns Kindern. Gemeinsames Musizieren, Basteln, Wanderungen, Diskussionen, Fahrradfahren, Schwimmen und Rätselabende war für sie Familienleben. Es wurde nicht sehr viel gekuschelt, aber viel unternommen. Mit der Pubertät, die bei mir sehr früh einsetzte, verschlechterte sich das Verhältnis zu meinen Eltern rapide. Ich war vor allem von meinem Vater maßlos enttäuscht, weil ich nicht über die Dinge mit ihm sprechen konnte, die mich so bewegten. Ja, ich begann ihn regelrecht zu hassen und zu verachten, denn ich begriff früh, daß für das Bewähren im Leben, für Entscheidungen und das Einstehen für etwas meine Mutter zuständig war. Damals verstand ich meinen Vater nicht, der sagte, der Krieg habe ihm das Rückgrat gebrochen. Der Vater war das Objekt meiner grenzenlosen Aggressionen, und die Schwierigkeiten erreichen ihren Höhepunkt, als ich von der Schule flog. Erst zwei Jahre später hat sich die Beziehung zu meinen Eltern wieder gebessert, vor allem dadurch, daß meine Mutter dazu bereit war, und ich mich mit ihr in vielen Gesprächen aussöhnte. Die Themen, die mich damals aber umtrieben, blieben nach wie vor unbesprochen, und nach dem Motto, daß nicht sein kann, was nicht sein darf, wurde meine Sexualität verleugnet. Wegen jeder Verfehlung wurde ich zur Beichte geschickt, und mir wurde mit schrecklichen gesundheitlichen und sonstigen Konsequenzen gedroht.«

Therapeut: »Wie denken Sie heute darüber im Rückblick?«

Herr E.: »Es war mir später wichtig, mit meinem Vater ins Reine zu kommen, und ich habe seinen 75. Geburtstag als großes Familienfest organisiert. Obwohl er diesen Aufwand als unnötig empfand, weil für ihn Sparsamkeit sehr wichtig, wahrscheinlich in unseren Kinderjahren sogar überlebenswichtig war, hat er sich gefreut, und wir haben uns in den letzten Jahren seines Lebens ausgesöhnt.«

Therapeut: »Wie ist Ihre familiäre Situation?«

Herr E.: »Ich bin verheiratet, habe einen kleinen Sohn, und die Beziehung zu meiner Frau ist gut, bis auf die Streitigkeiten um Themen wie Ordnung und Sparsamkeit. Schwierig wurde für mich die Situation, als die Tochter meiner Frau aus erster Ehe bei uns leben wollte. Am Anfang konnte ich mich mit dem Gedanken gar nicht anfreunden, heute hat es sich aber gut eingespielt, und ich bin froh, daß sie da ist.«

Therapeut: »Wie hat sich das alles beruflich ausgewirkt?«

Herr E.: »Ja, das frage ich mich auch manchmal. Meine Patienten können sich sicher nicht vorstellen, daß irgendein böses oder unbeherrschtes Wort über meine Lippen kommt. Da gebe ich mir große Mühe, eine ruhige und ausgeglichene Atmosphäre zu schaffen. Obwohl ich schwer krank war, habe ich meine Praxis immer weiter geführt.«

Therapieverlauf

Die Teilnahme des Kollegen an der psychotherapeutischen Weiterbildung und die Zusammenarbeit innerhalb der Gruppe vermittelte ihm das Gefühl der Geborgenheit und Bestätigung. Die dort erfahrenen Zusammenhänge und die Beschäftigung mit dem Balancemodell führte zu einer Erweiterung seiner medizinischen Vorstellungen, was ihm erst die Beschäftigung mit seinen eigenen Beschwerden ermöglichte. Indem er seine kleinen seelischen Verletzungen durcharbeitete, konnte er sich psychodynamische und inhaltliche Sichtweisen aneignen und die Brisanz der folgenden Aktualfähigkeiten erkennen:

- Gerechtigkeit – Ungerechtigkeit innerhalb der Partnerschaft. Die Ehefrau warf ihm vor, das Kind aus ihrer ersten Ehe nicht so zu behandeln, wie das gemeinsame Kind.
- Sparsamkeit. Seine Frau hatte eine völlig andere Beziehung zum Geldausgeben.
- Ordnung. Er fand, daß seine Frau eine zu großzügige Vorstellung von Ordnung hatte, die seinen Vorstellungen nicht entsprach.

Diese Aktualfähigkeiten spielten innerhalb der Partnerbeziehung eine so wichtige Rolle, daß die Ehefrau nicht mehr zu einem emotionalen Austausch bereit war. Als Schlüsselkonflikt zeigte sich bei dem Patienten die Beziehung von Höflichkeit und Ehrlichkeit. Durch die Teilnahme der Ehefrau, die als zukünftige Psychotherapeutin ihre Weiterbildung mit Leib und Seele betrieb, wurden die Probleme im Rahmen der Positiven Familientherapie bearbeitet. Die Geschichte »Das passende Wort« brachte einen Wendepunkt in der Therapie. Beide waren in der

Lage, nach 18 Sitzungen die auftretenden Probleme innerhalb ihrer Partner- und Familiengruppe zu bearbeiten.

Herzbeschwerden aus der Sicht der Positiven Psychotherapie

Bei Menschen mit Herzbeschwerden ist der bevorzugte Bereich der Konfliktverarbeitung der Körper. Er wird ganz in den Dienst des Leistungskonzeptes gestellt. Die Firma, die Praxis, die Partei oder andere Institutionen treten dabei häufig an die Stelle persönlicher Beziehungen. Kontakte haben nur insofern eine Bedeutung, als sie für das Streben nach beruflichem Fortkommen oder sozialer Anerkennung wichtig sind. Die Einstellung zum gegenwärtigen Leben und zur Zukunft könnte man als »ständig besorgt« und »irgendwelche Aktivitäten fordernd« bezeichnen. Bei der Analyse der Familiensituation zeigt sich häufig ein Mangel an mütterlicher Liebe. In der Beziehung zum Vater fällt auf, daß dieser als Vorbild oder als Orientierungshilfe vermißt wurde. Die Beziehung der Eltern untereinander war nicht selten von einem Dominanzkonflikt bestimmt. Geselligkeit mit Menschen außerhalb der Familie wurde wenig angestrebt. Die Hoffnung der Eltern konzentrierte sich auf die Leistung des Kindes und das Ansehen, das es damit den Eltern bringen würde.

Wie heftig und vielfältig das Herz auf Gefühle reagiert, kommt in verschiedenen gängigen Redewendungen zum Ausdruck: »Das bricht mir das Herz«. Herz und Angst sind eng miteinander verbunden. Über das vegetative Nervensystem steht das Herz unmittelbar mit den Gefühlen in Verbindung. Aber auch auf hormonellem Weg, beispielsweise durch eine erhöhte Adrenalinausschüttung, können Aufregungen und Konflikte zu einer Steigerung des Blutdrucks und der Herzfrequenz führen. Bei allen stärkeren Emotionen ist das Herz beteiligt; sowohl bei Liebe und Freude als auch bei Ärger, Wut und Angst. Angst vermag Auffälligkeiten am Herz auszulösen und umgekehrt können solche Auffälligkeiten wiederum zu Angst führen. Oft verstärken sich beide Vorgänge und brechen schließlich in einem Anfall unkontrolliert durch. Wahrgenommen werden vom Patienten selbst jedoch nur die körperlichen Begleitumstände der Angst, nicht jedoch die zugrunde liegenden Emotionen, Konflikte und Wünsche.

Mit Hilfe seiner körperlichen Symptomatik sichert sich der Herzpatient unbewußt die Nähe und Zuwendung der Angehörigen. Der Bereich Körper und Sinne ist bei ihm äußerst gut besetzt; er steht im Mittelpunkt seiner Aufmerksamkeit. Versucht der Patient, die Anklammerungstendenzen durch kräftige Unabhängigkeitsbestrebungen und verstärktes Engagement im Bereich »Leistung« zu bekämpfen, kostet dies sehr viel Kraft. Eheliche Schwierigkeiten sind häufig anzutreffen. Das richtige Verhältnis von Nähe als auch Eigenständigkeit zu finden, fällt diesen Menschen schwer. Die Schwierigkeiten führen jedoch nur in wenigen Fällen zu Trennung oder Scheidung, da der Herzpatient unter keinen Umständen das Alleinsein zu ertragen glaubt.

Problembewältigung aus der Sicht von Herrn E.

»Bei der Bearbeitung des Themas Höflichkeit – Ehrlichkeit stellte ich fest, daß es tatsächlich stimmt, daß meine Mutter eine Art ›doppelter Buchführung‹ betrieb. Nach außen waren meine Eltern immer freundlich – und auch mir fällt es bei anderen Menschen überhaupt nicht schwer, höflich zu sein. Bei den Leuten, die mir sehr nahestehen, kann ich dagegen manchmal sehr ausfallend, aufrechnend, einfordernd oder schlichtweg ablehnend und aggressiv sein – und meist erreiche ich damit das Gegenteil, weil ich dann immer weniger beachtet und gemocht werde. Auch meine Krankheit zwang mich oft dazu (oder?), mich aggressiv gegen meine nahe Umgebung abzugrenzen, um wieder ›Luft zu bekommen‹.«

»Die von mir empfundene Falschheit führte zu aggressiver Auflehnung, die die nächsten Jahrzehnte meinen Lebensweg prägte.«

»Es war für mich wichtig, passive und negative Gefühle loszuwerden, wann immer sie gerade auftraten und egal, welche Wirkung sie anrichteten. Das wurde dann in langen Versöhnungen und Diskussionen wieder ›repariert‹. Mit dieser Haltung zerstörte ich die Wohngemeinschaft, in der die rückhaltlose Ehrlichkeit den eigenen Gefühle gegenüber sehr wichtig war. Als ich erkannte, daß auch ich eine ›doppelte Buchführung‹ habe und welche Auswirkungen das vor allem auf meine Partnerschaft hatte, konnte ich mögliche psychische Störungen und die Erlebnisverarbeitung der Belastungen aufdecken und anders damit umgehen.«

Problembewältigung aus der Sicht des Therapeuten

Herr E. wurde von verschiedenen Ärzten wegen der bestehenden Symptome organisch behandelt. Durch diese sich über mehrere Jahre erstreckende Behandlung wurde ein zufriedenstellender körperlicher Zustand erreicht. Die Beschwerden traten jedoch bei bestimmten Konflikten erneut auf. Herr E. selbst war mit dem erreichten Zustand zufrieden, bis ihm nach der Teilnahme an der psychotherapeutischen Weiterbildung bewußt wurde, daß er seine Beschwerden bisher nicht in einem größeren Zusammenhang gesehen hatte. Er selbst war nach dem reinen medizinischen Modell vorgegangen und hatte lediglich eine Beziehung zwischen körperlichen Ursachen und Symptomen gesehen.

Aus der Beziehung zwischen Symptom und Ursache entsteht leicht ein Kurzschluß. Man bleibt bei – womöglich inneren, körperlichen – Ursachen stehen und läßt weitere Krankheitsbedingungen unberücksichtigt. Zu diesen Krankheitsbedingungen gehören unter anderem psychosoziale Faktoren, Eßgewohnheiten oder Einstellungen zum Alkohol, zur körperlichen Bewegung, zu Nikotin sowie zu Gesundheit und Krankheit allgemein. Beruflicher Ärger, familiäre Auseinandersetzungen, ständiger Streß, Mißerfolgserlebnisse, Hoffnungslosigkeit und das Gefühl der Sinnlosigkeit müssen als den Krankheitsverlauf beeinflussende und den Leidensdruck modifizierende Faktoren angesehen werden. Mit anderen Worten: Es erscheint problematisch, mit der Diagnose einer Angina pectoris den diagnostischen Prozeß zu beenden, wenn auf der Hand liegt, daß diese Angina pectoris infolge eines verstärkten inneren Leistungszwangs und äußerer Leistungsanforderungen entstanden ist. Konsequenz des reinen medizinischen Modells ist die Beschränkung der Diagnose auf innere Ursachen, mit denen körperliche Ursachen gemeint sind. Faktoren außerhalb dieser Ursache-Symptom-Beziehung werden als nicht zur Medizin gehörig als Privatsache des Patienten angesehen.

Was können Sie tun?

Wenn Sie an einer Herzerkrankung leiden, können Sie anhand der folgenden Fragen sich selbst prüfen, wie und in welchen der vier Bereichen Körper/Sinne – Beruf/Leistung – Kontakt – Phantasie/Zukunft Sie Defizite haben.

1) Haben Sie »das Herz auf dem rechten Fleck«? Machen Sie aus »Ihrem Herzen keine Mördergrube«? Fallen Ihnen noch andere Sprichworte zu Ihrer Erkrankung ein? Was sagen Ihnen diese Volksweisheiten?

2) Wer hat Sie wann über Ihre Krankheit informiert?

3) Treiben Sie Sport? Kennen Sie das Intervalltraining?

4) Nehmen Sie regelmäßig die verordneten Medikamente? Wie stehen Sie zur Einnahme von Medikamenten? Wissen Sie, wie die Medikamente wirken, was Sie von ihnen erwarten können und welche Nebenwirkungen sie möglicherweise haben?

5) Haben Sie öfters Auseinandersetzungen im Beruf? Hat dies einen Einfluß auf Ihren Herzrhythmus oder auf Ihre Angst?

7) Schonen Sie Ihren Körper übermäßig?

8) Kontrollieren Sie häufig Ihre Herztätigkeit?

9) Sprechen Sie mit Ihrem Partner vorwiegend über Gesundheit und Angst? Gibt es auch andere Gesprächsthemen? (Welche?)

10) Haben Sie Probleme in Ihrer Partnerschaft? Kreisen diese um »Kleinigkeiten« des Alltags? Geht es um Beziehungsprobleme wie Zeit haben, Geduld, Vertrauen, Hoffnung, Zärtlichkeit, Sexualität?

11) Pflegen Sie Kontakte zu Menschen außerhalb der Familie?

12) Kreisen Ihre Gedanken um den eigenen Körper?

13) Reizt Sie Neues und Unbekanntes? Oder sind Ihre Vorstellungen über die Zukunft eher von Ängsten geprägt? Beschäftigt sich Ihre Phantasie lieber mit der Vergangenheit?

14) Was ist für Sie der Sinn des Lebens? (Antrieb, Ziele, Motivation, Lebensplan, Sinn von Krankheit und Tod, Leben nach dem Tod)

15) Akzeptieren Sie Ihre Beschwerden auch als Chance, bisher nicht erlebte Bereiche (Körper/Sinne, Beruf/Leistung, Kontakt, Phantasie/Zukunft) zu entwickeln?

16) Hat Ihr Partner Trennungswünsche geäußert?

9 »Ich halte die Verantwortung nicht mehr aus«

(Ein Richter)

Einmal muß die Entscheidung fallen

Ein unschuldig zum Tode Verurteilter bat den Richter, seinen Fall doch noch einmal zu prüfen. »Ich schwöre bei Gott, daß ich unschuldig bin. Mein mißgünstiger Nachbar hat mir den Mord, für den ich meinen Kopf lassen soll, in die Schuhe geschoben.« Der Richter besänftigte: »Aber mein Guter, sage mir doch, was kann ich denn jetzt für dich tun?« »Wieso fragen Sie mich?«, antwortete der Verurteilte. »Bringen Sie meinen Nachbarn vor Gericht, fragen Sie ihn, und forschen Sie nach den Hintergründen der Tat.« Der Richter dachte längere Zeit nach und sprach schließlich so gütig, als hätte er eine Karaffe Balsam getrunken: »Mein Guter, was du gesagt hast, ist klug und verdient Anerkennung. Ich nehme mir deine Worte zu Herzen und mache dir folgenden Vorschlag: Wir tun erst einmal unsere Pflicht und richten dich hin. Dann werden wir, und das verspreche ich dir, deinen Nachbarn vor Gericht holen und die Angelegenheit aufs genaueste prüfen.« Freundlich blickte er den Verurteilten an, befahl dem Gerichtsdiener, ihn hinrichten zu lassen und rief laut: »Der nächste Fall bitte!«

Persische Geschichte

Ein 45jähriger Jurist, Herr F., kam in meine Praxis. Er machte einen niedergeschlagenen Eindruck. Sein Auftreten war betont zurückhaltend und höflich, wobei er aber durchaus natürlich wirkte. Er war sprachlich sehr gewandt und schilderte seine Probleme differenziert. Unter anderem durch enttäuschende Arztbesuche sowie einen erheblichen Leidensdruck war dem Patienten deutlich bewußt, daß er körperlich und seelisch krank war. Sein Gesicht war ausdrucksvoll, und seine anfänglichen Schilderungen waren meist emotional vorgetragen.

Er sprach über seine Bandscheibenbeschwerden und einen Hörsturz. Seine akuten körperlichen Beschwerden waren von innerer Unruhe, Depressionen sowie dem Gefühl des Getriebenseins und der Sinnlosigkeit begleitet. Kurz zuvor hatte er versucht, sein Betätigungsfeld zu wechseln. Nachdem dies nicht möglich war, verschlimmerten sich die Symptome.

Die Diagnose der voruntersuchenden Ärzte lautete: Burn-out-Syndrom.

Das erste Gespräch

Der anfänglich sehr sicher wirkende Herr F. konnte seine Situation nur mit tränenerstickter Stimme vortragen. Aggressionen und Hilferufe begleiteten seine Schilderung: »Ich bin wirklich fix und alle. Hat das überhaupt einen Sinn, im Beruf weiter zu machen? Beruflich, kollegial und gesellschaftlich ist es nicht mehr auszuhalten.«

Therapeut: »Man könnte sagen, das Faß ist voll und ein einziger Tropfen hat es zum Überlaufen gebracht. Es haben sich bei Ihnen viele Dinge summiert und sich in ihren körperlichen Beschwerden Ausdruck verschafft. Sie fühlen sich vom Schicksal gebeugt und wollen nichts mehr hören. Sie wollen wieder ganz neu beginnen.«

Herr F.: »Ich glaube, es ist wirklich ein Punkt erreicht, an dem mich mein Körper zwingt, anzuhalten und in Ruhe über die ganze Situation nachzudenken. Ich liebe meinen Beruf wirklich sehr, denn er ist mir auf den Leib geschnitten. Aber ich komme mit der Flut der Asylverfahren nicht mehr zurecht. Seit mehr als zehn Jahren geht das so und hat sich mehr und mehr zu einem Arbeitsschwerpunkt entwickelt.«

Therapeut: »Was empfinden Sie daran als so belastend?«

Herr F.: »Ach, es ist zunehmend der Konflikt zwischen der juristischen und der menschlichen Seite. Im Laufe der Jahre bekommt man auch eine gewisse Einschätzung, in welchen Fällen wirklich menschliche Not vorliegt und in welchen andere Motive vorherrschen.«

Therapeut: »Haben Sie sich in diesem Zusammenhang mit anderen Kulturen beschäftigt?«

Herr F.: »Sicher lernt man andere Kulturen und andere Denkweisen kennen. Das vergrößert manchmal den Konflikt, aber die Entscheidung muß letztendlich nach den gesetzlichen Grundlagen erfolgen. Doch darin liegt nur eine Ursache meiner Probleme, hinzu kommen noch die Verhaltensweisen der Anwälte und auch der Kollegen.«

Therapeut. »Inwiefern? Können Sie mir das etwas näher erklären?«

Herr F.: »Wenn ich aufgrund der Sachlage einen Asylantrag abweisen muß, treten die Anwälte so gegen mich auf, als wäre die Abweisung reine Schikane. Dabei scheuen sie auch historische Vergleiche nicht. Das kränkt mich, denn ich fühle mich ungerecht behandelt, und wenn sich solche Vorkommnisse häufen, habe ich das Gefühl, es liegt eine große Last auf meinen Schultern. Trotz all der Probleme habe ich mich immer bemüht, die Verfahren nicht auf die lange Bank zu schieben. So kam es, das es in meiner Abteilung nie einen großen Rückstau gab, was aber niemals anerkennend gewürdigt wurde, sondern nur Mißgunst erzeugte.«

Therapieverlauf

Therapeut: »Mir fiel bei Ihren Ausführungen auf, daß Sie sich einerseits für soziale Gerechtigkeit einsetzen, sich andererseits aber an die Gesetze und Normen halten müssen. Sie fühlen sich in einer Zwickmühle.«

An dieser Stelle erzählte ich ihm die Geschichte: »Einmal muß die Entscheidung fallen«.

Herr F. bestätige, daß dies genau seine Situation und die vieler seiner Kollegen sei. Oft müssen Entscheidungen getroffen werden, obwohl nicht alle notwendigen Bereiche und Gesichtspunkte berücksichtigt werden können. Diese Ausweglosigkeit mache ihn häufig rat- und hoffnungslos.

Die Geschichte warf ein helles Licht auf die Alltagssituation dieses Juristen. Er war motiviert, vielfältige Aspekte dieser Geschichte immer wieder von sich aus in die therapeutische Situation einzubringen.

Weiterhin entnahm ich seinen Darstellungen, daß er an einer harmonischen Zusammenarbeit mit seinen Kollegen interessiert war. Ich fragte ihn, wie es käme, daß er sich selbst so ungerecht behandelt fühlt, wo er sich doch täglich mit so vielen Ungerechtigkeiten auseinandersetzen müsse.

Herr F. berichtete daraufhin sehr ausführlich über seine Lebensgeschichte. Er wuchs als Einzelkind auf, die Ehe der Eltern war zerrüttet, es kam aber nicht zur Scheidung. Jeder habe vor sich hin gelebt. Die Mutter habe Kontakte mit anderen Menschen abgelehnt und es auch stets vereitelt, daß spontane Besuche möglich waren. Er habe es bedauert,

113

nie einen Schulkameraden mitbringen zu können und diejenigen beneidet, bei denen einfach ein weiterer Teller für den Freund aufgedeckt wurde. Der Vater habe sich in der familiären Situation sehr zurückgezogen und in seiner Erziehung nur eine unwesentliche Rolle gespielt.

Herr F.: »Ich habe als Kind darunter gelitten, daß meine Mutter meinen Vater ungerecht behandelt hat. Sie, die Professorentochter, hat ihn, der aus einer kleinstädtischen Beamtenfamilie kam, nicht angenommen, ihn kritisiert und sich über ihn lustig gemacht. Später konnte ich es kaum ertragen, wie sie ihn nach seiner Pensionierung herumkommandierte. Sie duldete ab einem bestimmten Alter auch keine Kontakte zwischen meinem Vater und mir, sondern war immer dazwischen. Die Art und Weise, wie meine Mutter sich über Religion lustig gemacht hat, empfand ich als ungerecht: Meine Eltern waren beide evangelisch, der Glaube hat aber in der Familie keine große Rolle gespielt. Als ich konfirmiert wurde, hat sich meine Mutter darüber lustig gemacht, daß ich ›so gläubig‹ geworden bin.«

Ich fragte ihn, ob ihm bewußt sei, wie viele Begebenheiten er aus seiner Kindheit berichtete, die er als ungerecht erlebt hatte?

Herr F.: »Es kommt wohl nicht von ungefähr, daß ich Jurist geworden bin!«

Mit Herrn F. wurde die Aktualfähigkeit Gerechtigkeit durchgearbeitet. Als ungerecht empfindet man eine Behandlung, die von persönlicher Zu- oder Abneigung anstelle von sachlichen Überlegungen diktiert wird. Das Gefühl, ungerecht behandelt zu sein, entsteht, wenn eigentlich Unparteilichkeit erwartet wird.

Gerechtigkeit und Ungerechtigkeit, die ein Mensch erfährt, prägen sein Bild von seiner Umwelt. Jeder Mensch besitzt einen Gerechtigkeitssinn. Wie Gerechtigkeit das Gefühl von Vertrauen und Hoffnung hervorruft, bedingt Ungerechtigkeit Auflehnung, Verzweiflung, Resignation und Hoffnungslosigkeit. Die Erfahrungen mit Gerechtigkeit nehmen Einfluß auf die Erwartungen, die ein Mensch an seine Zukunft hat.

Vor diesem Hintergrund war die Symptombildung von Herrn F. zu verstehen. Aus der lebensgeschichtlich bedingten Sensibilisierung für Gerechtigkeit war sein Berufswunsch erwachsen, an dem er nun zu zerbrechen drohte.

Er erkannte, daß die Verantwortung und die gesellschaftlich-politische Dimension seines Berufes ihn auf diese Weise ausbrannte. Von Kollegen und Politikern bei diesen letztendlich politischen Entscheidungen alleingelassen, brach er unter der moralischen Belastung und der Flut an Verfahren zusammen.

Das Burn-out-Syndrom aus der Sicht der Positiven Psychotherapie

Das Symptom »Burn-out« wird häufig mit »Ausbrennen« übersetzt und bezeichnet die Folge eines übermäßigen Engagements ohne genügend Ruhepausen. Der Mensch gleicht einer Autobatterie, die nicht nachgeladen wird, aber Höchstleistung vollbringen soll. Oft beginnt es mit dem vagen Gefühl, »daß etwas nicht in Ordnung ist«. Klassische Warnsignale wie Erschöpfung, Reizbarkeit oder körperliche Beschwerden folgen. Am Ende bleiben Verzweiflung, Rückzug, Depression, Apathie oder Widerwillen. Ein Bild aus diesen Mosaiksteinen setzt der Psychologe Dr. Matthias Burich in seiner Studie »Das Burn-out-Syndrom – Theorie der inneren Erschöpfung« zusammen. So beginnt Burn-out meist mit (beruflichem) Überengagement, schließlich stellt sich der erwartete Erfolg nicht ein, oder die erwartete Belohnung bleibt aus. Um Burn-out-Symptome hervorzurufen, ist weniger der zeitliche Arbeitseinsatz entscheidend. Es sind vielmehr die Konflikte mit Vorgesetzten, Schülern, Patienten, Klienten, Familienmitgliedern, Kunden oder der eigenen oft einseitigen Zielsetzung.

Damit sind nicht allein äußere Entwicklungen für das Burn-out-Syndrom mitverantwortlich. Ebenso fließen unsere eigenen Wünsche nach Bequemlichkeit, unser Wunsch nach Verwöhnung, unsere Bereitschaft, allenfalls eine mittelfristige Zukunft zu bedenken, unser auf stetige Absicherung und Fortschritt bedachter Leistungsanspruch und unsere Risikobereitschaft mit in das Syndrom ein. Dadurch werden Prozesse in Gang gesetzt, die sich unmittelbar als Streßfaktoren auf unseren Körper auswirken. Letzlich liegen auch die Ursachen des Burn-out-Syndroms in Einseitigkeiten: Während Ärzte, Psychiater und Psychotherapeuten in erster Linie das Leid eines Menschen sehen, seine Krankheiten, Beschwerden, Erlebnisse und Einstellungen, sehen Juristen und Politiker in erster Linie das Recht. Streitigkeiten, Gesetzesübertretungen und Verletzungen von Normen, die durch die Autorität des Staates geschützt werden, sind ihr Ausgangspunkt. Während die einen die emotionale und körperliche Seite sehen, appellieren die anderen an die Vernunft und die kognitiven Fähigkeiten.

Beide nehmen damit nur bestimmte Aspekt eines Menschen wahr, wodurch Mißverständnisse und Streß entstehen.

Problembewältigung aus der Sicht von Herrn F.

»Für mich war der Bereich Gerechtigkeit/Ungerechtigkeit sehr wichtig. Ich lege auf Gerechtigkeit sehr großen Wert, und mir ist bewußt geworden, daß ich bei erlebten Ungerechtigkeiten oft unangemessen reagiere. Hierzu kam die Erkenntnis, daß die Bereiche Kontakt und Phantasie/Zukunft bei mir kaum ausgeprägt waren. Meine Integration in die unmittelbare Wohnumgebung hat sich sehr angenehm verändert. Im April bin ich in unserem Dorf in einen Gesangverein eingetreten und im August habe ich – zusammen mit meiner Frau – ein Laientheater eröffnet, das zwar unregelmäßig spielt, bisher aber großen Erfolg gehabt hat.«

Zum Bereich Phantasie/Kultur: »Demnächst reise ich für zwei Wochen nach Israel. Derzeit beschäftigt mich die Theorie eines alten Juden, die besagt, wie schön es wäre, wenn die aus einer gemeinsamen Wurzel kommenden monotheistischen Religionen: Juden, Christen und Moslems eine Art von gemeinsamer Ökumene gegen die moderne Gottesnegierung bilden könnten.«

»Meinen Hörsturz und das Bandscheibenleiden habe ich als Signal erkannt. Heute kann ich besser hören und vieles besser ertragen.«

»Das Balancemodell war für mich eine Stütze, mein Gleichgewicht wieder herzustellen und die leeren Stellen zu füllen. Die inzwischen eingetretene Änderung in der Gesetzgebung über Asylverfahren hatte einen Rückgang der Verfahren zur Folge und brachte mir eine Entlastung. Ich setze mich politisch und sozial für Menschen aus anderen Kulturen durch Vorträge und Veranstaltungen ein.«

Problembewältigung aus der Sicht des Therapeuten

Für Herrn F. hatte es eine ungeheuer entlastende Wirkung, sich selbst, seinen Umgang und seine Erfahrungen mit persönlichen und gesellschaftlichen Ungerechtigkeiten in einen größeren Zusammenhang zu stellen.

Was können Sie tun?

Genauso wie Herr F. können auch Sie Ihr Verständnis für Menschen aus anderen Kulturkreisen erweitern. Dadurch werden auch Sie weniger Streß im Umgang mit ihnen erleben und hervorrufen. Sicher helfen Ihnen die folgenden Fragen dabei, sich auf ein anderes kulturelles System einzustellen. Wenn Sie selbst aus einem anderen Land kommen, können Sie sich mit diesen Fragen Ihr Verhältnis zur hiesigen Lebensweise klarmachen.

1) Welche Küche schmeckt Ihnen am besten?
2) Welches Gewand (Tracht) fremder Kulturen würden Sie gerne tragen?
3) Gibt es aus Ihrer Sicht wesentliche Unterschiede zwischen Ihrem Land und hier beispielsweise im Umgang mit Krankheiten?
4) Welche Folklore (musikalisch) berührt Sie am meisten?
5) Welche körperlichen oder seelischen Beschwerden haben Sie?
6) Können Sie Ihre Gefühle in Deutsch ausdrücken – wie ist es, wenn Sie aufgeregt sind? Wie kommen Sie mit der deutschen Sprache zurecht – welche Sprache verwenden Sie lieber?
7) Welchen Beruf haben Sie vorher ausgeübt, und haben Sie Arbeit in Ihrem Beruf gefunden?
8) Sind Sie mit dem jetzigen Arbeitsplatz zufrieden?
9) Kommen Sie mit den Arbeitskollegen zurecht?
10) Wie sieht Ihre finanzielle Situation aus?
11) Welche Sitten, Gewohnheiten und Bräuche aus Ihrem Land haben Sie beibehalten?
12) Welche deutschen Gewohnheiten haben Sie übernommen?
13) Gibt es Unterschiede im Umgang mit deutschen Freunden im Vergleich zu Ihren Landsleuten?
14) Kommt es zu Mißverständnissen mit Ihren deutschen Freunden/Bekannten?

15) Leben Sie in einer transkulturellen Ehe?

16) Hat sich der Weggang aus Ihrem Heimatland auf Ihre Partnerschaft ausgewirkt?

17) Ergeben sich Konflikte bei der Erziehung der Kinder – auf welche Verhaltensweisen legen Sie besonderen Wert?

18) Was verbinden Sie mit dem Begriff Heimat?

19) Was lehnen Sie an den Deutschen ab und würden Sie niemals übernehmen?

20) Was würden Sie Ihren Freunden in Ihrem Land über die Deutschen erzählen?

21) Welche Situationen, Erfahrungen und Stimmungen erscheinen Ihnen (für die Zeit hier in Deutschland) aus heutiger Sicht bedeutsam?

22) Aus welchen Gründen haben Sie Ihr Land verlassen?

23) Was ist es, was Ihnen hier am meisten fehlt – was vermissen Sie hier in Deutschland – was würde Ihnen in Ihrem Land von Deutschland fehlen? Nennen Sie drei wichtige Punkte?

24) Was machen Sie in Ihrer Freizeit? Wie gestalten Sie Ihre Freizeit in Ihrem Heimatland? Was vermissen Sie und was würden Sie gerne einmal machen?

25) Erfahren Sie Vorurteile und Ausgrenzungen?

26) Können Sie sich vorstellen, für immer in Deutschland zu bleiben?

27) Glauben Sie, daß es für Sie schwierig sein wird, wieder in Ihrem Land zu leben, nachdem Sie hier gelebt haben? Warum?

28) Welche Weltanschauung und Religion vertreten Sie?

29) Können Sie Ihre Religion frei ausüben und finden Sie dafür Verständnis?

30) Sind noch Punkte und Fragen offen?

31) Was ist Ihr Beitrag für eine multikulturelle Gesellschaft und internationale Verständigung?

10 »Ich habe Angst vor meinem Dienst«

(Ein Beamter)

Von den drei Fischen

In einem Teich lebten drei Fische. Eines Tages blieben auf dem Wehr über ihnen Fischer stehen. »Der Teich ist voller Fische«, sagten sie, »wir müssen ihn morgen leerfischen!« Die drei Fische vernahmen das. Der erste wurde nachdenklich, und dann sagte er sich: »Was du heute kannst besorgen, das verschiebe nicht auf morgen!« Noch am selben Tag schwamm er zum Wehr, und durch ein Loch im Wehr floh er in den Bach.

Der zweite Fisch zerbrach sich wegen der Reden der Fischer nicht allzusehr den Kopf. »Der Morgen ist klüger als der Abend«, sagte er sich, und erst am nächsten Morgen begann er, das Loch im Wehr zu suchen, doch er fand es nicht mehr, denn die Fischer hatten es verstopft. »Es steht schlecht«, sagte sich der Fisch. »Doch es ist noch nicht aller Tage Abend, ich darf nur nicht den Kopf verlieren.« Er schwamm an die Oberfläche und ließ sich mit dem Bauch nach oben treiben, als wäre er tot. Als ihn die Fischer sahen, warfen sie ihn ans Ufer, damit ihn die Vögel fressen. Dann senkten sich die Netze in den Teich. Der Fisch schnellte nun herum und sprang in den Bach. Er war gerettet.

Der dritte Fisch kümmerte sich überhaupt nicht um die Reden der Fischer. »Es ist bisher irgendwie gegangen, es wird auch irgendwie weitergehen!« sagte er sich so lange, bis sich das Netz ganz um ihn zusammengezogen hatte. Und so fingen ihn die Fischer, töteten ihn und verkauften ihn auf dem Markt.

Orientalische Geschichte

Herr G. kam auf Empfehlung seiner Hausärztin in meine Praxis. Der 59jährige, sehr zurückhaltend und vorsichtig wirkende Mann, kam in Begleitung seiner Frau, die eine fröhliche und positive Ausstrahlung hatte. Ich hatte den Eindruck, daß er ohne seine Frau nicht in der Lage gewesen wäre, zu mir zu kommen.

Das erste Gespräch

Herr G. begann das Gespräch: »Ich leide dauernd unter Angst und Depressionen, vor allem unter der Angst vor meinem Dienst. Außerdem habe ich Herzbeschwerden, Magen-Darm-Probleme und Schlafstörungen.«

Therapeut: »Ich habe den Eindruck, Sie sind ein vorsichtiger Mensch, und Ihre Angst schützt Sie vor Fehlern. Ihre Depression besagt, daß Sie sich seit längerer Zeit mit Ihren Problemen gefühlsmäßig auseinandersetzen, ohne eine Lösung zu finden. Der tägliche Ärger liegt Ihnen im Magen, und Ihre Schlaflosigkeit bedeutet, daß Sie nicht aufgeben, bevor Sie eine Lösung gefunden haben, und alles wachsam beobachten. Können Sie mit diesen Erklärungen etwas anfangen?«

Die Ehefrau sagte sofort: »So sehe ich die Sache auch, aber mein Mann sieht immer alles negativ. Er strebt danach, ein Ziel zu erreichen, aber wenn er es geschafft hat, findet er keine Freude daran. Er ist in der Tat ein sehr vorsichtiger Mann und will immer alles ganz genau machen.«

Herr G. wunderte sich, daß er sowohl vom Therapeuten als auch seiner Frau eine gleichlautende Einschätzung erfuhr, ohne daß dies abgesprochen sein konnte: »Vielleicht haben Sie beide recht«, bestätigte er mit einem Kopfnicken.

Therapeut: »Seit wann haben Ihre Beschwerden zugenommen?«

Herr G.: »Ich bin Leiter einer Dienststelle mit 22 Mitarbeitern, von denen die Hälfte die gleiche Laufbahn wie ich durchlaufen hat, allerdings weit jünger ist und die Erfahrungen mit modernen technischen Entwicklungen aus dem Studium mitbringt. Das hat in mir furchtbare Minderwertigkeitskomplexe hervorgerufen. Die Beförderung in die letzte Stufe meiner Laufbahn bedeutet für mich eine ungeheure Belastung, weil ich nun ständig Angst habe, daß meine Unfähigkeit publik wird und ich mich blamiere. Als ich diese Dienststelle vor fast 18 Jahren übernahm, waren außer mir noch sechs Mitarbeiter da, die alle der nächst niedrigeren Laufbahn angehörten. Ich hatte hauptsächlich fachliche Probleme zu lösen, was ich auch durch entsprechenden Einsatz an Zeit und Anstrengung immer schaffte. Mein großes Problem waren die Beurteilungen. Auf der einen Seite brachte ich es nicht fertig, dem Beurteilten die ganze Wahrheit über seine negativen Seiten ins Gesicht zu sagen, auf der anderen Seite neigte ich dazu, meinen eigenen sehr strengen Maßstab auch an andere anzulegen. Außerdem hat mein früher allseits bewundertes Gedächtnis beängstigend nachgelassen, und die Konzentrationsschwäche hat rapide zugenommen. So muß ich mich immer wieder neu informieren, noch mehr Zeit aufwenden. Die Aktenberge wachsen immer mehr. Was ich mir anlese, habe ich nach ein paar Tagen fast wieder vergessen. Ganz schlimm wurde es, als vor etwas mehr als einem Jahr bekannt wurde, daß ich eine andere Dienststelle mit neuen Mitarbeitern übernehmen muß und auch für die EDV zuständig bin, obwohl ich davon keine Ahnung habe. Da hatte ich den Eindruck, jetzt gleitet mir alles aus den Händen.«

Unmittelbares Ziel des therapeutischen Dialoges war es, eine gewisse Distanzierung des Herrn G. zu seinen Beschwerden zu schaffen. Aus diesem Grunde erzählte ich ihm die Geschichte »Von den drei Fischen«, die bei ihm einen überraschenden Standortwechsel anbahnte.

Herr G.: »Ich glaube, daß ich mir oft das Leben schwer mache, weil ich alles hinausschiebe, anstatt das zu bereinigen, was mich belastet oder stört. Ich warte zu lange auf eine passende Gelegenheit. Diese kommt häufig zu spät. Ich will alles so genau machen und habe Angst, eine falsche Entscheidung zu treffen, die mich mein Ansehen oder viel Geld kosten könnte.«

Therapeut: »Ich habe durch Ihre Erzählungen den Eindruck, daß man sich auf Sie gut verlassen kann, weil Sie Ihre Arbeit sehr genau und manchmal zu genau machen. Wie äußern sich bei Ihnen Angst und Depressionen?«

Herr G.: »Ich wache schon morgens früh auf und gerate bei dem Gedanken an den kommenden Tag in Panik, kann dann nicht mehr einschlafen und bin schweißgebadet. Am Wochenende gerate ich am Sonntag und im Urlaub bereits nach der Hälfte der Zeit in diesen Zustand. Ich habe auch Angst davor, vorzeitig in den Ruhestand versetzt zu werden, ehe die Ausbildungen meiner beiden Kinder beendet sind. Die Depressionen sind manchmal unerträglich, und mir ist jegliche Lebensfreude verloren gegangen.«

Therapeut: »Sie sind sehr pflichtbewußt und versuchen mit viel Engagement trotz alledem Ihre Aufgabe zu erfüllen, ohne sich dabei wohl zu fühlen. Wie haben Sie körperlich auf die Veränderungen im Beruf reagiert?«

Herr G.: »Ich glaube, ich war schon immer ein etwas ängstlicher Typ. Nach der Flucht lebten wir zunächst in Bayern, dann zogen wir noch während meiner Gymnasialzeit nach Niedersachsen um. Bedingt durch den Schulwechsel litt ich erstmals unter Magen-Darm-Beschwerden sowie unter Herz-Kreislauf-Beschwerden, die seitdem immer wieder in belastenden Situationen auftreten. Vor zehn Jahren hatte ich Magengeschwüre und als Kind auf der Flucht eine sehr schwere Gelbsucht. In der Zeit, als die Umorganisation meiner Dienststelle bekannt wurde – was für mich ein Schock war – war ich mehrere Monate in zahnärztlicher Behandlung, weil alle Zähne des Oberkiefers gezogen werden mußten. Nun habe ich eine Prothese, an die ich mich überhaupt nicht gewöhnen kann. Ich habe einfach keinen Appetit mehr und neun Kilo abgenommen. Dazu kommen die Depressionen, Ängste und Schlafstörungen.«

Therapeut: »Ich habe den Eindruck, daß Sie sich zusammennehmen, um Probleme alleine zu bewältigen. Trotz dieser zahlreichen Beschwerden haben Sie immer wieder versucht, Ihre Pflichten ordentlich, pünktlich und zuverlässig zu erledigen. Was haben Sie bisher gemacht?«

Herr G.: »Eigentlich nichts. Mein Hausarzt hat mir schon vor zwei Jahren geraten, wegen meiner Depressionen einen Psychiater aufzusuchen, doch ich hatte Angst davor. Kurz darauf starb dieser Arzt, der mich 20 Jahre lang betreut hat, und ich war ohne Berater. Einige Monate später wurde die Umorganisation meiner Dienststelle bekannt, und alle meine Bemühungen, einen anderen Posten zu erhalten, scheiterten.«

Therapeut: »Wie reagiert Ihre Familie auf Ihre Probleme?«

Herr G.: »Die Kinder studieren beide auswärts und sind nur noch zu Wochenendbesuchen zu Hause. Es ist mir aber schwergefallen, daß mein Sohn jetzt auch weg ist. Ich bin mir bewußt, daß durch die Überbetonung des Berufes – ich habe immer schon mehr gearbeitet als die Dienstzeit vorschrieb und Akten mit nach Hause genommen – meiner Frau und den Kindern viel Zeit entgangen ist. Meine Frau hat dafür immer wieder viel Nachsicht und Verständnis aufgebracht, aber jetzt, fürchte ich, wird es ihr auch zu viel.«

Reaktion der Ehefrau: »Wir haben gerne Verständnis für dich und tun alles, um dir zu helfen.«

Therapeut: »Lieben Sie Ihren Beruf, oder wären Sie gerne etwas anderes geworden?«

Herr G.: »Die Entscheidung für das Ingenieurstudium fiel aus Interesse und die Entscheidung für das Bundesunternehmen aus finanziellen Erwägungen. Meine Familie ist aus Schlesien und durch Flucht und Neubeginn im Westen spielte die finanzielle Seite der Ausbildung schon eine sehr große Rolle, denn meine Eltern waren nicht in der Lage, ein volles Studium zu bezahlen. Heute liebe ich meinen Beruf nicht mehr, er ist letztlich ein technischer Verwaltungsberuf, in dem man kaum Kontakte zu technischen Entwicklungen halten kann. Diese laufen einem regelrecht davon.«

Therapeut: »Welche drei Probleme wollen Sie besonders mit mir bearbeiten?«

Herr G.: »Als erstes meine berufliche Situation, die mir viel Sorgen, Probleme und Beschwerden macht, dann meine Depressionen, und was ich in der Zukunft mache, wenn ich mit dem Beruf aufhöre.«

Therapieverlauf

Herr G. erkannte, wo seine Einseitigkeiten lagen. Der Beruf war, bedingt durch die Ängste, noch mehr als vorher in den Vordergrund gerückt, und er hatte sich angewöhnt, um jeden Fehler zu vermeiden, alle Vorgänge peinlichst genau zu kontrollieren. Durch diesen zeitlichen Mehraufwand wuchs der Berg an Arbeit, und das wiederum verstärkte seine Minderwertigkeitsgefühle, seine Panik und seine Depressionen. Minusvarianten im Repertoire seiner Möglichkeiten, mit Konflikten umzugehen, sind die Bereiche Körper, Kontakt und Phantasie/Zukunft. Dieser Mangel war ihm, obwohl er viel zur Dynamik des Konfliktes beigetragen hatte, nicht bewußt. Sie standen für ihn am Rande seiner Wirklichkeit und waren nicht mehr lustbesetzt. Diese Bereiche blieben defizitär und erzeugten ihrerseits Ängste und Depressionen.

Diagnostisch handelte es sich um eine depressive Entwicklung mit psychosomatischen Beschwerden, die auf einer emotionalen Überforderung mit erheblichem Leidensdruck beruhte. Aktualkonflikt ist die berufliche Überforderung und die Angst zu versagen, die aufgrund seiner Lebensgeschichte verständlich wird.

Bei den Aktualfähigkeiten war besonders die Sparsamkeit konfliktbesetzt, da er sich ständig Gedanken darüber machte, ob er im Falle einer vorzeitigen Pensionierung die Ausbildung seiner Kinder weiter finanzieren könnte.

Trotz aller Bedenken wurde Herrn G. jedoch klar, daß eine anhaltende Besserung seiner Beschwerden nur eintreten würde, wenn er den Beruf aufgab.

Angst und Depression aus der Sicht der Positiven Psychotherapie

Wir alle lernen auf unterschiedliche Weise, mit Problemen und Konflikten umzugehen. Es kommt darauf an, wie wir ein Problem sehen, deuten und bewerten. Dies hängt von unseren Konzepten, Weltanschauungen, Lebensphilosophien, unserer Ethik, Moral und im weitesten Sinne von den jeweiligen religiösen Werten ab, die wir erfahren haben.

Je nachdem, ob wir gelernt haben, Probleme mit anderen Menschen zu besprechen, oder ob wir der Meinung sind, wir müßten mit unseren Problemen allein zu Rande kommen, werden wir sozial stabilisiert oder isoliert.

Ausgehend von unserem Balancemodell lassen sich vier Formen von Ängsten und Depressionen unterscheiden:

Körper/Sinne:
Risikofaktoren
Psychosomatische Störungen
Vitale Ängste

Phantasie/Zukunft:	Beruf/Leistung:
Hoffnung/Hoffnungslosigkeit	Berufliche Unter- und
Hemmung der Phantasietätigkeit	Überforderung
Mangelnde Alternativen	Streß/Aggressionen
Ratlosigkeit	*Versagensängste*
Existentielle Ängste	

Kontakt:
Soziale Isolierung
Hemmungen
Depressionen
Soziale Ängste

Je nachdem, wie meine Zukunftsperspektiven oder auch existentiellen Ängste und meine soziale Akzeptanz oder auch sozialen Ängste ausgeprägt sind, bin ich mehr oder weniger in der Lage, die Funktionen meines Verstandes, die mit dem Lösen von Problemen zu tun haben und damit der Realitätsprüfung dienen, sinnvoll einzusetzen. Für die Aktualfähigkeiten Fleiß/Leistung und damit für mein berufliches Tun sind Denken und Verstand zentrale Funktionen, denn erst sie ermöglichen es, die Leistung zu optimieren. Dies hat Einfluß darauf, ob ich mit meinem Beruf zufrieden oder unzufrieden bin, ob ich die Flucht in die Arbeit oder die Flucht vor Leistungsanforderungen wähle und umgekehrt.

Ob existentielle, soziale und Versagensängste aufgearbeitet werden können, hängt auch von der körperlichen Konstitution des Patienten ab sowie von seinem Körper-Ich-Gefühl, also davon, wie er seinen Körper erlebt und wie er mit ihm umgeht.

Die Depression als Gefühl des Niedergedrücktseins, der Entschlußlosigkeit, der Verarmungsangst und des Wunsches, allen Schwierigkeiten durch Selbstvernichtung auszuweichen, manifestiert sich oft genug auch in körperlichen Beschwerden, die so zum psychosomatischen Ausdruck einer seelischen Konfliktsituation werden. Diese Beschreibung trifft allerdings nur einen Teil des Erscheinungsbildes der Depression.

Bei allen depressiven Reaktionen besteht ein ausgeprägtes Bedürfnis nach Verbundenheit. Oft wird die Depression durch Loslösungs- oder Ablösungstendenzen ausgelöst, welche eben dieses Gefühl der Verbundenheit und Geborgenheit in Frage stellen. Insgesamt sieht der Betroffene nur die Kehrseite der Dinge: Die halb volle Flasche ist für ihn halb leer.

Depression ist aber auch eine Fähigkeit, mit tiefster Emotionalität auf Konfliktsituationen und Belastungen zu reagieren. Statt nach außen wird der Konflikt im Inneren ausgetragen. Der Depressive besitzt die für seine Umgebung oft erschreckende Fähigkeit, den existentiellen Ängsten unseres Lebens offen, aber zugleich ungeschützt entgegenzutreten. Im Vordergrund steht der Konflikt zwischen Höflichkeit und Ehrlichkeit im Sinne einer Aggressionshemmung.

Der Depressive gleicht einem Dampfkessel, dessen Ventile verschlossen sind. Nach außen hin scheinbar ruhig, steht er fortwährend in der Gefahr, durch explosive Reaktionen seiner eigenen Existenz ein Ende zu setzen. Aggressive Regungen, von dem Betroffenen als unerlaubt erlebt, wendet er gegen sich selbst. Daher wird die Frage der Dosierung von Aggressionen, also der Integration von Höflichkeit und Ehrlichkeit, zur zentralen Frage in der Therapie der Depression.

Problembewältigung aus der Sicht von Herrn G.

Herr G.: »Erst durch die Psychotherapie hat sich bei mir allmählich und endgültig die Einsicht durchgesetzt, daß ich der Leistung in meinem bisherigen Leben tatsächlich zu viel Raum eingeräumt und die übrigen Lebensbereiche vernachlässigt hatte. Vielleicht hatte ich wirklich ein Anrecht auf eine gewisse Korrektur und konnte eine vorzeitige Pensionierung akzeptieren. Der Entzug meines bisherigen Betätigungsfeldes vollzog sich jedoch nicht problemlos. Während ich durch meinen übersteigerten Leistungswillen versuchte, Minderwertigkeitsgefühle, die Gefahr des Versagens und der Blamage und die ständig steigenden Ängste zu kompensieren, bekam ich nach der Pensionierung Angst, Menschen zu begegnen, die mich auf meine Dienstabwesenheit und meine Krankheit ansprechen könnten. Erst nach und nach verlor ich die Scheu vor ehemaligen Kollegen und ging bei Begegnungen in der Stadt auf sie zu, statt ihnen auszuweichen. Ich besuchte meine alte Dienststelle und lasse mich heute zu besonderen Anlässen dorthin einladen. Obwohl ich heute weiß, daß mein Beruf für mich nicht mehr tragbar war, trauere ich den Erfolgserlebnissen, die ich dort bei allem Elend doch hatte, ebenso nach wie den menschlichen Kontakten, die ich heute ganz anders beurteile.«

»In dem Ausmaß, wie die Belastung durch den Beruf wegfiel, ist das Verhältnis zwischen den Lebensbereichen automatisch ausgewogener geworden. Ich gehe regelmäßig wandern, schwimmen, nehme einmal wöchentlich an einem Kurs in der Volkshochschule teil und mache im Winter Skilanglauf. Das sind Dinge, die ich schon immer gern gemacht hätte, aber ihnen nur selten nachgehen konnte. Es ist unübersehbar, daß sie antidepressiv wirken, das merkt man vor allem, wenn man sie mal vernachlässigt. Im Bereich Kontakt nutzten meine Frau und ich jede Gelegenheit, uns mit anderen Menschen zu treffen und auszutauschen. Außerdem habe ich einen Italienischkurs angefangen und beschäftige mich sehr auf religiösem und kirchlichem Gebiet. Meinen Wunsch, vielleicht doch noch mit einem kleinen Theologiestudium zu beginnen, habe ich noch nicht verwirklichen können, da ich mich familiär engagiert habe. So habe ich zeitweise die Pflege meiner 90jährigen Mutter, die nach einem Schlaganfall ohne ständige Hilfe nicht mehr im Haushalt meiner berufstätigen Schwester hätte bleiben können, übernommen und kümmere mich regelmäßig um eine alleinstehende 82jährige Tante, die noch alleine in ihrem Haus wohnt und ohne Hilfe für Haus und Garten nicht mehr zurecht käme. Dann habe ich meiner Tochter bei der Besorgung und Einrichtung der ersten Wohnung nach dem Start ins Berufsleben geholfen.«

»Trotz aller Veränderungen würde ich mir etwas vormachen, wenn ich behauptete, es wäre alles im Lot. Wenn plötzliche Probleme auftreten, beispielsweise die Kündigung meines Sohnes während des ersten Berufsjahres, reagiere ich immer noch mit Panik. Im Gegensatz zu früher verfalle ich aber nicht in tagelange Lethargie, sondern kann mich wieder fangen. Ich habe gelernt, mit Überraschungen besser umzugehen. Ich bin viel großzügiger geworden und kann auch mit finanziellen Überraschungen viel besser umgehen als früher. Die Geschichte ›Teure Sparsamkeit‹ gibt meiner Frau und mir die Gelegenheit, darüber zu sprechen und zu lachen.«

Teure Sparsamkeit

Ein Mann stand wegen einer Bestechung vor dem Richter. Alles sprach für seine Schuld, und so blieb dem Richter nur mehr, das Urteil zu sprechen. Der Richter war ein verständiger Mann. Er bot dem Angeklagten drei Möglichkeiten, aus denen er seine Strafe wählen konnte. Der Angeklagte sollte entweder hundert Tuman (iranische Währung) zahlen oder fünfzig Stockhiebe erhalten oder aber fünf Kilo Zwiebeln essen. »Das wird doch nicht so schwer sein«, dachte der Verurteilte und biß schon in die erste Zwiebel. Nachdem er gerade ein dreiviertel Pfund Zwiebeln roh verspeist hatte, schüttelte ihn der Abscheu schon beim Anblick dieser Früchte des Feldes. Die Augen liefen ihm über, und ganze Tränenbäche stürzten seine Wangen herunter. »Hohes Gericht«, heulte er, »erlaßt mir die Zwiebeln, ich will doch lieber die Schläge auf mich nehmen.« In Gedanken glaubte er listig, sein Geld sparen zu können, war er doch wegen seines Geizes überall bekannt.

Der Gerichtsdiener entkleidete ihn und legte ihn über die Bank. Schon der Anblick des kräftigen Gerichtsdieners und der biegsamen Rute ließ den Verurteilten zittern. Bei jedem Schlag auf den Rücken schrie er lauter, bis er beim zehnten Schlag endlich jammerte. »Hoher Ghazi, habe Erbarmen mit mir, erlaßt mir die Schläge.« Der Richter schüttelte den Kopf. Darauf bettelte der Angeklagte, der sich eigentlich die Schläge und das Geld ersparen wollte und schließlich alle drei Strafen zu kosten bekam: »Laß mich lieber die hundert Tuman bezahlen.«

Praktische Konsequenzen aus der Sicht des Therapeuten

Im Rahmen einer tiefenpsychologisch fundierten Psychotherapie wurden in 50 Sitzungen im Laufe eines Jahres die Konflikte von Herrn G. durchgearbeitet.

Die Geschichte »Von den drei Fischen« hatte für ihn eine Depotwirkung, so daß sie immer wieder von ihm und seiner Frau in die Therapie eingebracht wurde. Herr G. war später fähig, seinen Lebensplan besser zu organisieren und sich auch mit den anderen Bereichen des Lebens auseinanderzusetzen.

Inhaltlich wurden folgende für die Behandlung von Depressionen wichtigen Punkte berücksichtigt:

Eine bessere Beziehung zum Ich, mehr Selbständigkeit und Offenheit gegenüber dem Partner, Erweiterung der sozialen Kontakte, Entwicklung neuer Interessen und Mut zur Verwirklichung der eigenen Phantasie: »Was würden Sie machen, wenn Sie gesund wären und keine Depressionen mehr hätten?«

Für die Bezugspersonen ist die Entlastung des Depressiven von seinen Pflichten eine wichtige Aufgabe in der akuten Phase der Depression. Es ist aber auch wichtig, daß der Depressive zum richtigen Zeitpunkt wieder in kleinen Schritten lernt, die täglichen Anforderungen auf sich zu nehmen. Die Ratlosigkeit des Depressiven verleitet seine Umgebung in der Regel dazu, ihn mit Ratschlägen zu überhäufen. Oft sind es sogar einander widersprechende Ratschläge, die an den Kranken herangetragen werden. Dadurch daß seine Frau in den therapeutischen Prozeß einbezogen war, konnte sie auch außerhalb der Therapiesitzungen therapeutische Funktionen für ihren Mann übernehmen.

Selbstverständlich benötigt gerade der Depressive das Einfühlungsvermögen und das Verständnis seiner Umwelt. Wenn Bezugspersonen aber so weit gehen, sich das depressive Konzept zu eigen zu machen, kann der Kranke von ihnen keine Hilfe mehr erwarten. Es kommt so zu der paradoxen Situation, daß nicht der Therapeut oder Angehörige Herrn G., sondern Herr G. den Therapeuten von der Richtigkeit seiner Auffassung überzeugt. Sich in den anderen einfühlen darf also nicht bedeuten, das Konzept des anderen bedingungslos zu übernehmen.

Im akuten Stadium schwerer Angst und Depression, in dem der Betroffene auch körperlich leidet, können Medikamente eine wertvolle Hilfe bieten. Deshalb erhielt Herr G. in den ersten acht Wochen der Therapie eine medikamentöse Behandlung. Da die Situation des Depressiven sehr differenziert zu sehen ist, muß auch die Versorgung mit Medikamenten sehr differenziert erfolgen. Antidepressive Medikamente sind die Mittel der Wahl, die bei einzelnen Patienten mit angstlösenden Medikamenten gekoppelt werden können. Für die medikamentöse Behandlung gilt, daß sie eine unterstützende Therapie zum psychotherapeutischen Vorgehen und den Selbsthilfestrategien sein sollte.

Der Depressive hat nicht nur seine lustbesetzte Beziehung zu seiner Umgebung abgebrochen, er versucht darüber hinaus, diese Haltung zu verteidigen, und versteht dementsprechend nahezu alles, was um ihn herum geschieht, als Bestätigung der Sinnlosigkeit, der ausweglosen Ungerechtigkeit, der Hoffnungslosigkeit und der Schuldhaftigkeit. In dieses Konzept verrennt sich der Depressive immer mehr und entwickelt ein erstaunliches Geschick in der Umdeutung der Wirklichkeit. Würde man sich ausschließlich mit diesen Umdeutungen beschäftigen, würde man nur die melancholischen Ansichten verfestigen und wiederholen. Das depressive Konzept erführe somit eine fortwährende Bestätigung.

Um dem zu begegnen, können dem Depressiven Gegenkonzepte angeboten werden. Dem pessimistischen »Die Flasche ist halb leer« wird das positive Konzept »Die Flasche ist halb voll« entgegengesetzt. Damit wird Herr G. weder angegriffen noch zusätzlich belastet. Vielmehr artikuliert so die Bezugsperson offen ihre Sicht der Dinge und bietet sie dem anderen als Alternative an. Im Gegensatz zu den üblichen Ratschlägen beeinhalten solche Erweiterungskonzepte keine Verpflichtung. Das Erweiterungskonzept verzichtet auf diesen Druck und läßt dem Partner Zeit, sich auf die erweiterte Sichtweise einzustellen. Der Bezugsperson wird es durch diese Methodik leichter gemacht, die Geduld aufzubringen, die sie im Umgang mit dem depressiven Partner benötigt.

11 »Es ist zum Aus-der-Haut-Fahren«

(Eine Geschäftsfrau)

Krise als Chance

Es wird erzählt, wie ein liebender Mann durch lange Jahre hindurch unter den Qualen der Trennung von der Geliebten gelitten hatte und vom Feuer des Fernseins verzehrt ward. Durch die Gewalt der Liebe wurde sein Herz der Geduld bar und sein Körper des Lebens müde. Leben ohne sie schien ihm Blendwerk, und die Zeit begann, ihn zu verzehren. Wie viele Tage verbrachte er ruhelos in Sehnsucht nach ihr, und in wie vielen Nächten floh ihn der Schlaf in seinem Schmerz nach ihr. So wurde sein Körper zum Seufzer, und die Wundheit seines Herzens machte ihn zum Wehlaut. Vergebens hätte er tausend Leben verschenkt, um nur einen Tropfen vom Wein ihrer Gegenwart zu kosten, aber es gelang ihm nicht. Kein Arzt vermochte ihn zu heilen, und seine Nähe wurde von den Freunden gemieden. Ärzte kennen kein Mittel, um Liebe zu heilen, nur die Hand der Geliebten vermag ihm zu helfen. Schließlich trieb der Baum seiner Sehnsucht die Frucht der Verzweiflung, und das Feuer seiner Hoffnung erstarb in der Asche, so daß er eines abends lebensmüde sein Haus verließ und die Straße hinauszog. Plötzlich gewahrte er, wie ihn ei-

135

ne Nachtwache verfolgte. Er versuchte zu fliehen, doch die Wache eilte ihm nach, und es wurden ihrer viele, so daß ihm am Ende jeder Ausweg verstellt war. Gehetzt schrie er auf, lief ohne Ziel hin und her und stöhnte: »Gewiß ist diese Wache Izrail, mein Engel des Todes, daß sie sich so eilt, mich zu packen, oder es ist ein Menschenschinder, der nach mir greift.« So kam dieser weidwunde Liebende mit Füßen, die liefen, und einem Herzen, das ächzte, bis an die Mauer eines Gartens, die er mit größter Mühe erklomm. Aber oben angelangt, erkannte er ihre schwindelnde Höhe und stürzte sich, sein Leben nicht achtend, hinab in den Garten. Doch sieh, welch ein Anblick! Dort war seine Geliebte, eine Lampe in der Hand, einen Ring suchend, den sie verloren hatte. Und als er, der sein Herz verloren, sie, die es ihm geraubt hatte, ansah, entrang sich ihm ein Seufzer der Erlösung, und er rief, die Hände zum Himmel erhoben: »Oh Gott, gib der Wache Ruhm, Reichtum und langes Leben, denn sicher war sie der Engel Gabriel, der mich geführt hat, oder Izrafil, der Engel, der mich, den Gequälten, erquickte.« Dieser Mann hatte recht, denn wieviel Gerechtigkeit und Erbarmen waren in der scheinbaren Grausamkeit jener Wachen verborgen! In ihrem Grimm hatte sie den in der Wüste der Liebe verdurstenden zum Meere der Geliebten geführt und die Finsternis der Trennung durch das Licht des Wiedersehens vertrieben. Sie hatte den Entfernten in den Garten der Nähe und die leidende Seele zum Arzt des Herzens geleitet.

Aus den Bahá'i-Schriften

Frau H. kam in Begleitung ihres Ehemannes aus den neuen Bundesländern und hatte eine Entfernung von

725 Kilometern zurückgelegt. Sie kam auf Empfehlung ihres Hausarztes, der sich bei mir in psychotherapeutischer Weiterbildung befindet.

Die Frau H. wirkte bescheiden. Ihr Gesicht war zum Teil ausdruckslos und die Sprache monoton.

Ihre anfänglichen Schilderungen waren zumeist emotionslos vorgetragen. Sie wirkte erschöpft, leidend, verzweifelt und signalisierte Hilfsbedürftigkeit. Der Ehemann wirkte sehr zurückgezogen und gefügig.

Das erste Gespräch

Frau H.: »Seit vier Jahren leide ich an Neurodermitis, der unerträgliche Juckreiz macht mich ganz verrückt und mürbe. Alle Medikamente, Kuren und sonstige Maßnahmen haben bisher nur vorrübergehend eine Besserung gebracht. Ich weiß nicht mehr weiter. Dabei muß ich als Selbständige mit einem häufig 16stündigen Arbeitstag doch fit sein, sonst halte ich das gar nicht durch.«

Therapeut: »Ich finde es großartig, daß Sie die Mühe der langen Fahrt auf sich genommen haben und mit Ihrem Mann gekommen sind, um gemeinsam die Zusammenhänge zwischen Ihren Hautbeschwerden und Ihrer beruflichen, familiären Situation und den Veränderungen in den neuen Bundesländern herauszufinden.«

Therapeut: »Es ist in den letzten vier Jahren vieles auf sie zugekommen, das Ihnen unter die Haut geht ... Kennen Sie die folgenden Sprichwörter, zum Beispiel sich in seiner Haut wohlfühlen; ein dickes Fell haben, nicht aus seiner Haut herauskommen; sich seiner Haut wehren; Haut als Spiegel der Seele?«

Frau H.: »Oh, ja, aber manchmal würde ich lieber aus der Haut fahren. Mein Hausarzt hat mir geraten, Sie aufzusuchen – trotz der großen Entfernung. Ich habe mich auf dieses Gespräch sehr gefreut, weil ich nach all den bisher erfolglosen Heilungsversuchen dies nun als letzten Rettungsanker für mich und mein Problem sehe.«

Therapeut: »Welche Tätigkeit üben Sie denn aus?«

Frau H.: »Ach wissen Sie, das kam ganz plötzlich. Ich bin Ingenieur-Ökonomin und habe die ganzen Jahre in diesem Bereich gearbeitet. Nach der Wiedervereinigung, den damit verbundenen Veränderungen im beruflichen Bereich und Sorgen um meinen Mann, wollte ich unbedingt etwas Neues machen und habe mich 1991 ziemlich spontan entschlossen, mich mit einer Gaststätte selbständig zu machen. Um zu überleben, bin ich zum Erfolg verurteilt. Die Gegend hier ist ein Erholungsgebiet, und in der Saison muß ich 14 bis 16 Stunden arbeiten, im Winter ist es ruhiger... aber da wartet man dann auf Gäste!«

Therapeut: »Was ist in den letzten fünf Jahren alles auf Sie zugekonunen, familiär, beruflich, gesellschaftlich?«

Frau H.: »Es fing alles 1991 an, als ich mit meinem alten Beruf aufhörte und die Gaststätte eröffnete. Seit Herbst 1991 habe ich diese Krankheit, nehme Tabletten, trage Salben auf, trinke Tees, war sechs Wochen stationär im Krankenhaus, habe eine Psychotherapie begonnen, und es wird nicht besser. Letztes Jahr war ich im November drei Wochen am Mittelmeer, in der dritten Woche waren die Hauterscheinungen weg, und zu Hause fing es wieder an. Ich habe bis auf die Zwangspausen wegen Krankheit und diesem Urlaub seit 1991 praktisch keine Freizeit gehabt. 1992 starb meine Mutter. Meine Tochter (ich habe drei erwachsene Kinder aus erster Ehe) wurde geschieden und zog nach Westdeutschland. Sie leidet unter der Scheidung und wir auch. Ihr Sohn ist am Wochenende immer bei uns.«

Therapeut: »Ich bewundere Sie, wie Sie mit all diesen Belastungen umgehen. Neben Ihren beruflichen Aktivitäten beschäftigen Sie sich mit den Problemen der Familie und Ihrer Umgebung. Was bedeutete die Wende für Sie persönlich?«

Frau H.: »Wenn ich jetzt sage, daß alles anders ist, klingt das vielleicht komisch. Früher konnten wir uns nichts leisten, wir mußten viel arbeiten, konnten aber dabei nicht mehr verdienen. Jetzt haben wir viel Freiheit, müssen viel arbeiten und können viel verdienen. Aber es gibt auch einfach Situationen, in denen wir hilflos sind, weil die alte Ordnung nicht mehr gilt, aber wir haben es nicht anders gelernt. Wir sind in all den Jahren so erzogen worden, und das kann man nicht über Nacht abstreifen. Es ist manchmal schwer, seinen Standort neu zu definieren.«

Therapeut: »Wie reagiert Ihr Mann auf die ganze Situation?«

Frau H.: »Ach, wissen Sie, mein Mann hat 40 Jahre in leitender Stellung gearbeitet. Er hat seinen Arbeitsplatz verloren, weil man der Meinung war, er als Vertreter des alten Regimes kann nicht auch die neue Zeit vertreten. So hat man ihn halt in Vorruhestand geschickt. Für ihn war das schwer, er kann das nicht begreifen, kann sich nicht damit abfinden, weil er den Betrieb in all den Jahren von Grund auf mit aufgebaut hat. Es war sein Lebenswerk, und all die Kraft der jungen, dynamischen Jahre steckt da drin. Er wurde sehr krank, worunter ich wiederum sehr gelitten habe, ihn pflegte und meine Interessen zurückstellte. Ich habe eine neue Arbeit trotz eines guten Angebotes nicht angenommen, weil ich meinen Mann nicht alleine zuhause lassen wollte.«

Therapeut: »Arbeitet Ihr Mann mit Ihnen zusammen?«

Frau H.: »Ja, er unterstützt mich, wo er nur kann. Aber es kommt halt so viel zusammen. Meine Arbeit macht mir Spaß, inzwischen bilde ich Lehrlinge aus, und ich erfahre Wertschätzung. Es bleibt nur zu wenig Zeit für Dinge, die mit Regeneration und Freizeit zu tun haben. Wir können nicht mehr so wie früher ins Theater oder zu Konzerten gehen, ja selbst die Früchte im Garten verderben, weil wir keine Zeit haben. Meine Kinder haben auch kein Verständnis dafür, daß wir sie nicht regelmäßig besuchen können. Das ist doch kein böser Wille. Ich empfinde die ganze Situation als ungerecht.«

Therapeut: »Schauen Sie sich bitte einmal diese Tafel an (deutet auf die ›Vier Formen der Konfliktverarbeitung‹), was meinen Sie, wie Sie im Augenblick Ihre Energie auf die vier Bereiche verteilen?«

Frau H.: (zögert kurz) »Es dreht sich alles um die Leistung, und als Folge davon, bedingt durch meinen Gesundheitszustand, um den Körper. Für die anderen zwei bleibt nichts mehr übrig.«

Therapeut: »Was halten Sie davon, wenn Sie bis zur nächsten Sitzung einmal darüber nachdenken, was Sie tun könnten, um die von Ihnen erkannte ungleichgewichtige Verteilung zu korrigieren?«

Therapieverlauf

Die vier Bereiche der Konfliktverarbeitung führten bei beiden zu einem Aha-Erlebnis, indem sie beide über ihre Überaktivitäten berichteten und erkannten, daß die anderen Bereiche zu kurz kommen. Der Ehemann, der bis dahin ruhig dabeigesessen hatte, berichtete ausführlich über die Ungerechtigkeiten, die er beruflich erlebt hatte, und daß er nicht mehr seine frühere Tätigkeit, mit der er sich stark identifiziert hatte, ausüben konnte. Er hatte seine Arbeit sehr geliebt. Der Erkrankung seiner Frau stand er ratlos gegenüber. Die Geschichte »Krise als Chance« sprach beide sehr an und half ihnen, auch über positive Aspekte der Wende zu berichten. »Wer weiß, wofür alles gut ist«, sagte der Ehemann.

Da es sich um eine Krisenintervention handelte, wurden insgesamt drei Sitzungen mit beiden Partnern durchgeführt. Der behandelnde Arzt übernahm die Fortführung und war in der Lage, auf der Basis der vier Formen der Konfliktverarbeitung und der Einbeziehung der Aktualfähigkeiten, Gerechtigkeit bei der Ehefrau und Höflichkeit – Ehrlichkeit bei dem Ehemann, den Zusammenhang zwischen den Beschwerden und den psychosozialen Aspekten mit den beiden auszuarbeiten.

Hautprobleme aus der Sicht der positiven Psychotherapie

Allergisch reagieren heißt anders reagieren – überempfindlich gegenüber bestimmten Reizen. Allerdings reagiert nicht jeder Mensch auf diese Stoffe allergisch mit seiner Haut. Wir können fragen, was zu einer »Allergiebereitschaft« (Disposition) führt. Die Frage lautet: »Worauf reagiere ich allergisch?« Auf die Eltern, den Partner, die Schwiegermutter, den Chef, die Arbeit, die Politik, soziale Ungerechtigkeiten? Dabei wird der inhaltliche Ansatz wichtig: Wie »allergisch« bin ich bei Unpünktlichkeit oder übertriebener Pünktlichkeitsforderung, bei Geiz oder Verschwendung, bei einem »Ordnungsfimmel« oder »chaotischer Unordnung«, bei Untreue, einem »Sauberkeitstick« oder Unsauberkeit, oder wenn der Partner »nie Zeit« hat? Bei näherer Betrachtung können wir feststellen, daß diese Kleinigkeiten, sogenannte Mikrotraumen, einen Menschen von seiner frühesten Entwicklung an sensibilisieren und so durch Dauerstreß die Funktionen des Immunsystems beeinträchtigen. Die Erfahrungen zeigen, daß es nicht ausreicht, gegen Reizstoffe wie beispielsweise Pollen oder Hausstaub zu desensibilisieren. Darüber hinaus müssen die mikrotraumatisch besetzten Aktualfähigkeiten berücksichtigt werden, also die vier Formen der Konfliktverarbeitung, die Aktualfähigkeiten sowie die vier Vorbilddimensionen.

Die im Erstinterview zitierten Sprichwörter zeigen, daß der Volksmund schon lange einen Zusammenhang zwischen Hautproblemen und äußeren Ereignissen kennt. Streß geht auch unter die Haut.

Die Haut kann als ausgesprochenes Ausdrucksorgan für psychische Vorgänge bezeichnet werden. So ist es auch nicht als Zufall anzusehen, daß bestimmte Hautpartien bevorzugt auf Affekte ansprechen. Das Aussehen, insbesondere das Aussehen der Haut, übt auf den Mitmenschen eine große Wirkung aus. Über dieses Organ findet eine nonverbale Mitteilung statt. Wir entnehmen der Farbe und der Beschaffenheit der Haut, ob der Mensch alt oder jung, frisch oder müde ist, ob er sich »in seiner Haut wohlfühlt«, ob ihm »etwas nahe« oder »unter die Haut« gegangen ist oder ob ihn etwas »juckt«. Nicht von ungefähr wird die Haut als »Spiegel der Seele« bezeichnet.

Oft spielen die »Kleinigkeiten« des Alltagslebens wie die Einstellung zu Sauberkeit, Höflichkeit, Ehrlichkeit, Pünktlichkeit, Gerechtigkeit, Ordnung und Gewissenhaftigkeit sowie Körperkontakt, Zärtlichkeit und Sexualität eine zentrale Rolle, was vom Patienten mit Hautbeschwerden und vom Partner jedoch nicht wahrgenommen und bearbeitet wird.

Der bevorzugte Bereich der Konfliktverarbeitung ist der Bereich Körper/Sinne. Hier hat der Hautkranke ganz besondere, differenzierte und scheinbar widersprüchliche Fähigkeiten entwickelt. Er ist dickfellig und dünnhäutig zugleich, er hat sich eine dicke Haut zugelegt, eine Haut wie ein Elefant (»Dickhäuter«), und läßt sich gleichzeitig »etwas unter die Haut gehen«, manches »juckt« ihn, er möchte am liebsten »aus der Haut fahren« und kann dennoch nicht »aus seiner Haut heraus«.

Verfolgt man die Lebensgeschichte hautkranker Patienten, so fällt einerseits ein frühes Defizit im körperlichen und sinnlichen Erlebnisbereich auf. Wärme und Geborgenheit, vermittelt über elterliche Hautkontakte, kamen häufig zu kurz. Die Mutter wird oft als ablehnend und kalt beschrieben, der Vater als Mensch mit wenig Zeit und Geduld. Andererseits kann eine Überbetonung von Zärtlichkeit durch einen Elternteil vorliegen. In der Erziehung wurde der Sauberkeit im weitesten Sinn größte Bedeutung beigemessen (»Bleib sauber«). Das Kind erlebte in der Beziehung der Eltern zueinander wenig oder übertriebene Zärtlichkeit. Sowohl positive Empfindungen als auch Ärger und Streit wurden nicht vor den Kindern gezeigt. Anderen Menschen gegenüber verhielten sich die Eltern eher zurückhaltend, kontaktscheu oder pointiert gastfreundlich. In ihrer Vorstellung spielte es eine große Rolle, was die Leute über sie denken könnten (»Was sollen nur die Leute denken?«). Die Einstellung der Eltern zu Sinn- und Glaubensfragen ist vielen Hautpatienten nicht bekannt (»Darüber wurde nicht gesprochen«), oder sie erinnern sich an feste Regeln.

Dies sind einige Hinweise auf eine Disposition für Hauterkrankungen und Allergien. Die individuelle Frage lautet jedoch: »Was geht mir unter die Haut?«

▓ Problembewältigung aus der Sicht von Frau H. und ihres Ehemannes

»Wir sind so froh, daß der Hausarzt uns hierher geschickt hat, wir sind nicht mehr so ratlos. Wir können die Hautbeschwerden in einem großen Zusammenhang verstehen. Die verschiedenen Geschichten haben uns Mut gegeben, unsere vier Bereiche ins Gleichgewicht zu bringen und die positiven Aspekte der Veränderungen um uns herum bewußter wahrzunehmen. Wir glauben, daß wir in diesem Sinne auch großen Einfluß auf unseren Bekanntenkreis haben können. Früher haben wir keine Freiheit gehabt, nur wenig Geld verdient und fühlten uns nicht wohl, heute haben wir Freiheit und verdienen viel Geld, fühlen uns dabei aber auch nicht wohl. Auf der einen Seite haben wir vielleicht zu viel erwartet, auf der anderen Seite waren wir überfordert, weil wir Selbständigkeit und Entscheidungsfreiheit nicht gelernt haben. Persönliche Leistungsbereitschaft und der Wille, auch ja alles richtig zu machen, haben uns in diese Sackgasse gebracht.«

Problembewältigung aus der Sicht des Therapeuten

Für die Entwicklung der Symptomatik spielte eine zentrale Rolle, daß Frau H. eine ungeheure Leistungsmotivation entwickelte und die Verdienstmöglichkeiten wiederum das Leistungskonzept verstärkten. Die Anpassung an die neuen Situationen im beruflichen, privaten und gesellschaftlichen Bereich ohne Definition neuer Lebenskonzepte und Orientierungssysteme wirkte als Streßfaktor. Die permanente berufliche Überforderung, nicht zuletzt die lange Arbeitszeit und die Probleme mit umgeschultem Personal, verbunden mit der erlebten Ungerechtigkeit im Zusammenhang mit der Scheidung der Tochter wurden zu einer Kränkung des Selbstwertgefühls von Frau H., die ihr unter die Haut gegangen ist.

Der behandelnde Arzt berichtete mir, daß das Balancemodell bei dem Ehepaar zu einer Wende geführt hat, so daß sie die Gaststätte aufgegeben haben. Gesundheitlich fühlt sich Frau H. erheblich besser.

Was können Sie tun?

Folgende Fragen zu Hauterkrankungen und Allergien können Ihnen helfen, mit Ihren Aktualfähigkeiten wieder in Beziehung zu treten und zu verstehen, was die Krankheit für Sie bedeutet.

1) Reagieren Sie »gereizt«? »Juckt es Sie«, Ihre Meinung zu sagen? Was »juckt« Sie in Wirklichkeit? Was »geht Ihnen unter die Haut«? Fallen Ihnen noch andere Sprichworte zu Ihrer Erkrankung ein? Was sagen Ihnen diese Volksweisheiten?

2) Haben Sie sich »ein dickes Fell zugelegt«? Schützen Sie sich damit vor seelischen Verletzungen?

3) Wer hat Sie wann über Ihre Krankheit informiert?

4) Legen Sie und Ihr Partner viel Wert auf Ihr Äußeres? Spielen Make-up und Kosmetik bei Ihnen eine große Rolle?

5) Nehmen Sie regelmäßig die verordneten Medikamente? Wissen Sie, wie die Medikamente wirken, was Sie von ihnen erwarten können und welche Nebenwirkungen möglich sind?

6) Welchen Einfluß hat Ihre Erkrankung auf Ihren Beruf/Ihre Arbeit? Welchen Einfluß hat Ihr Beruf/Ihre Arbeit auf Ihre Erkrankung?

7) Welche Kleinigkeiten des Alltagslebens (Gerechtigkeit, Sauberkeit, Pünktlichkeit, Sparsamkeit, Kontakt usw.) gehen Ihnen »unter die Haut«?

8) Wollen Sie sich jemand »vom Leibe halten«? Sucht jemand eine Beziehung zu Ihnen, die Sie nicht wünschen oder zu der Sie sich nicht in der Lage fühlen?

9) Mögen Sie Zärtlichkeit und Körperkontakt?

10) Möchten Sie manchmal »aus der Haut fahren« und können doch nicht »aus Ihrer Haut heraus«?

11) Welche Bedeutung haben soziale Kontakte für Sie und Ihren Partner (Gäste, Freunde, Verwandte, Nachbarn, Kollegen)? Welche Gemeinsamkeiten oder Unterschiede beobachten Sie?

12) Akzeptieren Sie Ihre Haut »als Spiegel der Seele«?

13) Beherrschen einseitige, negative Vorstellungen Ihre Gedankenwelt?

14) Was ist für Sie der Sinn des Lebens (Antrieb, Ziele, Motivation, Lebensplan, Sinn von Krankheit und Tod, Leben nach dem Tod)?

15) Akzeptieren Sie die Erkrankung auch als Chance, bisher nicht erlebte Bereiche (Körper/Sinne, Beruf/Leistung, Kontakt, Phantasie/Zukunft) zu entwickeln?

12 »Mein Kollege hetzt gegen mich«

(Ein Geschäftsführer)

Von der Krähe und dem Pfau

Im Park des Palastes ließ sich eine schwarze Krähe auf den Ästen eines Orangenbaumes nieder. Auf dem gepflegten Rasen stolzierte ein Pfau. Die Krähe krächzte: »Wie kann man überhaupt einem so merkwürdigem Vogel gestatten, diesen Park zu betreten. Er schreitet so arrogant, als wäre er der Sultan persönlich, und dabei hat er doch ausgesprochen häßliche Füße. Und sein Gefieder, in was für einem häßlichen Blau! Eine solche Farbe würde ich nie tragen. Seinen Schweif zieht er hinter sich her, als wäre er ein Fuchs.« *Die Krähe hielt inne und schwieg abwartend. Der Pfau sagte eine Zeitlang gar nichts, dann begann er wehmütig lächelnd:* »Ich glaube, deine Aussagen entsprechen nicht der Wirklichkeit. Was du an Schlechtem über mich sagst, beruht auf Mißverständnissen. Du sagst, ich sei arrogant, weil ich meinen Kopf aufrecht trage, so daß meine Schulterfedern sich sträuben und ein Doppelkinn meinen Hals verunziert. In Wirklichkeit bin ich alles andere als arrogant. Ich kenne meine Häßlichkeiten, und ich weiß, daß meine Füße ledern und faltig sind. Gerade dies macht mir soviel Kummer, daß ich meinen Kopf hoch trage, *um meine häßlichen Füße nicht zu sehen. Du siehst nur meine Häßlichkeiten. Vor meinen Vorzügen und meiner Schönheit verschließt du die Augen. Ist dir das nicht schon aufgefallen? Was du häßlich nennst, bewundern die Menschen an mir.«*

Nach P. Etessami

Der 52jährige Geschäftsmann, Herr K., war sportlich gekleidet, wirkte offen und war sehr bemüht, eine glänzende und schillernde Atmosphäre in meiner Praxis zu verbreiten.

Das erste Gespräch

»Ich bin am Ende. Schlaflosigkeit, Kopfschmerzen, Magenschmerzen, Depressionen und das Gefühl, nicht mehr abschalten zu können, machen mich ganz fertig«, begann Herr K. sichtlich erregt das Gespräch und fuhr fort: »Vor vier Jahren habe ich nach einer Verhandlung, in der mein Kollege einen Geschäftspartner und mich diffamierte, abgebaut und war danach vier Wochen krank und in ärztlicher Behandlung. Danach war ich noch mal drei Wochen krank. Das sind alle Fehlzeiten während meiner gesamten Beschäftigungsdauer seit 1958 und die bekomme ich in der übelsten Art und Weise vorgehalten, und mein Kollege hat eine regelrechte Hetzkampagne gegen mich gestartet.«

Therapeut: »Herr K., Sie haben ganz spontan Ihre Beschwerden geschildert. Ihre Beschwerden zeigen, daß Sie ein sehr wachsamer und aufmerksamer Mensch sind und sich über Lösungen für die Probleme, die Ihnen im Magen liegen, Gedanken machen. Ihre Depression zeigt, daß Sie auf die Probleme mit tiefster Emotionalität reagieren.«

Herr K. war von dieser Interpretation merklich angetan.

Therapeut: »Sind Sie mit Ihrer jetzigen beruflichen Situation zufrieden, und was machen Sie?«

Herr K.: »Ich bin Geschäftsführer in einem mittelständischen Industriebetrieb und zuständig für den kaufmännischen Geschäftsbereich. Ich habe meine Arbeit immer engagiert und erfolgreich und in allerbestem Einvernehmen mit den Gesellschaftern getan. Nach einem generationsbedingten Wechsel und Streit zwischen den neuen geschäftsführenden Gesellschaftern ist einer davon ausgeschieden, und mit dem verbliebenen Kollegen gibt es ständig Ärger. Er redet hinter meinem Rücken schlecht über mich und macht von mir getroffene Entscheidungen rückgängig, indem er den Mitarbeitern sagt, er allein habe das Sagen in der Firma. Er hat mir bei Androhung der fristlosen Kündigung verboten, mit den anderen Gesellschaftern darüber zu reden.«

Therapeut: »Ich habe den Eindruck, Sie fühlen sich mißverstanden und ungerecht behandelt. Was bedeutet Gerechtigkeit für Sie?«

Herr K.: »Ich kann doch wohl erwarten, daß mein Kollege fair mit mir umgeht, zumal ich schon so viele Jahre in der Firma bin, und er weiß, daß ich mich gut auskenne und immer loyal war. Ich fühle mich tatsächlich ungerecht behandelt.«

Therapeut: »Was ist in den letzten fünf Jahren alles auf sie zugekommen, gesundheitlich, beruflich, familiär und gesellschaftlich? Danach kommen wir noch einmal auf das Thema zurück.«

Herr K. (denkt kurz nach): »Oh, meine jetzige berufliche Position habe ich seit sechs Jahren, und seit einem halben Jahr weiß ich, daß der Kollege meinen Vertrag nicht verlängern will. Die Belastungen im Beruf, nicht von der fachlichen Seite, sondern durch dieses

Mobbing, wie man das jetzt neuerdings nennt, machen mir zu schaffen. Meine körperlichen Beschwerden, die durch den ganzen Streß entstehen, habe ich Ihnen schon geschildert. Im Jahr 1990 starb ganz plötzlich mein Vater. Bei der Testamentseröffnung erfuhr ich, daß er mich als einziges seiner drei Kinder enterbt hat. Dabei habe ich meinen Eltern keinerlei Anlaß zu einer solchen Maßnahme gegeben. Als ich dies meiner Mutter gegenüber ansprach, reagierte sie sehr böse, hat mich des Hauses verwiesen und ist seither unversöhnlich. Zum Glück ist das Verhältnis zu meinen Geschwistern nach wie vor gut. 1990 wurde ich auch geschieden, nachdem ich zuvor schon drei Jahre von meiner Frau getrennt gelebt hatte. Meine Tochter verweigert jeglichen Kontakt zu mir. 1991 habe ich wieder geheiratet. Mit meiner zweiten Frau verstehe ich mich gut, und wir haben einen guten Kontakt zu ihren beiden Töchtern, von denen die Jüngere bis vor kurzem bei uns lebte und nun ausbildungsbedingt ausgezogen ist.«

Therapeut: »Machen Sie sich Gedanken um Ihre Zukunft?«

Herr K.: »Ja, sicher! Ich muß ja noch ein paar Jahre arbeiten, ehe ich in Rente gehen kann, und das schlechte Betriebsklima, das nicht nur mich verschleißt, sondern auch zu einem unverhältnismäßig hohen Wechsel an Führungskräften führt, macht das fast unmöglich. Ich habe meine jetzige Position nur angenommen, nachdem mir mein alter Arbeitsplatz im Falle einer Kündigung oder Nichtverlängerung des Geschäftsführervertrages vertraglich gesichert war, aber das tägliche Arbeitsklima ist die Hölle.«

Herr K. berichtete weitere Einzelheiten über die Ungerechtigkeiten seines Kollegen, und ich erzählte ihm daraufhin die Geschichte »Von der Krähe und dem Pfau«.

Herr K.: »Wollen Sie damit sagen, ich sehe an meinem Kollegen nur die schlechten Seiten?« – Pause – »Meine Frau meint auch manchmal, daß ich mir mit meiner direkten Art selbst das Leben schwer mache, weil ich andere damit vor den Kopf stoße.«

Ich bat Herrn K., zur nächsten Sitzung seine Frau mitzubringen.

▨ Therapieverlauf

Therapeut: »Frau K., was meinen Sie, welche Fähigkeit bei Ihrem Mann stärker ausgeprägt ist, Höflichkeit oder Ehrlichkeit?«

Frau K: »Also, mein Mann ist sehr geradeaus und manchmal verletzend ehrlich. Ich finde schon, es wäre für ihn besser, wenn er seine Worte besser kontrollieren würde. Auf der anderen Seite reagiert er überempfindlich auf offene Worte von anderen, das paßt doch nicht zusammen. Dadurch ist die Situation in der Firma ziemlich verfahren, und alle leiden darunter.«

Therapeut zeigt beiden das Bild von den Eseln (Abb. 3): »Was fällt Ihnen spontan ein, wenn Sie dieses Bild sehen?«

Frau K. (deutet auf die zwei zusammengebundenen Esel, die in entgegengesetzte Richtung streben): »Das trifft auf meinen Mann und seinen Kollegen zu!«

Herr K. sagt zunächst nichts, er betrachtet das Bild längere Zeit: »Wenn ich mit auf seine Seite gehe, wie kriege ich ihn dazu, auch auf meine Seite zu gehen? Aber davon mal abgesehen, trifft dieses Bild auf jede menschliche Interaktion zu.«

In der nächsten Sitzung berichteten beide, dieses Bild habe sie sehr zum Nachdenken angeregt, sie hätten es häufig vor Augen, und es würde sie daran erinnern, anders miteinander umzugehen. Ich empfahl dem Ehepaar eine Partnergruppe einzurichten und riet Ihnen, Geschichten aus dem Buch »Der Kaufmann und der Papagei« zu lesen.

Zur nächsten Sitzung kam Herr K. sehr nachdenklich. Ich fragte ihn: »Wieviel Geschichten haben Sie gelesen?«

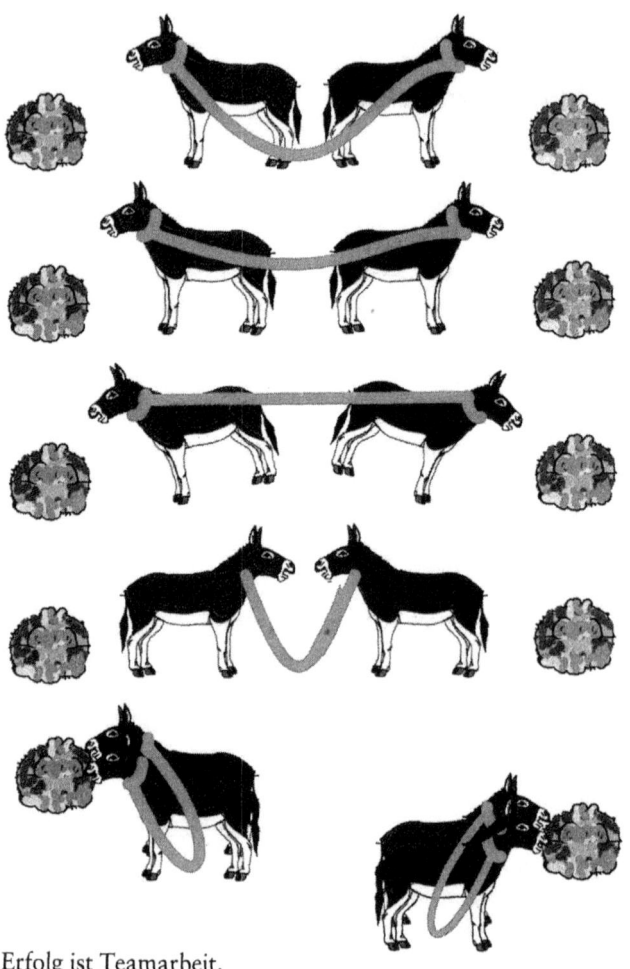

Erfolg ist Teamarbeit.

Herr K.: »Keine, aber meine Frau hat mir unter anderem die folgende Geschichte vorgelesen:«

Der Gelehrte und der Kameltreiber

In einer Karawane, die durch die Wüste zog, befand sich ein gelehrter Prediger, der so klug war, daß er 70 Kamele mit sich führte, jedes bepackt mit schweren Kästen. In ihnen befand sich nichts anderes als die Bücher des Gelehrten über die Weisheiten der Vergangenheit und Gegenwart. Die Menge dieser Bücher war nur ein kleiner Tropfen des Wissens, das der Prediger in seinem Kopf herumtrug.

Mit der Karawane zog auch ein armer Kameltreiber, von dem bekannt war, daß er glaubte, der letzte Imman (der neue Prophet) sei gekommen. Es mußte so kommen, daß der Prediger eines Tages den Kameltreiber zu sich rufen ließ: »Du weißt, wie ich unter den Gelehrten unseres Landes und der ganzen Welt bekannt bin. Du siehst die 70 Kamele, die nur einen Schatten meines Wissens mit sich führen. Wie kommt es, daß du, ein einfacher Kameltreiber mit zerlumpten Kleidern, der du noch nicht einmal die einfache Kunst des Schreibens und Lesens beherrschst und noch nie eine richtige Schule, geschweige eine Akademie besucht hast, zu glauben wagst, der letzte Imman sei gekommen?«

Der Kameltreiber stand bescheiden vor dem vornehmen Herrn, verneigte sich höflich und begann: »Effendi, Herr! Ich hätte es nie gewagt, vor dich zu treten und meine dürftigen Worte an dich zu richten. Aber nun hast du mich gefragt. Ich darf versuchen, das, was ich denke, mit einem armseligen Beispiel zu zeigen. Herr! Du verfügst über wunderbare Kostbarkeiten des Wissens, die ich mit den glänzen-

den Perlen des Meeres vergleichen möchte. Diese Perlen sind so kostbar, daß sie, in weiche Samttücher gehüllt, in einer kunstvoll verzierten Truhe aufbewahrt werden müssen. Mein Wissen dagegen ist wie diese gewöhnlichen Steine, auf die unser Fuß in der Wüste tritt. Denk dir, die Sonne geht auf. Sie sendet ihre Strahlen zu uns. Herr, meine Frage an dich: Wer nimmt die Sonnenstrahlen auf und spiegelt ihren Schein? Deine kostbaren Perlen in ihren Gefängnishüllen oder meine dürftigen Steine am Rande des Weges?«

Persische Geschichte

Mobbing aus der Sicht der Positiven Psychotherapie

Unter Mobbing am Arbeitsplatz versteht man eine konfliktbeladene Kommunikation unter Kollegen oder zwischen Vorgesetzten und Untergebenen mit dem Ziel und/oder dem Effekt, den Angegriffenen auszustoßen.

Mobbing kann folgende Formen annehmen: Behinderung der Kontakte, systematische Isolierung, Wegnahme von Arbeit oder Zuweisung schlechterer Arbeit, Angriffe auf das Ansehen oder Anwendung von Gewalt bis hin zur sexuellen Belästigung.

Neueren Untersuchungen zufolge ist Mobbing kein Einzelphänomen, sondern kommt auf allen Ebenen der Organisation häufig vor, mit schwerwiegenden Folgen für den Betroffenen. Typische Streßsymptome zeigen sich schon nach wenigen Tagen, psychisch kommt es zu Gereiztheit, geistiger Erschöpfung und verstärkter Nervosität. Je nach Persönlichkeitsstruktur des Betroffenen kommt es zu Gefühlen der Bedrohung, Verfolgung und Insuffizienz bis hin zu einem erhöhten Suizidrisiko. Die

Symptome können chronisch werden bis hin zu schwer therapierbaren Persönlichkeitsstörungen

Für jeden fünften der 12 500 Selbstmorde, die jährlich in Deutschland begangen werden, sind nach Angaben des TÜV Rheinland Intrigen und Schikanen am Arbeitsplatz verantwortlich. Mobbing und die Folgeerscheinungen richten jährlich einen gesamtwirtschaftlichen Schaden von rund 30 Milliarden DM an. Nach Schätzungen der Deutschen Angestellten-Gewerkschaft (DAG) sind bundesweit etwa 1,4 Millionen Beschäftigte Beleidigungen und Schikanen am Arbeitsplatz ausgesetzt.

Oft sind Mobbingsituationen auch die Ursache für die vielzitierte »innere Kündigung«. Anzeichen dafür sind zum Beispiel: Arbeiten nach Vorschrift, mangelnde Arbeitsqualität gepaart mit geringer Arbeitsquantität, distanzierter Umgang mit Kollegen, Gleichgültigkeit gegenüber Kundenwünschen und Reklamationen, hohe Fehlzeiten, passive Haltung in Besprechungen, keine Bereitschaft zur Information von Vorgesetzten und Kollegen, Verweigerung von Mehrarbeit und Vertretung von Kollegen, Abwälzen von Aufgaben und Verantwortung auf andere.

Bei einer Häufung dieser Symptome ist es an der Zeit, zu reagieren. Einfühlsame Personalverantwortliche sollten dabei wissen, daß Mitarbeiter in Motivationsgesprächen dazu neigen, als Grund für ihre Demotivation private Probleme vorzuschieben.

Höflichkeit und Ehrlichkeit als Schlüsselkonflikt

Für den Betroffenen spielen bei Mobbing inhaltlich Gerechtigkeit, Höflichkeit und Ehrlichkeit eine zentrale Rolle. Höflichkeit und Ehrlichkeit sind die Grundlage für die Kommunikation innerhalb jeder zwischenmenschlichen Beziehung. Höflichkeit bedeutet, die konventionellen Formen der zwischenmenschlichen Beziehungen anzuerkennen, eigene Bedürfnisse und Interessen gegenüber den Bedürfnissen und Interessen der anderen zu vernachlässigen und schließlich Aggression sozialbezogenen zu hemmen. Ehrlichkeit dagegen bedeutet, sich für eigene Interessen und Bedürfnisse einzusetzen, auch gegen die Interessen anderer. Um die Konfliktlage des Patienten und seine Kommunikationsmöglichkeiten zu erfassen, werden seine Erfahrungen und seine Einstellungen gegenüber Höflichkeit-Ehrlichkeit abgetastet und durch konkrete Situationen belegt. Es zeigen sich in diesem Zusammenhang drei typische Reaktionsformen, die im wesentlichen mit den drei Reaktionstypen übereinstimmen.

Der Höfliche

Er hält aus Rücksicht auf andere mit seiner Meinung hinter dem Berg: »Das kann ich doch nicht sagen.« Auf der anderen Seite hegt er die Erwartung, daß die anderen ihm seine Wünsche von den Augen ablesen: »Das können die sich doch denken.« Die enttäuschten Erwartungen sammeln sich hinter der Maske der Höflichkeit und äußern sich darin, daß der Höfliche sich zurückzieht oder psychosomatische Beschwerden entwickelt. »Die hätten sich doch denken können, daß ich mich dafür interessiere. Statt dessen denken sie nur an sich; mit solch egoistischen Menschen kann ich nicht zusammenleben.«

Der Ehrliche

Er sagt seine Meinung gerade heraus, sagt, was er denkt, gleichgültig, ob er seinen Partnern damit auf die Füße tritt oder nicht: »Ich habe ihm meine Meinung gesagt. Wenn er das nicht verträgt, kann er mir gestohlen bleiben.« Er drückt seine Interessen durch und gilt daher als Egoist. Von seiner Umgebung wird seine Ehrlichkeit unter Umständen sogar geschätzt. Häufiger ist jedoch das Unverständnis der anderen, die sich durch den »Egoismus« brüskiert fühlen. Die Folge davon können Trotz und Schuldgefühle sein: »Ich denke gar nicht daran, ein O zu einem U zu machen. Was wahr ist, muß wahr bleiben.«

Der Wankelmütige

Er pendelt zwischen Höflichkeit und Ehrlichkeit, zwischen Aggression und Schuldgefühlen: »Es tut mir leid, daß ich so schonungslos mit ihm umgegangen bin. Ich weiß nicht, wie ich es wiedergutmachen kann.« »Die längste Zeit habe ich nichts gesagt und alles in mich hineingeschluckt. Jetzt ist mir aber der Geduldsfaden gerissen, und ich habe ihm Wort für Wort gesagt, was ich von ihm denke.« Die Ambivalenz kann sich auf verschiedene Aktualfähigkeiten verteilen: »Wenn meine Frau zu spät kommt, blase ich ihr sofort den Marsch. Aber als ich jetzt gehört habe, daß sie einen Freund hat, brachte ich kein Wort heraus.«

Dieses Verhältnis kann sich in der Beziehung zu verschiedenen Personen unterschiedlich gestalten. »Vor seinem Chef duckt er, aber Sie sollten ihn mal zu Hause sehen.«

Die erste Aufgabe des Therapeuten auf der Stufe der Verbalisierung ist, den Höflichkeits-/Ehrlichkeitstyp des Patienten auszumachen und sein Höflichkeits-/Ehrlichkeitsverhalten mit ihm zusammen möglichst detailliert und situationsgemäß zu beobachten und darzustellen. Damit werden kommunikative Fähigkeiten entwickelt: annehmen und ablehnen, einfordern und delegieren sowie sich verstanden und angenommen fühlen. Außerdem werden metakommunikative Fähigkeiten angesprochen: Kommunikationsstörungen sollen erkannt, ihre Bedingungen und Ursachen erfaßt sowie die beteiligten Mißverständnisse und Konzepte wahrgenommen und womöglich die Störungen behoben werden.

In einer Mobbing-Situation spielen die drei Reaktionstypen eine wichtige Rolle, wobei im Rahmen der Auseinandersetzung neben dem Schlüsselkonflikt Höflichkeit-Ehrlichkeit auch die anderen beteiligten Aktualfähigkeiten wie beispielsweise Sparsamkeit, Pünktlichkeit, Ordnung und in ganz besonderem Maße Gerechtigkeit wichtig sind.

Sowohl der Sender, also der oder diejenigen, die Mobbing durchführen, als auch der Empfänger haben einen überbetonten Gerechtigkeitssinn. Beim »Sender« ist der aktive Teil der Gerechtigkeit überbetont. Er fühlt sich verantwortlich und berechtigt, seine Handlungen mit aller Macht und Kraft und Zeitaufwand durchzuführen und sich offen und ehrlich und öffentlich zu äußern. Der »Empfänger« ist ein passiver Gerechtigkeitstyp, der überempfindlich und unangemessen auf Ungerechtigkeiten, Rivalitäten und Machtkämpfe reagiert und ein Gefühl der Schwäche entwickelt. Er glaubt, unberechtigt angegriffen worden zu sein. Er ist nicht in der Lage, seine Empfindungen angemessen und offen zu verbalisieren, es fehlt ihm an Durchsetzungsvermögen. Der »Sender« ist also aktiv gerecht, ehrlich und offen, es fehlt ihm das Gefühl für Takt und Umgangsformen. Der »Empfänger« ist passiv gerecht, höflich und kann mit Ungerechtigkeit und Überraschungen nicht offen und angemessen umgehen.

Die Aktualfähigkeit Offenheit/Ehrlichkeit

Definition und Entwicklung: Die Fähigkeit, offen seine Meinung zu äußern, eigene Bedürfnisse oder Interessen mitzuteilen und Informationen zu geben. Wahrhaftigkeit und Redlichkeit zählen zur Ehrlichkeit. Ehrlichkeit in einer partnerschaftlichen Beziehung gilt als Treue, in der sozialen Kommunikation als Offenheit und Aufrichtigkeit. In dem Alter, in dem das Kind zu sprechen beginnt, kann es noch nicht klar zwischen Vorstellungen und Wirklichkeit unterscheiden. Versteht der Erwachsene die Erlebnislogik des Kindes nicht und bestraft sie als Lüge, kann bereits hier eine Erziehung zur Unehrlichkeit erfolgen.

Wie fragt man danach? Wer von Ihnen kann seine Meinung offener sagen? Haben oder hatten Sie Probleme mit sich oder Ihrem Partner wegen Unehrlichkeit und in welchen Situationen? Wie reagieren Sie, wenn jemand Sie belügt? Erinnern Sie sich an Situationen, in denen das passiert ist? Sind Sie mit der Wahrheit großzügig oder eher übergenau, gebrauchen Sie ab und zu Notlügen? Erzählen Sie anderen viel oder wenig von sich selbst?

> **Sprachbilder:** Frank und frei von der Leber weg, kein Blatt vor den Mund nehmen, reinen Wein einschenken, reden, wie einem der Schnabel gewachsen ist, alles herunterschlucken, mit seiner Meinung hinter dem Berg halten. Schimpfen, üble Nachrede, Über- und Untertreiben, Geltungsdrang, Egoismus, zwischenmenschliche Konflikte, Aggressionen, Schweißausbrüche, Bluthochdruck, Kopfschmerzen.

Wie können Sie sich verhalten? Sagen Sie das, was Sie für richtig halten, aber sagen Sie es so, daß es den Partner nicht verletzt. Manche Menschen, die Ihnen jetzt Ihre Offenheit übelnehmen, werden Ihnen später dafür dankbar sein. Auch wenn es Ihnen vielleicht nicht schwerfällt, in der Partnerschaft ehrlich zu sein, ist es im Beruf, wenn es beispielsweise um Geld geht, nicht mehr so leicht. Man wendet zumeist nicht in allen Lebensbereichen die gleichen Maßstäbe der Ehrlichkeit an. Beobachten Sie, bei welchen Aktualfähigkeiten und in welchen Situationen und wem gegenüber Ihnen Ehrlichkeit schwerfällt.

Die Aktualfähigkeit Höflichkeit

Definition und Entwicklung: Die Fähigkeit, zwischenmenschliche Beziehungen zu gestalten. Ihre Erscheinungsformen sind Benehmen, in dem gesellschaftliche Verhaltensregeln anerkannt werden, Rücksicht, Achtung vor dem Partner und sich selber sowie Bescheidenheit. Höflichkeit als Zurückstellung der eigenen Interessen und Bedürfnisse ist eine sozial begründete Aggressionshemmung. Für den Erwerb von Höflichkeit spielen das Lernen am Modell (zumeist am Modell der Eltern) und das Lernen am Erfolg (der eigenen Verhaltensweisen) eine Rolle. Die Reaktion der Eltern auf scheinbar unhöfliches Verhalten der Kinder wiegt schwer. Die Art der zu erlernenden Höflichkeit wird zu einem wesentlichen Teil von der Kultur und den Normen der sozialen Schicht bestimmt, der man angehört.

Wie fragt man danach? Wer von Ihnen legt mehr Wert auf Höflichkeit, auf Rücksicht und gutes Benehmen? Was empfinden Sie, wenn Ihr Partner nicht die erwartete Höflichkeit oder Rücksichtnahme zeigt? Sind Ihre Reaktionen dann situationsbezogen anders? Sind Sie mehr höflich oder ehrlich? Achten Sie sehr darauf, was die anderen über Sie sagen? Schlucken Sie lieber den Ärger in sich hinein, als gute Beziehungen aufs Spiel zu setzen? Wer von Ihren Eltern legte mehr Wert auf gutes Benehmen?

Sprachbilder: Sich anständig benehmen; wissen, was sich schickt; auf Manieren und Umgangsformen achten; die gute Kinderstube
Heuchelei; ritualisierte Höflichkeit; Unfähigkeit, nein zu sagen; Egoismus; soziale Unsicherheit; Angst; mangelndes Durchsetzungsvermögen.

Wie können Sie sich verhalten? Höflichkeit formt nicht selten die Kontakte. Statt »Los, gib her!« ist es besser »Würdest du bitte...?« zu sagen. Was würden Sie sagen, wenn Ihr Partner Sie in gleicher Weise behandeln würde, wie Sie es mit ihm tun? In bezug auf welche Bereiche und wem gegenüber sind Sie besonders höflich? Es lohnt sich, sich auf seine Höflichkeitslücken hin zu kontrollieren.

Die Aktualfähigkeit Gerechtigkeit

Definition und Entwicklung: Die Fähigkeit, im Verhältnis zu sich selbst und anderen gegenüber Interessen abzuwägen. Als ungerecht empfindet man dabei eine Behandlung, die von persönlicher Zu- und Abneigung oder Parteinahme statt von sachlichen Überlegungen diktiert wird. Der gesellschaftliche Aspekt dieser Aktualfähigkeit ist die soziale Gerechtigkeit. Jeder Mensch besitzt einen Gerechtigkeitssinn. Die Art, wie Bezugspersonen ein Kind behandeln, wie gerecht sie zu ihm, zu seinen Geschwistern und zueinander sind, prägt das individuelle Bezugssystem für die Gerechtigkeit.

Wie fragt man danach? Wer von Ihnen legt mehr Wert auf Gerechtigkeit? Wer ist in welchen Situationen wem gegenüber ungerecht? Halten Sie Ihren Partner für den Kindern, den Schwiegereltern, den Mitmenschen, Ihnen selbst gegenüber für gerecht? Wie reagieren Sie, wenn Sie ungerecht behandelt werden? Haben Sie oder hatten Sie Probleme mit Ungerechtigkeiten? Wurde bei Ihnen jemand bevorzugt? Wer von Ihren Eltern achtete Ihnen oder Ihren Geschwistern gegenüber mehr auf Gerechtigkeit?

Sprachbilder: Angemessen, wohlverdient, sachlich, unbefangen, unannehmbar, unberechtigt, sich benachteiligt fühlen.
»Übertriebener Gerechtigkeitssinn«, Selbstgerechtigkeit, Überempfindlichkeit, Rivalität, Machtkampf, Gefühl der Schwäche, Ungerechtigkeit, Vergeltung, individuelle und kollektive Aggression, Depression.

Wie können Sie sich verhalten? Gerechtigkeit ohne Liebe sieht nur die Leistung und den Vergleich; Liebe ohne Gerechtigkeit verliert die Kontrolle über die Wirklichkeit. Lernen Sie die Gegensätze zu vereinigen: Gerechtigkeit und Liebe. Zwei Menschen gleich zu behandeln heißt, einen ungerecht zu behandeln.

Problembewältigung aus der Sicht von Herrn K.

Frau K. berichtet: »Die Geschichte ›Der Pfau und der Rabe‹ hat viel Gutes bewirkt. Ich habe sie meinem Mann mehrfach vorgelesen. Dabei ist uns beiden klar geworden, daß er viele gute Gedanken und Vorstellungen über die Firma hat. Er war aber in seinem Verhalten sehr direkt, ja manchmal grob und alles andere als bescheiden. Diese Geschichte hat ihm geholfen, das zu erkennen, und eine andere Art zu finden, seine Gedanken sozusagen bescheidener vorzubringen.«

Herr K.: »Wissen Sie, mein Kollege hat mir öfters vorgeworfen, ich würde den Chef spielen, ich würde mir etwas anmaßen. Ich sei aber letztlich immer noch, wie jeder andere, nur ein ganz normaler Angestellter und der Titel täte nichts zur Sache. Das hat mich so geärgert, da habe ich rot gesehen. Jetzt erkenne ich, daß ich meinte, er müsse auf alle meine Vorstellungen eingehen, so als hätte ich die ganze Weisheit auf meiner Seite. Ich muß auch immer wieder an das Bild mit den Eseln denken und versuche, mit den Mitarbeitern anders umzugehen. Meine Frau hat ganz recht, mir fehlten Bescheidenheit und Teamgeist.«

Problembewältigung aus der Sicht des Therapeuten

Die Behandlung umfaßte 17 Sitzungen, in denen Herr K. Einsicht in seinen Konflikt gewonnen hatte und lernt, seinen Gerechtigkeitsinn zu kontrollieren. Ich ermutigte ihn, diese Erkenntnisse in der Firma umzusetzen und nun als »Therapeut« für die anderen Mitarbeiter aktiv zu werden, wobei mit den Ehepartnern die Fähigkeit trainiert wurde, die zwischenmenschlichen Beziehungen zu gestalten. Dabei spielte die Beteiligung der Ehefrau in der therapeutischen Sitzung eine zentrale Rolle. Es wurde mir wieder bewußt, welche Chance darin liegt, in einer solchen Situation auch den Partner in die Therapiesitzungen einzubeziehen.

Es wäre schade, wenn durch Übertragungs- und Gegenübertragungsphänomene sowie therapeutische Abstinenzhaltungen, eine solche Chance verpaßt würde. Dabei ist wichtig, daß der Therapeut selbst mit Höflichkeit, Ehrlichkeit und Gerechtigkeit bewußt umgehen kann und nicht für einen der Beteiligten Partei ergreift.

Die inhaltliche Arbeit mit den beteiligten Aktualfähigkeiten Höflichkeit, Ehrlichkeit und Gerechtigkeit gab Herrn K. die Möglichkeit, seinen Grundkonflikt zu erkennen, zu verbalisieren und neue Verhaltensalternativen zu entwickeln. Damit wurden über die rein kognitive Arbeit hinaus die emotionalen Bereiche angesprochen, so beispielsweise der Umgang mit eigener und entgegengebrachter Aggression.

Das Ehepaar lernte, eine Partnergruppe einzurichten und darin über ihre beruflichen und familiären Probleme im Sinne einer Beratung zu sprechen. Dies wirkte bei Herrn K. im Sinne eines Modells, in der Firma ebenfalls eine Gruppe einzurichten, in der im Team die anfallenden Aufgaben und Anforderungen besprochen wurden. Dabei wirkte das Bild von den Eseln als Mediator.

13 »Ich fühle mich um 20 Jahre meines Lebens betrogen«

(Eine Hausfrau)

Menschliche Solidarität

Ein Mann und sein Freund waren zu Fuß unter-
wegs. Es herrschte eine grimmige Kälte, und sie ver-
suchten, so schnell als möglich voran zu kommen.
Sie wollten ein Dach über dem Kopf finden und ein
Feuer, an dem sie sich wärmen könnten. Der
schmale Pfad, auf dem sie gingen, führte sie am
Kamm eines Berges entlang, unter ihnen lag eine
Talsenke mit einem von grünen Wiesen gesäumten
Bergsee.
Plötzlich entdeckte einer der Wanderer, daß dort
unten in der Senke ein Mensch lag, der bei dieser
entsetzlichen Kälte sterben würde, wenn ihm nie-
mand zu Hilfe kam. »Laß uns hingehen«, sprach er
zu seinem Freund, »dieser Mensch braucht unsere
Hilfe, damit er nicht erfriert.« »Wie kannst Du nur
so denken«, antwortete der Freund, »bei der Kälte
müssen wir erst einmal an uns denken, damit wir
lebend eine Herberge erreichen.« »Nein«, antwor-
tete der erste, »so kann ich nicht handeln. Wenn Du
nicht willst, so gehe alleine weiter. Ich werde in die
Senke hinabsteigen und sehen, ob ich diesem Men-
schen helfen kann.« So trennten sich die Freunde,
der eine setzte seinen Weg fort, der andere stieg den

Berg hinab. Unten angekommen, fand er einen Mann, der von einem Sturz und der Kälte sehr geschwächt war. Er lud sich den Verletzten auf den Rücken und ging langsam und unter seiner Last keuchend wieder den Berg hinauf. Während er so mühsam hinaufstieg, um wieder auf den alten Weg zu treffen, wurde ihm warm, ja geradezu heiß, der Schweiß floß in Strömen an ihm herab. Der Mann auf seinem Rücken wurde immer schwerer, es war ihm so heiß, daß er die Kälte überhaupt nicht mehr merkte. Langsam aber stetig kämpfte er sich vorwärts.

Hinter einer Wegbiegung entdeckte er seinen Freund. Ah, dachte er, er hat doch auf mich gewartet, und rief ihn an. Doch er erhielt keine Antwort. Er ging näher und sah, daß sein Freund tot war, erfroren in dieser schrecklichen Kälte. Voller Dankbarkeit dachte er an den Verletzten auf seinem Rücken. Durch ihn war ihm so warm geworden, hatte er so geschwitzt, daß er der Kälte widerstehen konnte. So erreichten sie eine kleine Hütte, wo sie Unterschlupf fanden.

Eine 45jährige Patientin, Frau L., die wie ein Hausmütterchen wirkte, kam auf Anraten ihrer Internistin in die psychotherapeutische Praxis. Sie war übergewichtig und wirkte bescheiden und hilflos.

Das erste Gespräch

Frau L.: »Immer häufiger gerate ich in Stimmungen, die mich handlungsunfähig machen. Ich lasse dann die Blumen austrocknen, das Haus »vergammeln«, die Bügelwäsche liegen und schaffe es nur mit einem riesigen

Kraftakt, alles wieder in den Griff zu bekommen. Ich fühle mich, als ob ich auf einer Zeitbombe sitze. Ich leide unter Angstzuständen, Eßstörungen und Übergewicht. Wann es genau angefangen hat, kann ich nicht sagen, aber ich denke, meine Beschwerden sind auf Kummer und Sorgen zurückzuführen, die mich jahrelang begleitet haben. Da ich mit meiner Heirat aufgehört habe zu arbeiten, hatte ich wenig Kontakte und war als Hausfrau immer mit Allem allein. Meine Eltern und meine Schwester leben weit weg in Skandinavien.«

Therapeut: »Ich bewundere Sie, wie Sie so spontan Ihre Situation schildern können. Sie sprechen einerseits von Ihren Beschwerden, andererseits sind Sie in der Lage, diese in einem großen Zusammenhang zu sehen, nämlich innerhalb von Beruf und Familie.«

Frau L.: »Es hat auch lange genug gedauert bis ich soweit war, überhaupt über meinen Kummer und meine Sorgen zu sprechen.«

Therapeut: »Schildern Sie doch bitte Ihre familiäre Situation«

Frau L.: »Ich bin noch verheiratet und habe zwei Kinder im Alter von 14 und 16 Jahren. Von meinem Mann lebe ich seit fünf Jahren getrennt, weil ich es mit ihm nicht mehr ausgehalten habe. Die große Katastrophe meines Lebens sind die unregelmäßigen Dienstzeiten meines Mannes, die ich zu Beginn unserer Ehe nicht richtig eingeschätzt hatte, denn ich hatte ja auch keine Erfahrungen damit. Gleichzeitig zu seinen ständigen Versprechungen, mir und den Kindern mehr Zeit zu widmen, zog er sich in seiner Freizeit immer mehr zurück. Es gab fast keinen Tag ohne Streit über dieses Thema. Mein Mann ist Pilot. Das hatte zur Folge, daß ich mit der Kindererziehung, den Arbeiten in Haus und Garten, unseren sozialen Kontakten und allem anderen völlig alleine stand. Er tat so, als hätte er mit dem ganzen Leben überhaupt nichts zu tun und blieb tagelang im Bett, wenn sein Dienstplan es zuließ.«

Therapeut: »Wie erlebten Sie ihre Ehe?«

Frau L.: »Es gab Schwierigkeiten ohne Ende. Er wollte schlafen, ich wollte arbeiten, lesen, diskutieren, Sport treiben, Sprachen lernen, Kontakte haben, Reisen, Konzerte und Opern besuchen. Theoretisch war mein Mann immer einer Meinung mit mir, aber er hat sich der Ausführung entzogen, so daß in der Realität die Vorstellungen von einer sinnvollen Lebensführung nicht konträrer sein konnten. Ich finde, er hat uns so beide betrogen, weil er stets unerfüllbare Wünsche genährt hat. Heute denke ich, er wollte eine Familie haben, weil ihm die Fassade wichtig ist, und ich sehe mich als seinen Atombunker, der ihn von allem abschirmt.«

Therapeut: »Wie sind Sie mit diesen Schwierigkeiten umgegangen, wie haben Sie darauf reagiert?«

Frau L.: »Zu Anfang habe ich viele Fehler gemacht, indem ich meinen Mann immer entschuldigt habe. Es fiel mir gar nicht auf, daß alle Leute sich an mich wandten, wenn sie etwas von ihm wollten oder er unzuverlässig war. Heute sehe ich, daß ich mich zu oft mit ihm solidarisiert habe. Erste körperliche Symptome fingen vor über 15 Jahren an. Ich bekam Schmerzen in den Knien, Schultern, Hüften und im Nackenbereich, wobei allerdings keine eindeutige Ursache gefunden werden konnte. Diese Schmerzen kamen in unregelmäßigen Abständen und unterschiedlicher Intensität immer wieder. Seit zwei Jahren leide ich hauptsächlich an Schwellungen der Waden und Füße, mit denen ich schon morgens aufwache. Das ist die körperliche Seite. Die psychische Seite belastet mich jedoch viel mehr. Ich leide unter Existenzangst, Apathie und Depressionen. Besonders quälend ist die morgendliche Angst, wenn ich die Pflichten des Tages als einen unüberwindlichen Berg vor mir sehe. Meine psychischen Beschwerden kann ich eindeutig mit Streßsituationen in Verbindung bringen, wenn Besonderheiten vorgefallen oder zu erwarten sind.«

Therapeut: »Nennen Sie doch bitte einmal solche Besonderheiten.«

Frau L.: »Beispielsweise die Probleme mit den Kindern, besonders die Schulprobleme. Dann gibt es auch Probleme mit meinen Eltern. Mein Vater legt sehr großen Wert auf Ordnung und Gerechtigkeit und ist mit meiner Handlungsweise nicht einverstanden. Ordnung ist für ihn so wichtig, daß ich als Kind nie jemanden nach Hause einladen durfte.«

Therapeut: »Was haben Ihre Ärzte bis jetzt gemacht?«

Frau L.: »Es wurden bei mir alle möglichen Untersuchungen durchgeführt. Meine Ärztin meint, ich sei überfordert und gestreßt. Die Medikamente beruhigen mich, aber das ist doch kein Dauerzustand.«

Therapeut: »Sie haben in Ihren Ausführungen selbst auf diese Streßsituationen hingewiesen. Nun kommt es darauf an, wie Sie in die Lage versetzt werden, diese Streßfaktoren als Aufgabe zu erkennen und schrittweise zu behandeln. Wie stellen Sie sich Ihre Zukunft vor?«

Frau L.: »Ich fühle mich um zwanzig Jahre meines Lebens betrogen. Wenn es mir nicht gelingt, mir einen neuen Sinn, eine neue Sichtweise zu erarbeiten, ende ich als verbitterte, verbiesterte und intolerante alte Frau. Dieser Gedanke ist mir unerträglich. Vor drei Jahren habe ich ein Studium begonnen. Meine Familie hält nichts davon, denn meine Aufgabe wäre es, ihnen das Leben zu verschönern. Das habe ich meiner Meinung nach auch jahrelang getan. Ich war weder demütig, noch hielt ich meine Wünsche und Bedürfnisse geheim, aber sie wurden entweder übergangen, oder ich wurde auf später vertröstet. ›Später‹ ist ein dehnbarer Begriff, und heute weiß ich, daß niemand die Absicht hatte, diese Versprechungen zu erfüllen.«

Therapieverlauf

Die Geschichte »Menschliche Solidarität« besaß innerhalb des therapeutischen Prozesses zwei Funktionen. Einerseits zeigte sie Frau L. ihre eigenen Solidaritätsgefühle, andererseits konnte sie sehen, welche unterschiedlichen Einstellungen die beiden Männer in der Geschichte zu Hilfeleistungen hatten. Sie erkannte einerseits, wie wichtig Solidarität ist, und gleichzeitig, daß bei ihr die Dosierung – wann, wo, wem gegenüber wieviel Solidarität aufgebracht wird – gefehlt hatte. Sie war ihrem Ehemann gegenüber bedingungslos solidarisch gewesen und sehr enttäuscht und frustriert, daß er auf ihre Bedürfnisse zu wenig eingegangen war. Zwar hatte sie ihre Bedürfnisse und Wünsche immer offen und ehrlich ausgesprochen, doch wie sich im Therapieverlauf zeigte, häufig zum falschen Zeitpunkt.

Nachdem sie ihren Beruf aufgegeben hatte, konnte sie sich mit ihrer Tätigkeit im Haushalt wenig identifizieren. Dies wurde durch die als zu wenig erlebte zeitliche Zuwendung durch den Ehemann noch verstärkt. Die daraus entstandenen Enttäuschungen führten zu einer gleichzeitigen Über- und Unterforderung, und es entwickelte sich eine Beziehungsfalle: Wenn ich arbeite, werden die Kinder und mein Mann und der Haushalt vernachlässigt. Wenn ich nicht arbeite, und keinen Sinn in meinem Hausfrauendasein sehe, wie soll ich das aushalten? Die Enttäuschungen machten Frau L. überempfindlich, und sie übertrug ihren Ärger auf den Mann, die Kinder und auf sich, was durch das Übergewicht zum Ausdruck kam.

Folgende Aktualfähigkeiten wurden mit ihr durchgearbeitet: Wie verteile ich meine Zeit? Warum reagiere ich so aggressiv auf mangelnde Zeit meines Partners? Wie kann ich positive Aspekte aus dieser Situation entwickeln?

Ihre Zeiteinteilung beeinflußte eine Reihe von Konfliktbereichen. Ein Tagesplan gab ihr die Möglichkeit, ihre Zeiteinteilung zu erkennen und neu zu strukturieren. Und vergleichbar einem Tagesplan konnte sie dann auch einen Wochenplan für sich aufstellen.

Durch die »Vier Qualitäten des Lebens« konnte sie erkennen, daß ihre Depression und ihre Ermüdungszustände nicht auf einem Mangel an Energie oder Lethargie beruhten, sondern auf einer einseitigen Energieverteilung.

Wegen der großen Entfernung wurde die Therapie mit Einverständnis von Frau L. und nach Zustimmung der zuständigen Krankenkasse nach acht Sitzungen an einen Kollegen delegiert, um Frau L. zeitlich und organisatorisch zu entlasten.

Streß bei Hausfrauen aus der Sicht der Positiven Psychotherapie

Streß bei Hausfrauen hat meist mehrere Ursachen. Ein Faktor ist die soziale Isolation und das Gefühl, eigenen Interessen nicht nachgehen zu können. Junge Frauen haben heute überwiegend eine qualifizierte Ausbildung absolviert und waren beruflich aktiv. Auch wenn sie gerne den Beruf für Familie und Kinder aufgegeben haben, leiden sie, wenn ihr Horizont auf Spielplatzgespräche begrenzt bleibt. Die Unzufriedenheit entwickelt sich dort ganz besonders, wo der Partner die erhoffte Solidarität und Unterstützung verweigert. Nicht selten geraten auch energische, organisationsgewohnte junge Frauen in einen Strudel der Einseitigkeit, der ihre Probleme wiederum verstärkt.

Problembewältigung aus der Sicht von Frau L.

»Ich war zunächst total verblüfft, als das Thema Zeit angesprochen wurde. So langsam ist mir aber klar geworden, daß ich zwar von anderen Zeit und Zuwendung erwarte, aber durch meine eigene Zeit- und Energieeinteilung nicht in gleichem Maße Zuwendung geben kann. Das ist so, wie in dem Sprichwort ›wie du mir, so ich dir‹, ohne daß mir das bewußt war. Meine Energie- und Zeitverteilung war durch meine körperlichen und seelischen Beschwerden nicht gut. Nach zuviel Solidarität habe ich dann mit dem anderen Extrem reagiert: mit Trennung und später mit dem Studium, so daß dann meine Interessen ganz im Vordergrund standen.

Ich habe jetzt anhand einer Energie- und Zeitplanung in kleinen Schritten zu lernen, es besser zu machen. Meinen Kindern war ich da kein gutes Vorbild, aber ich denke, es kommt in Gang.«

Problembewältigung aus der Sicht des Therapeuten

Nachdem die aktuellen Konflikte aufgearbeitet wurden, konnten die ursprünglichen Ziele erweitert werden.

Es war sehr wichtig, Frau L. zunächst zu einer angemesseneren Energie- und Zeiteinteilung zu motivieren. Erst danach war sie in der Lage, an eine Zielerweiterung – zunächst im Bereich Kontakt – zu denken.

Bei Frau L. bedeutete dies den Aufbau sozialer Kontakte, die Hinwendung zur Geselligkeit und die Verlagerung ihrer Interessen auf Aktivitäten innerhalb einer Gruppe.

Was können Sie tun?

Sicherlich wissen wir nicht, wieviel Energie einem Menschen tatsächlich zur Verfügung steht. Mitunter kann man erleben, daß man mit seiner Energie plötzlich am Ende ist oder aber noch ungeahnte Energiereserven mobilisieren kann.

Die meisten Menschen hätten aber genug Zeit und Energie, wenn sie in der Lage wären, den ziellosen in einen zielgerichteten Energieaufwand umzuwandeln. Der Energieplan kann eine derartige Umwandlung einleiten: Sie geben an, wieviel Ihrer Energie und Zeit in Prozenten Sie für folgende Bereiche aufwenden:

Für Körperpflege, Essen, Sport, Schlaf, Sexualität.
Für den Partner, Verwandte und Bekannte.
Für den Beruf, die beruflichen Kontakte und für die Weiterbildung.
Für Gedanken an die Zukunft, die Beschäftigung mit weltanschaulichen religiösen Inhalten sowie mit dem Sinn des Lebens.

Häufig zeigt sich, daß nicht ein Mangel an Energie vorliegt, sondern eine einseitige Aufteilung der Energie.

Dabei lassen sich drei Typen der Zeitgestaltung unterscheiden: Der sekundär-orientierte Typ, bei dem fast jede Minute mit Aufgaben und Pflichten ausgefüllt ist. Der naiv-primäre Typ, bei dem weite Felder von Leerlauf und Zeit bestehen, mit der er nichts anfangen kann. Diese unstrukturierte Zeit wird im Erleben depressiver Patienten als gestaltlose, erdrückende Masse beschrieben, in der sich Verpflichtungen, Belastungen und unangenehme Ereignisse zusammenballen. Dagegen zeigt der Doppelbindungstyp einen Wechsel von Über- und Unterstrukturierung seiner Zeiteinteilung. Mal lebt er in den Tag hinein, mal überlastet er sich mit Terminen und Aufgaben.

Eine beschreibende Darstellung des Tagesablaufs gibt den Ist-Wert wieder. Ziel ist es, einen Zustand zu erreichen, in dem man es nicht dem Zufall oder von außen herangetragenen Aufgaben überläßt, was man im Verlauf eines Tages oder einer Woche tun möchte, sondern in dem man sich selber Aufgaben gibt und sich selber seine Zeit einteilt

Für einzelne Punkte des Tagesplanes werden Alternativprogramme aufgestellt. Auch die Kontrolle des Tagesplanes erfolgt in einer Art Selbstkontrolle. Man vergleicht das, was man tun und erreichen wollte, mit dem, was man tun und erreichen konnte. Diese Rückkoppelung ermöglicht eine Korrektur des Planes und eine Korrektur des Verhaltens.

14 »Ich bin wie ein Kind, das träumt und mit großen Augen durch die Welt geht«

(Eine junge Frau)

Ein gutes Vorbild

Ein Mullah wollte seine Tochter vor den Gefahren des Lebens bewahren. Als die Zeit gekommen war, nahm er sie zur Seite und klärte sie über die Gemeinheit und Hinterhältigkeit der Welt auf: »Liebe Tochter, denke an das, was ich dir sage. Alle Männer wollen nur das eine. Die Männer sind raffiniert und stellen Fallen, wo sie nur können. Du merkst gar nicht, wie du immer tiefer in dem Sumpf ihrer Begierden versinkst. Ich will dir den Weg des Unglücks zeigen. Erst schwärmt der Mann von deinen Vorzügen und bewundert dich. Dann lädt er dich ein, mit ihm auszugehen. Dann kommt ihr an seinem Haus vorbei und er sagt dir, daß er nur seinen Mantel holen wolle. Er fragt dich, ob du ihn nicht in seine Wohnung begleiten möchtest. Oben lädt er dich zum Sitzen ein und bietet dir Tee an. Ihr hört gemeinsam Musik, und wenn die Stunde gekommen ist, wirft er sich plötzlich auf dich. Damit bist du geschändet, wir sind geschändet, deine Mutter und ich. Unsere Familie ist geschändet, und unser Ansehen ist hin.«
Die Tochter nahm sich die Worte des Vaters zu Herzen. Einige Zeit später kam sie stolz lächelnd auf

ihren Vater zu: »Vati, bist du ein Prophet? Woher hast du bloß gewußt, wie sich alles abspielt? Es war genauso, wie du es beschrieben hast. Erst hat er meine Schönheit bewundert. Dann hat er mich eingeladen. Wie durch Zufall kamen wir an seinem Haus vorbei. Da merkte der Ärmste, daß er seinen Mantel vergessen hatte, und, um mich nicht allein zu lassen, bat er mich, ihn in seine Wohnung zu begleiten. Wie es der Anstand befiehlt, bot er mir Tee an und verschönte die Zeit mit herrlicher Musik. Nun dachte ich an deine Worte, und ich wußte genau, was auf mich zukommt, aber du wirst sehen, ich bin würdig, deine Tochter zu sein. Als ich den Augenblick nahefühlte, warf ich mich auf ihn und schändete ihn, seine Eltern, seine Familie, sein Ansehen und seinen guten Ruf!«

Frau M. war sportlich, schlank, gepflegt zurecht gemacht, wies eine lebendige Gestik und Mimik auf und zeigte sich spontan und offen. Sie wirkte überdurchschnittlich intelligent, dabei aggressiv und herausfordernd.

Das erste Gespräch

Frau M.: »Vor einem Jahr kam es nach knapp einjähriger Partnerschaft zu einer für mich völlig unerwarteten Trennung, und zum erstenmal in meinem Leben fühlte ich mich elend, traurig, miserabel. Ich bin verwundet und fühle mich wie ein krankes Tier. Ansonsten ist mir das Wort »Beschwerden« oder gar Krankheit fremd. Mein Körper ist gesund und vital und hat durch den Sport, den ich treibe, Ausdauer. Diese Trennung hat mich sehr getroffen, denn wir arbeiteten auch zusammen, und ich schleppte mich in den folgenden Wochen täglich ins Büro, bis mir klar wurde, daß ich mir eine neue Arbeit suchen muß. Einige Jahre zuvor ging eine zwei Jahre andauernde Beziehung zu Ende. Nach diesem »Bruch« hatte ich das Gefühl, jemand hat mir das Rückgrat gebrochen – symbolisch, aber nach zwei Wochen ging es mir wieder gut. Mein tiefer Wunsch ist Harmonie, ich möchte mit den Menschen und mit der Natur in Einklang sein.«

Therapeut: »Sie haben in Ihrer kurzen Beschreibung deutlich gemacht, daß Sie – obwohl Sie körperlich gesund sind – emotional unter diesen Trennungen gelitten haben, und daß Sie das Bedürfnis nach Verbundenheit haben.

Durch Ihre körperlichen Aktivitäten sind Sie in der Lage, Konflikte zu verschieben. Sie können Ihre Trauer und Einsamkeit dadurch mildern.«

Frau M.: »Es ist in der Tat so, indem ich mich körperlich wohlgefühlt habe, habe ich auf mein Gefühlsleben wenig geachtet, und heute sitze ich hier.«

Therapeut: »Wie und wo haben Sie gelernt, wie man mit einem Partner umgeht? Wer war Ihr Vorbild?«

Frau M.: »Vorbild, ich weiß nicht. Meine Mutter war eher verständnisvoll und gütig, mein Vater oft launisch, streng, hart, ungerecht und verständnislos. Unter Vorbild stelle ich mir vor, daß jemand etwas vorlebt, und man möchte das auch so machen, aber das ist bei mir überhaupt nicht der Fall. Die Ehe meiner Eltern war sicher eine Liebesheirat. Da sind zwei Menschen mit unglaublicher Energie zusammengekommen. Alle waren gegen diese Ehe, doch sie wollten sich, und sie kriegten sich. Da beide aber gleich explosiv waren, gab es keine Kompromisse, sondern ein Fiasko, und die Ehe wurde nach langem Hin und Her geschieden, als ich 13 Jahre alt war. Die nächsten vier Jahre habe ich in einem Internat bei Nonnen verbracht. Wenn ich so überlege, dann hatte ich kein Vorbild, ich habe eigentlich nie gelernt, wie man eine Partnerschaft angeht und habe überhaupt wenig Orientierung von zu Hause mitbekommen, auch in anderen Bereichen des Lebens.«

Therapeut: »Welche Bedeutung haben Ihr Beruf und Ihre Arbeit für Sie?«

Frau M.: »Ich führe ein buntes Leben und habe schon alle möglichen Jobs gehabt. Gelernt habe ich in fast allen Stationen sehr viel, und ich habe den Eindruck, daß sich das alles wie in einem Puzzle positiv zusammenfügt. Das war auch so ein Thema, über das zu Hause nie gesprochen wurde, was ich mal werden könnte; ich hatte keinen konkreten Berufswunsch, und bei einer kurzen Berufsberatung im Internat sagte man mir lediglich, ich hätte künstlerische Fähigkeiten. So jobte ich erst mal als Bedienung, besuchte Seminare über Kapitalanlagen, arbeitete auf großen Messen und für eine Versicherung. Dann kam ich durch Zufall zu einem poppigen Radiosender, und da gefiel es mir spontan, und ich arbeitete viel und war nach kurzer Zeit auch für einen Fernsehsender tätig. Dann, nach zwei Jahren, kam ich als Redakteurin zu einem großen Radiosender und arbeitete dort sechs Jahre. Dann arbeitete ich als Reiseleiterin in Ägypten, gründete – nachdem ich genügend Erfahrung hatte, eine eigene Gesellschaft, die allerdings nicht zum Laufen kam, da gerade zu diesem Zeitpunkt die Unruhen in Ägypten begannen und die Touristen wegblieben. Da ich aus dieser Zeit noch finanzielle Verpflichtungen habe, wollte ich zum erstenmal im Leben viel Geld verdienen, und so kam ich in die Immobilienbranche.«

Therapeut: »Machen Sie sich im allgemeinen auch Gedanken um Ihre Zukunft?«

Frau M.: »Jetzt bin ich an so einem Punkt angekommen. Ich habe eine neue Arbeit, und dieser Mann, mit dem ich zusammenarbeite, zieht mich magisch in seinen Bann, er fasziniert mich. Aber ich will nicht wieder Berufs- und Privatleben zusammenbringen, ich habe Angst davor, und nun weiß ich nicht, wie ich reagieren soll. Ich habe einfach Angst, daß so eine Partnerschaft wieder scheitert. Manchmal kann ich mich sehr schnell verlieben, aber auch schnell wieder entlieben. Mein Selbstbewußtsein gilt eher für das tägliche Leben, aber nicht im Umgang mit Liebe und Sexualität. Ich fühle mich unbedarft wie ein Kind, das träumt und mit großen Augen durch die Welt geht.«

Therapieverlauf

Tatsächlich war die Konfliktverschiebung das zentrale Thema. So extrem, wie Frau M. Sport getrieben hatte, war sie auch mit den Partnern umgegangen. Sie wußte gar nicht, daß jede Trennung verarbeitet werden muß.

Wir bearbeiteten gemeinsam die zwei Dimensionen der Liebe, die Fähigkeit zu lieben und sich so zu verhalten, daß man geliebt wird. Im Verlauf der Therapie stellte sich heraus, daß Frau M. weit mehr Partnerschaften und Trennungen erlebt hatte, als dies zunächst den Anschein hatte. Ich gab ihr die Aufgabe, die Mikrotraumen aus allen erlebten Trennungen und die als kritisch erlebten Aktualfähigkeiten zusammenzutragen.

Frau M.: »Ich bin total überrascht, was ich da so alles gemacht habe. Bei meinen Partnerschaften habe ich nie den ganzen Menschen gesehen, sondern immer nur einzelne Eigenschaften und zwar die negativen überwiegend. Wenn es mir nicht gepaßt hat, bin ich gegangen. Wirklich was ausgemacht haben mir die Trennungen, die von meinen Partnern ausgingen, da war mein Stolz verletzt, und ich habe nicht gesehen, daß ich manchmal ganz schön eklig war.«

Frau M. hat auf die Geschichte »Das gute Vorbild«
sehr positiv angesprochen. Die Geschichte ermöglichte
den Einstieg in die Bearbeitung der vier Vorbilddimensionen. Inhaltlich wurde danach das Thema Treue bearbeitet.

Partnerfähigkeit aus der Sicht der positiven Psychotherapie

Partnerfähigkeit umfaßt die Fähigkeit, den richtigen Partner zum richtigen Zeitpunkt und aus dem richtigen Grund zu finden und die Partnerschaft durch eine
Balance zwischen Liebe und Gerechtigkeit harmonisch
zu gestalten. Die Kriterien zur Partnerwahl und die Vorstellungen von einer Partnerschaft sind stark durch reli-
giös-gesellschaftliche Normen und das individuell erlebte
Vorbild am Modell der Eltern orientiert. Störungen treten auf, wenn entweder Liebe (sexuelle Erwartungshaltung) oder Gerechtigkeit (sexueller Leistungstyp) überbetont sind oder es zum Hin- und Herpendeln zwischen beiden (sexueller Entlastungstyp) kommt.

Sexueller Erwartungstyp: Er hat sich in seiner tradi-
tionsgebundenen Haltung mit Gruppennormen und
religiösen Normen so weit identifiziert, daß er diese Normen nicht in Frage stellen kann. Auch wenn Sexualität
für ihn ein Problem darstellt, wird er doch äußern: »Darüber spricht man nicht.« Seit der Heirat zollt er der Tradition den Tribut. Der Beischlaf dient als Erfüllung der
Pflicht zur Fortpflanzung. Sein Motto der Ehe lautet
»Treue bis zum Tod.« Als Störungen treten Angst vor
der sexuellen Betätigung oder anschließende Schuldgefühle auf. Frigidität und Impotenz nehmen einen großen
Raum ein.

Außer dieser Einstellung gegenüber der Sexualität,
die als typisch naiv-primär anzusehen ist, finden sich eine

Reihe von Verhaltensweisen und Einstellungen, in denen die passive Erwartungshaltung vorherrscht. Man meint, ab einem bestimmten Alter verheiratet zu sein und ein Kind haben zu müssen. Oft stehen die Eltern als treibende Kraft dahinter. Sie möchten, daß ihre Kinder eine gute Partie machen, und wollen die Enkelkinder verwöhnen. Liebe wird zu einer Gegengabe, zu der sich jemand verpflichtet fühlt. Sie erhält gewissermaßen Tauschwert. Familiensituationen mit starken emotionalen Beziehungen, die in der Familienstruktur oder dem überbeschützenden Verhalten einer Bezugsperson wurzeln, können verpflichtende Wirkung ausüben. So wird aus der Partnerwahl, die an sich ein Akt der Loslösung aus dem primären Familienverband sein sollte, ein Akt der Unterwerfung unter die Wünsche der Bezugsperson.

Sexueller Leistungstyp: Das Leistungsprinzip äußert sich auch im sexuellen Bereich. Die sexuelle Erfahrung wird zum Maßstab des Selbstwertes. Es gilt nur der, der möglichst viel sexuelle Erfahrungen sammelt, ohne Rücksicht auf die Qualität der sexuellen Erfahrungen. Geliebt wird nicht der Mensch, der Träger von Eigenschaften, sondern die von ihm losgelösten Eigenschaften und Eigenarten. Zu diesem Typ gehören meist Menschen, die mit den Normen der Tradition gebrochen haben. Der Partner fungiert dabei als Objekt der sexuellen Betätigung im Sinne des persischen Sprichwortes: »Jede Blume duftet anders.« Nicht selten stellen sich trotz (oder gerade wegen) der demonstrierten Freizügigkeit sexuelle Störungen ein, wie Angst vor sexuellem Versagen, vor partnerschaftlichen Bindungen, unkontrollierte Partnerwahl und damit verbunden seelische und körperliche Überforderungen. Doch nicht nur der abstrakte Leistungsmaßstab, auch Rivalitäten können als Motivation der Sexualität zugrunde liegen. Liebe wird zum Machtkampf, was besonders dadurch unterstützt wird, daß die sexuellen

Aktivitäten eng mit dem Selbstwertgefühl gekoppelt sind. Beim sekundären Typ ist Liebe relativ häufig anderen Überlegungen untergeordnet.

Sexueller Entlastungstyp: Er zeigt nicht selten eine Einstellung, die wir als Doppelmoral bezeichnen. Wir haben es mit zwei Gruppen zu tun: Man trägt den Typ des Schweigenden, des strengen Moralisten zur Schau, aber wo man sich seiner gesellschaftlichen Rolle nicht mehr verpflichtet fühlt, tut man, was man will. Gesellschaftliche Normen werden nach außen hin betont anerkannt, und gleichzeitig findet die Sexualität im Doppelleben oder im Bereich der Phantasie ein Ventil. Oder man simuliert den Offenen. Man spricht über alles und tut so, als gäbe es für einen selber fast keine Grenzen. Trotz dieser vorgespielten Haltung ist dieser Typ innerlich stark von Hemmungen und Schuldgefühlen belastet, die es ihm unmöglich machen, Sexualität tatsächlich frei zu erleben.

Oft bestehen sexuelle Probleme, die jedoch nicht als solche wahrgenommen werden, sondern auf den Beruf und die Mitmenschen verschoben werden. Charakteristisch sind Entscheidungsunfähigkeit oder -verzögerung: »Wenn ich meine Ausbildung beendet habe .... wenn ich eine gesicherte Position habe .... wenn ich mehr Geld habe .... wenn das Haus fertig ist, dann können wir leichter Entscheidungen treffen.«

Ist man verheiratet, wünscht man sich, doch lieber ledig geblieben zu sein, und trauert seiner verlorenen Freiheit nach. Wir beobachten kuriose Fälle, in denen zwei Menschen heiraten, feststellen, daß sie nicht verheiratet zusammenleben können, sich scheiden lassen, feststellen, daß sie geschieden nicht leben können, und schließlich geschieden wie in einer Ehe zusammenleben.

Was nach außen hin als Liebe imponiert, enthüllt sich bei näherem Hinsehen mitunter als Mitleid. Die

Angst, ein Partner könnte sich etwas antun, die Vorstellung, daß er einsam ist, daß man ihn ungerecht behandelt hat, daß man einem armen Menschen ein großes Glück schenken kann, führen dazu, daß man sich selbst in einer großzügigen Gebärde schenkt. Liebe wird hier zur Karitativanstalt.

▨ Problemlösung aus der Sicht von Frau M.

»Eine Person, die von den ganzen Geschichten nichts weiß, hat mir indirekt zu verstehen gegeben, daß ich auf dem richtigen Weg bin. Der Spruch von dem richtigen Partner, aus dem richtigen Grund, zum richtigen Zeitpunkt hat mir sehr imponiert, und ich bin jetzt überzeugt, ihn eines Tages zu treffen. Ich werde den Mann finden, der zu mir paßt, der mich nicht viel ändern will und mich so liebt, wie ich bin. Ich fühle mich stark und auf dem Weg zu neuen Ufern. Mir ist bewußt geworden und ich habe gelernt, es zu akzeptieren, daß jeder Mensch anders ist und man ihn nicht ändern kann, wenn er es nicht will.«

»Bei meinen Kontakten verhalte ich mich auch nicht mehr wie ein Sozialamt, sondern unterscheide genau, was ich will, wo ich mich engagiere, wo ich helfe.«

»Die drei Formen der Partnerfähigkeit innerhalb von Liebe und Gerechtigkeit in Verbindung mit dem Thema Treue bewegten mich. Es wurden dadurch emotionale Gefühle hervorgerufen, ich habe den Eindruck, daß ich nun – trotz fehlenden Vorbildes – eine Orientierungslinie habe.«

Problembewältigung aus der Sicht des Therapeuten

Partnerschaft ist in vielerlei Hinsicht eine Ausbildungsstätte, der Ort, an dem gelehrt und gelernt wird. Man lernt, miteinander Beziehung aufzunehmen, mit unterschiedlichen Normen und Wertvorstellungen umzugehen; man lernt Nähe und Intimität und auch die Fähigkeit, sich abzulösen und eigene Erfahrungen weiterzugeben. Das Problem von Frau M. bestand darin, daß sie diesen Lernprozeß immer wieder abbrach oder durch ihr Verhalten den Abbruch provozierte. Deshalb wurde in der Therapie der Bereich »Treue« bearbeitet.

Die Beziehung eines Menschen zur Treue ist zu einem wesentlichen Teil abhängig von den Erfahrungen, die er mit seinen Eltern, seiner sozialen Umgebung, seiner Kultur und seiner Religion gemacht hat. Wie unterschiedlich Treue und Untreue gewertet werden können, sieht man aus den folgenden Gegenüberstellungen: Die Forderung nach Treue wird im Westen oft als Unterdrückung der Persönlichkeit, als Einschränkung des Lustprinzips verstanden. Jemand, der Treue fordert, gilt als »verklemmt«. Treue wird als Mangel an Gelegenheit gesehen. Im Osten wird der Treue – vor allem der Treue der Frau – großes Gewicht beigemessen. Zu dieser Treue gehört auch die sexuelle Enthaltsamkeit vor der Ehe. Früher hatte der Mann das alleinige Recht, über Zusammenleben oder Trennung zu entscheiden. Daraus resultierte eine starke Abhängigkeit der Frau. Heute bricht die studierende Frau mit dieser Tradition. Der Mann muß es sich gefallen lassen, daß seine früher geduldeten außerehelichen Abenteuer nun kritisiert werden und die Frau ihrerseits, gestärkt durch ihre wirtschaftliche Unabhängigkeit, die Trennung fordert.

Was können Sie tun?

Die folgenden Fragen können Ihnen dabei helfen, das Thema Treue und Untreue nicht isoliert, sondern in einem großen Zusammenhang zu sehen.

1) Bezüglich eines Seitensprungs meine ich (er, sie): »Einmal ist keinmal...«
2) Er/Sie darf nichts von einer Beziehung zu einer(m) anderen wissen. Einen anderen Mann / andere Frau lieben ist nichts Anrüchiges. Wenn ich (er, sie) jemand anders liebe, möchte ich (er, sie) auch sexuelle Beziehungen zu ihm/ihr aufnehmen.
3) Wenn ich (er/sie) einmal vom Dienst später nach Hause komme, vermutet er (sie, ich) gleich, ich sei mit jemand anderem losgezogen.
4) Ich werde unruhig, wenn meine Frau (mein Mann) mit einem anderen Mann (Frau) flirtet.
5) Wenn ich abends auf meinen Partner warten muß, beschäftigt mich öfter die Phantasie, daß er (sie) ein Verhältnis hat.
6) Wenn ich wüßte, daß mir mein Partner untreu ist, könnte ich nicht mehr bei ihm (ihr) bleiben.
7) Die Vorstellung, mein Partner könnte sexuelle Beziehungen zu jemand anderem haben, macht mich unruhig und bereitet mir körperliches Unbehagen.
8) Ich brauche von Zeit zu Zeit den Anreiz, auch sexuelle Kontakte zu anderen aufzunehmen.
9) Für mich gilt das Motto: »Treue bis zum Tod.« Ich verlange von meinem Partner, daß er sich nach dem Motto »Treue bis zum Tod« verhält.
10) Wenn ich mir vorstelle, daß mein Partner fremdgeht, hätte das Leben für mich keinen Sinn mehr (Treue und Sinn).
11) Mein Partner will immer seine Ruhe haben, so daß ich oft das Bedürfnis habe, auszubrechen und mir ein Leben mit einem anderen Partner vorstelle (Treue und Kontakt).

12) Mein Partner ist so geizig, daß ich oft das Bedürfnis habe, auszubrechen und mir ein Leben mit einem anderen Partner vorstelle (Treue und Sparsamkeit).

13) Mein Partner ist so unhöflich, daß ich oft das Bedürfnis habe, auszubrechen und mir ein Leben mit einem anderen Partner vorstelle (Treue und Höflichkeit).

14) Mein Partner ist so ordentlich (oder pedantisch), daß ich oft das Bedürfnis habe auszubrechen und mir einen anderen Partner vorstelle (Treue und Ordnung).

15) Ich halte Treue für eine wichtige Charaktereigenschaft.. Treue ist eine Einschränkung der persönlichen Freiheit. Die Religion (Weltanschauung), der ich angehöre, legt großen Wert auf die Einhaltung der Treue.

16) Das Gebot der Treue gilt für mich, unabhängig von der Ehe, gegenüber meinem Partner.

17) Ich habe bisher oft meinen Beruf (Arbeitsstelle) gewechselt.

18) Mir sind viele lockere Freundschaften lieber als eine feste.

19) Egal wie mein Partner ist, ich halte immer zu ihm.

20) Wenn ich mich für etwas zu entscheiden habe, stehe ich dazu.

21) Auch wenn meine Eltern und meine Umgebung große Bedenken gegen meinen Partner hätten, würde ich zu ihm stehen.

22) Meine Eltern haben sich scheiden lassen.

23) Als Kind (Jugendliche) habe ich mitbekommen, daß es Schwierigkeiten zwischen meinen Eltern wegen der Untreue gab.

24) Meine Eltern nahmen es mit der Treue nicht so genau.

25) Für meine Eltern war Treue oberstes Gebot.

15 »Ich kann einfach nicht loslassen«

(Die Empty-nest-Situation)

Das Geheimnis des Samenkorns

Ein Samenkorn opfert sich selbst auf für den Baum, der aus ihm entsteht. Äußerlich gesehen geht der Samen verloren, aber die gleiche Saat, die geopfert wird, verkörpert sich im Baum, seinen Zweigen, Blüten und Früchten. Würde das Bestehen jenes Samenkorns nicht vorerst für den Baum geopfert, hätten keine Zweige, Blüten und Früchte entstehen können.

Nach Abdul-Bahá

Die 54jährige schlanke Frau N. wird von ihrer Frauenärztin überwiesen. Die Augen sind hinter einer großen Sonnenbrille verborgen, die Kleidung ist durchgängig schwarz und die Körperhaltung bei etwa 1,85 Metern Körpergröße leicht nach vorne gebeugt. Die Fingernägel sind mattschwarz lackiert. Um den Hals trägt sie eine schöne Halskette. Die Haare sind schulterlang, und zu einem Pferdeschwanz gebunden.

Das erste Gespräch

Frau N.: »Ich leide an schwerer Akne, und die Ärztinnen meinen, das sei seelisch bedingt. In den letzten

Jahren hatte ich verschiedene Beschwerden, für die keine rechte Erklärung gefunden werden konnte. Teilweise waren es allergische Reaktionen, die mit schöner Regelmäßigkeit jedes Jahr an Weihnachten oder Silvester auftraten. Ich beschäftige mich mit vielen Dingen, die mich nicht loslassen.«

Therapeut: »Wir wollen gemeinsam feststellen, auf was und auf wen Sie allergisch reagieren! Haben Sie besondere Belastungen, die mit diesen Festen verbunden sind, wie etwa viel Besuch oder viele Vorbereitungen?«

Frau N.: »Nein, aber ich bin so traurig, weil mein Sohn nicht da ist. Er hat vor drei Jahren geheiratet und ist zwei Wochen später mit seiner Frau an das andere Ende der Welt nach Neuseeland ausgewandert. Ach, wie schön wäre es, wenn er, wie andere Kinder, doch einfach mal zu einer Tasse Kaffee vorbeikommen könnte oder wenn wir vorbeischauen könnten, um zu sehen, wie es geht.«

Therapeut: »Waren Sie schon einmal dort zu Besuch«

Frau N.: »Ja, zweimal sogar, und es hat meinem Mann und mir sehr gut gefallen, wir waren überwältigt von den vielen neuen Eindrücken. Wir können auch verstehen, daß es unseren Sohn dort hinzieht, aber wenn ich dann zu Hause bin, dann bin ich nur noch traurig und frage mich, warum mein einziges Kind so weit weggehen mußte...«

Ich erzählte Frau N. die Geschichte »Das Geheimnis des Samenkorns«, die sie nachdenklich machte.

Frau N.: »So gesehen haben Sie recht. Wenn mein Mann und ich nicht gewesen wären, hätte dieser Baum nicht entstehen können. Ohne Opfer geht es im Leben nicht. Oh, ich würde zu gerne wieder Freude an allem empfinden. Ich habe schon versucht, mich durch Arbeit abzulenken und halbtags gearbeitet. Anfangs war es auch besser, aber dann kam eine neue Abteilungsleiterin, die nicht nur mir das Leben schwer machte. Die Situation wurde für mich so unerträglich, daß ich kündigte, denn ich mußte ja nicht des Geldes wegen arbeiten. Eigentlich wollte ich mir ja etwas Neues aufbauen, das mich ausfüllt und mich die große Entfernung zu meinem Sohn vergessen läßt.«

Therapeut: »Welche Einstellung haben Sie denn Ihrer Schwiegertochter gegenüber?«

Frau N.: »Meine Schwiegertochter ist Asiatin, und ich hatte sie von Anfang an ins Herz geschlossen. Bei unseren Besuchen hatten wir eine gute Beziehung zueinander. Nur beim letzten Mal habe ich mich mit ihr kurz vor unserer Abreise – schon unter dem Eindruck des bevorstehenden Abschieds – gestritten. Es war schrecklich, am Flughafen hielt mir mein Sohn eine Standpauke. Ich wollte nichts mehr hören, nur noch weg, hatte genug von seinen weisen Sprüchen. Zu Hause war ich wie versteinert, konnte nicht weinen und litt vor allem immer wieder durch die Fragen der anderen. Wie war die Reise? Wie geht es Ihrem Sohn? Alle bestaunten die Fotos und die Videos. So gesehen bin ich auf meine Schwiegertochter sehr allergisch.«

Therapeut: »Jetzt denken Sie doch noch mal an die Geschichte, die ich Ihnen erzählt habe.«

Frau N. (nach einigem Nachdenken): »Mein Mann und ich hatten Freude an dem Baum, seinen Zweigen und Blüten, wir sollten jetzt eigentlich auch die Früchte genießen.«

Therapieverlauf

Frau N. berichtete in der nächsten Sitzung, sie habe viel nachgedacht und im Geist noch mal das ganze Geschehen, den ganzen Besuch verarbeitet. Sie sei dann weinend aus einem Traum erwacht, in dem sie ihre Schwiegertochter und ihren Sohn in die Arme genommen hatte. Jetzt sah sie, für die zuvor nur Gerechtigkeit wichtig war, alles aus einer anderen, nicht mehr nur negativen Perspektive. Der Wunsch, vernünftig miteinander umzugehen, die Erinnerung an die Umarmung im Traum, der Gedanke an das Samenkorn, all das brachte sie dazu, daß sie sich hinsetzte und einen langen Brief schrieb. Am nächsten Tag fühlte sie sich, als sei eine schwere Last von ihr abgefallen. Frau N. übergab mir eine Kopie des fünfseitigen Briefes.

Das Empty-Nest-Syndrom aus der Sicht der Positiven Psychotherapie

Das leere Nest bezeichnet jene Phase in der Familie, die vor dem Elternpaar liegt, wenn die erwachsen gewordenen Kinder endgültig den elterlichen Haushalt verlassen. Die Qualität der Eltern-Kind-Beziehung verändert sich, und beiden Seiten, Kindern und Eltern, wird deutlich, daß man sich nicht mehr so nahe ist. Viele Eltern äußern während der Ablösungsphase der Kinder einen ausgeprägten Trennungsschmerz, an den sie sich häufig auch bis ins hohe Alter erinnern und den sie in manchen Fällen nie ganz verarbeiten.

Vor allem für Frauen kann diese Situation zu einer Lebenskrise führen, wenn sie sich überwiegend in ihrer Rolle als Mutter definiert hatten. Sie müssen sich umstellen, ohne in der Regel auf schon bereitstehende Alternativrollen zurückgreifen zu können. Sie reagieren oft mit Unsicherheit, Wut, Ängstlichkeit und Aufbegehren. Der Lebensgefährte kann nun als Stabilisator und Motivator fungieren, doch manchmal erweist er sich auch als »Hemmschuh« und will seine Frau auf das Gewohnte fixieren. Dabei kann der Partner zur Bewältigung dieser als krisenhaft erlebten Ereignisse durch Flexibilität in der Rollen- und in der Aufgabenverteilung wesentlich beitragen.

Problembewältigung aus der Sicht von Frau N.

»Durch die Therapie ist mir bewußt geworden, daß ich mir selbst im Weg stand. Die Freude über die schönen Reisen zu meinem Sohn und die Eindrücke aus dem neuen Land, die Begegnung mit der Familie der Schwiegertochter – alles ganz liebe Menschen – habe ich mir schnell durch meine Voreingenommenheit zerstört. Ich war nicht bereit, die Trennung zu akzeptieren. Immer stand mein Verlust im Vordergrund. Ich wollte nicht erkennen, daß ich auch etwas gewonnen hatte. Sicher ist die große Entfernung manchmal schwer zu ertragen, aber ich sehe es jetzt gelassener.«

»Die Ereignisse der letzten fünf Jahre aufzuschreiben, mir meine Erfahrungen mit Trennungen und Verlusten von der Seele zu schreiben, war für mich sehr heilsam. Mein Mann sagte zu mir, ich hätte noch nie in meinem Leben so viel geschrieben.«

»Mir wurde bewußt, warum ich bei Trennungen immer aggressiv reagiere: Als Kind war ich sehr oft wegen meiner Asthmabeschwerden und Allergien alleine zur Kur verschickt worden. Dort fühlte ich mich einsam und verlassen, zumal ich dadurch öfters über Weihnachten und Silvester von der Familie getrennt war. Später habe ich sehr unter der Scheidung meiner Eltern gelitten. Daher rühren meine Ängste vor dem Verlassenwerden und vor Trennungen. Und deshalb wollte ich immer mit meinem Mann, meinem Sohn und der Schwiegertochter zusammen sein. Schwierig war für mich auch, daß mein Sohn eine andere Religion angenommen hat. Inzwischen habe ich mich damit beschäftigt und setze mich mit den beiden auseinander. Mir wird bewußt, daß alle Religionen etwas gemeinsam haben. Ich beschäftige mich mit dem Thema Verlust und Tod. Diese Bereiche des Lebens haben eine andere Bedeutung für mich.«

Problembewältigung aus der Sicht des Therapeuten

Indem im Verlaufe der Therapie die positiven Aspekte der Trennung herausgearbeitet wurden, konnte Frau N. die Trennung überhaupt erst einmal wahrnehmen. Dieser Ansatz wurde durch Beispiele aus anderen Kulturen vertieft. Die Geschichte besaß über die gesamte Zeit der Therapie (30 Sitzungen in einem Jahr) eine Depotwirkung. Immer wieder kam sie darauf zurück. Der Ehemann, der in den letzten drei Jahren unter Ratlosigkeit, Hoffnungslosigkeit und den Beschwerden seiner Frau sehr gelitten hat und unter Druck stand, wurde wegen seines Bluthochdrucks ebenfalls bei mir behandelt.

Was können Sie tun?

Wenn die Kinder das Haus verlassen, wird die Partnerbeziehung wieder wichtiger. Überlegen Sie deshalb, in welchem Stadium sich Ihre Partnerbeziehung befindet und welche Bedürfnisse Sie selbst und Ihr Partner haben. Folgende Fragen kennzeichnen das Stadium der *Verbundenheit*:

1) Hat mein Partner (gerade jetzt) das Bedürfnis, mit mir zusammenzusein? Benötigt er meine Zuwendung?

2) Ist mein Gesichtsausdruck freundlich oder unfreundlich, lächelnd oder todernst? Signalisieren meine Augen Interesse oder Desinteresse? Schaue ich meinen Partner an oder an ihm vorbei?

3) Wirkt meine Körperhaltung vertrauenerweckend oder abstoßend? Ist meine Mimik offen oder verschlossen? Ist meine Körperhaltung zugewandt oder abgewandt? Drückt meine Körpersprache Engagement oder Gleichgültigkeit aus?

4) Wirke ich heiter oder bedrückt, freudig oder traurig? Meine Haltung kann befreiend, aggressiv, zynisch, obszön, ironisch, skeptisch, blasiert oder verzweifelt sein, also von wohlwollendem Einverständnis über viele andere Ausdrucksformen bis hin zur höhnischen Herabsetzung des Partners reichen.

5) Ziehe ich mich jung, salopp oder alt an? Strahle ich Optimismus, Realismus oder Pessimismus aus?

6) Ist mein Gang aufrecht oder sorgenbeladen? Gehe ich auf meinen Partner mit schnellen oder langsamen Schritten zu, mit aufrechtem oder gesenktem Kopf?

7) Signalisiert meine Sitzhaltung Verschlossenheit oder Offenheit?

8) Wie gebe ich meinem Partner die Hand? Oder gebe ich Ihm nur einen Finger? Wie wirken meine Hände (feucht, trocken, warm, kalt, fest, locker, puddingweich)?

9) Wie gehe ich mit Zärtlichkeitsformen wie Kuß, Umarmung, Streicheln um? Welche Bedeutung haben diese Zärtlichkeitsformen in verschiedenen Kulturen?

10) Fragen Sie sich selbst und gelegentlich Ihre Partnerin/Ihren Partner, wie Sie auf sie/ihn wirken?

Interaktion besteht nicht nur als emotionale Beziehung. Der Partner braucht in gewissen Abschnitten Informationen. Folgende Fragen weisen auf das Stadium der *Unterscheidung* hin:

1) Fehlen meinem Partner Informationen? Benötigt er meinen Rat? Braucht er meine Meinung als Entscheidungshilfe?

2) Höre ich gerne zu oder bin ich eher ungeduldig? Bin ich für meinen Partner zu sprechen, wenn er mich braucht?

3) Kritisiere ich nur oder spreche ich auch Anerkennung aus?

4) Argumentiere ich höflich oder unhöflich, offen oder verletzend, sachlich oder affektiv, ruhig oder brüllend, objektiv oder subjektiv? Informiere ich den Partner aktiv von mir aus oder warte ich, bis ich gefragt werde?

5) Bleibe ich bei der Sache oder komme ich vom Hölzchen aufs Stöckchen?

6) Spreche ich mögliche Konflikte an oder klammere ich sie aus, verstärke, verniedliche oder verschiebe ich sie? Stehen hinter meinen Argumenten Angst, Gelassenheit oder Aggression?

7) Bin ich in der Lage, verschiedene Meinungen und Ideen des Partners oder anderer entgegenzunehmen und aufzugreifen? Unterbreche ich oder lasse ich ausreden?

8) Wie oft mache ich von »bitte« und »danke« Gebrauch?

Das Stadium der *Ablösung* ist gleichbedeutend mit Abschied nehmen. Wie man Abschied nimmt, welche Rolle Zärtlichkeit dabei spielt, inwieweit man sich auf eine spätere Begegnung freut und was man zwischendurch erlebt oder erledigt hat, besitzt eine zentrale Bedeutung für das Wiedersehen und dessen emotionale Qualität. Folgende Fragen lassen sich dazu stellen:

1) Möchte mein Partner für sich, auch ohne meine Entscheidungshilfe, eine Entscheidung treffen? Schränkt mein Rat seine persönliche Freiheit ein?

2) Beansprucht er für sich Unabhängigkeit? Erwarte ich von meinem Partner Selbständigkeit?

3) Möchte ich die Verantwortung für ihn nicht mehr übernehmen? Halte ich es für richtig, ihn sich selbst zu überlassen?

4) Welche Bedeutung haben Kuß und Umarmen für mich beim Abschiednehmen?
5) Wie trete ich mit dem Partner wieder in Verbindung (brieflich, telefonisch, persönlich)? Lasse ich von mir in der Zwischenzeit etwas hören?
6) Wie stelle ich mir in der Phantasie das Wiedersehen vor? Behalte ich Freude oder Trauer für mich, oder teile ich sie anderen mit?
7) Wieweit bin ich nachtragend? Wie gehe ich mit meinen Schuldgefühlen um?
8) Wie gehe ich mit meiner Sehnsucht um?
9) Welche Gründe bestehen für unsere Trennung?
10) Was habe ich daraus gelernt?
11) Wie bereite ich mich auf eine neue Begegnung vor?

16 »Ich gerate immer an die falschen Männer«

(Eine Angestellte)

Die Wahl zwischen Kuh und Tränke

Ein Bauer hatte lange Zeit gespart, um für seine Kuh eine wunderschöne Tränke aus Ton kaufen zu können. Nach reiflicher Überlegung hatte er sich für eine Tränke entschieden, die ungefähr die Form eines Fasses hatte. Eines Tages verfingen sich die Hörner des Tieres in der Öffnung, und die Kuh blieb mit dem Kopf im Faß stecken. Den Bauer überkam große Verzweiflung, als er erkennen mußte, daß er den Kopf der Kuh nicht aus der Tränke befreien konnte. Er beklagte sein Unglück und bat Allah, den Allmächtigen, um Beistand. Was sollte er tun? Sollte er die Tränke zerschlagen, die er erst kürzlich für viel Geld auf dem Bazar erstanden hatte? Oder sollte er die Kuh schlachten? Nachdenklich blieb er stehen. Dann griff er zum Beil und schlug der Kuh den Kopf ab. Er wollte wenigstens die Tränke retten, mußte aber erkennen, daß er auch jetzt den Kopf der Kuh nicht aus der Tränke bekam. Voller Verzweiflung begann er, das wertvolle Gefäß zu zerschlagen. Als er auf die Scherben zu seinen Füßen sah, wurde ihm schmerzlich bewußt, daß er beides verloren hatte: Kuh und Tränke.

Frau O. war 33 Jahre alt. Sie hatte mich auf Empfehlung eines psychiatrischen Kollegen um ein psychotherapeutisches Gespräch gebeten. Sie war streng klassisch gekleidet und machte auf mich einen gepflegten Eindruck, der allerdings durch ihre etwas fahrigen Handbewegungen und ihre notorische Unruhe gestört wurde. Ihr Auftreten war sehr höflich bei vorgetäuschter Selbstsicherheit.

Das erste Gespräch

Frau O.: »Ich fühle mich nicht mehr so leistungsfähig wie noch vor einem halben Jahr, bin unkonzentriert und meist schlecht gelaunt. Mein Magen und Darm sind eine ständige Problemquelle. Ich habe einen nervösen Magen, leide an Unverträglichkeit gegenüber bestimmten Lebensmitteln, Blähbauch, Magen- und Darmkrämpfen, Verstopfung und Pilzbefall. Als Folge davon habe ich oft große Pickel im Gesicht, an den Oberarmen und am Rücken. Manchmal habe ich das Gefühl, ich drehe mich im Kreis und kann den anderen nicht klar machen, was ich will. Ich esse viel und schlafe viel und bin doch immer müde.«

Therapeut: »Fühlen Sie sich beruflich wohl, haben Sie eine Arbeit, die Ihnen Freude macht?«

Frau O.: »Meine Arbeit macht mir Spaß, und ich glaube nicht, daß das Problem darin liegt. Allerdings habe ich seit meiner Rückkehr nach Deutschland nie länger als etwa 18 Monate in einer Firma gearbeitet, erst jetzt scheine ich langsam zur Ruhe zu kommen. Ich habe mehrere Jahre in Israel gelebt und dort zuletzt sechs Jahre in einer Firma gearbeitet.«

Therapeut: »Wie steht es denn mit Ihren Kontakten?«

Frau O.: »Nach meiner Rückkehr hatte ich in Deutschland riesige Probleme mit der Mentalität der Deutschen, es fällt mir auch sehr schwer, Beziehungen anzuknüpfen. Außerdem habe ich das Gefühl, ich gerate immer an die falschen Männer.«

Therapeut: »Können Sie das ein bißchen näher erklären?«

Frau O.: »Meinen ersten Partner habe ich in Israel kennengelernt, und seine Mentalität hat mich sehr angesprochen. Das Ende dieser Beziehung war der Auslöser für meine Rückkehr. Dann habe ich jemanden kennengelernt, der verheiratet war und große Probleme hatte. Dabei wollte ich ihm helfen. Das letzte Mal hatte der Mann nach seiner Trennung die Kinder und mußte alleine für sie sorgen. Die armen Kinder haben mir so leid getan.«

Therapeut: »Denken Sie einmal über die Motive dieser Partnerschaften nach. Was meinen Sie, wo die Probleme liegen könnten?«

Frau O.: »Das verstehe ich nicht ganz. Ich habe mir schon meine Gedanken gemacht, warum diese Beziehungen schief gegangen sind, aber ich denke manchmal, das liegt daran, daß ich mich nicht durchsetzen kann und nicht genug fordere.«

Therapeut: »Nun, im ersten Fall hat Sie die fremde Mentalität angesprochen, im zweiten Fall wollten Sie helfen und im dritten Fall taten Ihnen die armen Kinder leid.«

Therapieverlauf

Frau O. hatte mit aufgerissenen Augen auf die positiven Aspekte ihrer Beschwerden reagiert und wurde nachdenklich über diese Interpretationen. Die Beschwerden waren zu einem wesentlichen Teil die Anwort ihres

Körpers auf die Belastung durch Risikofaktoren, die sich aus ihrer Familiensituation ergaben.

Sie war der Liebling ihres Vaters, der aber auf Gefühle und Ansprüche sehr schnell irritiert reagierte und sich zurückzog. Dies hat sie in Hinblick auf ihre eigenen Wahrnehmungen und ihre wirklichen Bedürfnisse stark verunsichert. Der nur unwesentlich jüngere Bruder sei »Prinz« der Mutter gewesen. Frau O., die sich innerhalb der Familie als Kind anders als die anderen und gegenüber den Geschwistern zurückgesetzt gefühlt hat, bemühte sich, Anerkennung in den Bereichen zu bekommen, auf die die Eltern großen Wert legten. Dies waren Höflichkeit, Bescheidenheit, Sparsamkeit, Ordnung und Zuverlässigkeit. Darüber hinaus gab es wenig Kontakte zu anderen Menschen. Ebenso bestand eine tiefe Verwurzelung im katholischen Glauben.

Mit dem Weggang in ein anderes Land versuchte sie, ihr Leben selbst in die Hand zu nehmen und zu gestalten. Vor diesem Hintergrund sind die Beziehungsabbrüche und Wechsel der Arbeitsstellen zu sehen. Frau O., die ihr Selbstwertgefühl in hohem Maße durch beruflichen Erfolg und Leistung definierte und von der Anerkennung durch andere abhängig war, versuchte sich durch diese Trennungen vor Enttäuschungen und Zurückweisung zu schützen.

Es wurde ihr bewußt, daß sie einerseits sehr selbständig ihre hohen Ansprüche leben wollte, auf der anderen Seite aber große Bedürfnisse nach Harmonie und Anlehnung hatte. Bisher hatte sie auf geringe Mißerfolge sehr stark reagiert und versucht, sie durch noch mehr Perfektionismus im Leistungsbereich auszugleichen. Sie überschätzte dabei die Bedürfnisse des Partners und fühlte sich überfordert. So wirkte sie einerseits sehr liebevoll, überhöflich und vertrauenserweckend, konnte aber andererseits durch ihre überbetonte Selbständigkeit und vorgetäuschte Selbstsicherheit Beziehungen nicht aufrechterhalten. Die Bereiche Höflichkeit – Ehrlichkeit waren bei ihr nicht integriert.

Die Geschichte »Die Wahl zwischen Kuh und Tränke« verdeutlichte ihr ihre gegenwärtige Situation als Beziehungsfalle. Gleichzeitig erkannte sie, daß sie nicht unfähig war, mit einer Partnerschaft umzugehen, sondern die Chance hatte, die notwendigen Fähigkeiten für eine Partnerschaft zu entwickeln.

Die Beziehungsfalle aus der Sicht der Positiven Psychotherapie

Höflichkeit als Ausdruck der Liebe und Ehrlichkeit als Ausdruck der Gerechtigkeit in einer partnerschaftlichen Situation zu integrieren bewirkt, daß liebevolles Verhalten und angemessene Konfliktbewältigung Hand in Hand gehen. Fehlt diese Integration, kann sowohl die Höflichkeit, als auch die Ehrlichkeit zu einer Beziehungsfalle werden. Entweder kommt man dem Partner zu sehr entgegen, so daß die Partnerschaft karitativen Charakter annimmt, oder man hindert den Partner durch überbetonte Gerechtigkeit und Offenheit, eine tragfähige Beziehung aufzubauen oder überhaupt anzufangen.

Liebe Deinen Nächsten wie Dich selbst! Dieser Leitsatz aus der Bibel stellt eine hohe moralische Anforderung an die Menschen. Oft liegt die Betonung auf dem »Nächsten«, und das »Wie Dich selbst« wird vergessen. In der Partnerschaft beobachten wir oft, daß die eigenen Wünsche und Forderungen, die im Sinne der Höflichkeit verleugnet werden, sich als subtile Bedürfnis- und Erwartungshaltung gegenüber dem Partner äußern. Der Partner gerät somit schnell in eine Beziehungsfalle, da er erraten muß, welchen Wunsch der andere gerade haben könnte.

Wenn wir eine solche Situation unter die Lupe nehmen, sehen wir ein paradoxes Vorgehen des karitativen
Menschen: Er schenkt Liebe, die er eigentlich auch sich
selbst gern zuwenden würde, nur seinen Mitmenschen,
seinem Partner und seiner Familie. Kommt es zu einer
Verleugnung oder Verdrängung der Erfüllung der eigenen
Wünsche, so kann die geleistete Hilfe als der versteckte
Ruf interpretiert werden, selbst Hilfe zu erhalten. Der
solcherart »hilflose Helfer« leidet darunter, daß er alles
verschenkt, sich aufopfert und die dafür gewünschte »Belohnung« – in Form von Zuwendung – nach seiner Vorstellung nicht adäquat zurückbekommt. Dies wiederum
darf er sich aber nicht eingestehen.

Bildhaft ausgedrückt ist der karitative »starke«
Mensch wie eine Batterie, die nur Strom abgibt und nicht
wieder aufgeladen wird. Diese Batterie wird schneller leer
sein als eine schwache Batterie, die aber immer wieder
aufgeladen wird.

Beherrscht das Prinzip der Gerechtigkeit die Part-
nerschaftssituation, werden Konflikte aktiv ausgetragen:
man kritisiert den anderen. Im extremsten Fall führt das
Prinzip der Gerechtigkeit dazu, daß Freundschaften aus-
einandergehen und Ehen geschieden werden. Man will
einfach von dem Partner nichts mehr wissen, weil er nicht
erfüllt hat, was man von ihm erwartete.

Dominiert das Prinzip der Liebe, droht die Gefahr
eines gegenteiligen Effektes. Konflikte schwelen hinter
der Maske von Geduld und Höflichkeit, ohne daß die
Möglichkeit besteht, von Zeit zu Zeit etwas Dampf abzu-
lassen. Da die Konflikte nicht schrittweise verarbeitet
werden, kommt es manchmal zu explosionsartigen Aus-
brüchen. Solche Menschen »stecken alles ein« und sind
oft ergebener Diener des Partners. Irgendwann aber genügt ein geringer Anlaß, um etwas geschehen zu lassen,
das alles Erwartete übersteigt. So kann eine Ehefrau die

Familie verlassen, nachdem ihr Mann den Hochzeitstag vergessen hat.

Auf Gerechtigkeit und Liebe baut das menschliche Zusammenleben auf. Beide Prinzipien aber können zu seelischen und sozialen Konflikten führen, wenn eines von ihnen verabsolutiert, das andere aber unterbewertet wird.

Autorität und Anpassung in der Partnerschaft

Ob und nach welchen Kriterien ein bestimmtes Autoritätsverhältnis gegenüber dem eigenen Partner, den Eltern, Schwiegereltern und Kindern gerechtfertigt ist, ist so wichtig wie die Frage, wie wir darauf reagieren. Außer der bedingungslosen Unterordnung und der antiautoritären Revolte gibt es eine Vielzahl weiterer Reaktionsmöglichkeiten. Sie unterscheiden sich nach Intensität und Art der Autoritätskrise, und die Frage ist, welcher der beiden Gegenpole, Unterordnung oder Auflehnung, im Vordergrund steht. Auch wenn wir nur das Ergebnis sehen, daß der eine angepaßt und gehorsam reagiert, der andere trotzig und antiautoritär, ist dieses Verhalten, auch in der Partnerschaft, eine Reaktion auf einen akuten oder lebensgeschichtlichen Konflikt. Dadurch wird das Gleichgewicht zwischen Anpassung und Selbstbehauptung, Höflichkeit und Ehrlichkeit (Offenheit), Liebe und Gerechtigkeit, Verbundenheit und Ablösung, primären und sekundären Fähigkeiten gestört. Dieses Ungleichgewicht kann zu vier Reaktionsformen führen:

»Ich mache, was ich will!« Hier spielen Selbstbehauptung, Offenheit, Gerechtigkeit und Ablösungstendenzen die Hauptrolle (Konfliktverstärkung)

»Ich mache, was mein Partner will!« Bei dieser Reaktion geht es primär um Anpassung, Höflichkeit,
Liebe und Verbundenheit (Konfliktvermeidung).

»Ich mache weder das, was ich will, noch das, was
mein Partner will, sondern etwas ganz anderes!«
Hier stehen Mechanismen der Konfliktverschiebung im Vordergrund.

»Für mich ist jede Krise eine Chance!« Hier versucht man zu lernen, indem man sich auf die gege-
bene Situation einstellt, nach der Bedeutung der
Wünsche des Partners fragt, seine eigenen Erwartungen und Wünsche klar ausspricht, gegebenen-
falls auch einmal Verzicht leistet, den Partner ermutigt, um dann in gemeinsamer Beratung neue Lösungsmöglichkeiten im Sinne einer »Zielerweiterung« zu finden (Konfliktverarbeitung).

Es ist richtig, Forderungen im Sinne der Gerechtigkeit an den Partner zu stellen, er erwartet sie sogar.
Kommt es in einem Bereich der Partnerschaft zu Ver-
säumnissen oder Versagen, ist es wichtig, zwischen der
mangelnden Leistung und dem Partner selbst zu unterscheiden.

Der Balanceakt ist erreichbar, wenn man sagt: Ich
nehme dich, so wie du bist, auch wenn du jetzt in diesem
Bereich versagt hast. Ich weiß, daß du aus deinen Fehlern
lernen kannst, und ich werde aus meinen Fehlern lernen.

Problembewältigung aus der Sicht von Frau O.

»Ich beginne, mich zu mögen. Das hat es vorher
nicht gegeben, daß ich mich morgens im Spiegel betrachtet habe und mir sagte: »Du bist einfach toll.« Auch habe

ich gelernt, auf Signale meines Körpers zu achten und ihn auch mal zu schonen. Sofa statt Training während der Periode. Im sinnlichen/sexuellen Bereich fang ich an, Bedürfnisse artikulieren zu können, nachdem ich sie mir selbst erst mal klar gemacht habe.«

»Die Ereignisse der letzten drei Monate haben mich gezwungen, mich mit diesem Bereich intensiv auseinanderzusetzen. Was ich gelernt habe ist, daß ich mich beruflich nicht mehr so anstrengen muß, damit man mich registriert. In machen Fällen genügt es, daß ich in den Raum komme. Weniger ist mehr. Das ist im Moment die Parole im Job. Wenn ich auf 20 Prozent meiner Leistungskapazität laufe, sind die Leute schon begeistert. Lege ich mehr Tempo zu, bekommen sie Angst und beginnen zu mauern und zu intrigieren. Angst ist ein großes Thema. Angst der anderen vor mir, meine Angst vor den neuen Vorgesetzten, meine Angst zu fordern, meine Existenzangst. Und Neid. Neid auf solche, die trotz weniger Leistung mehr Vorteile bekommen.

Früher konnte ich die Gefühle Angst und Neid nicht mal beim Namen nennen. Heute weiß ich zumindest, wann ich Angst habe, wann ich Neid empfinde, und warum das so ist.«

»Was ich gelernt habe ist Gelassenheit. Trotz aller traumatischer Ereignisse in den letzten Monaten gelingt es mir immer öfter, gelassen zu sein und zu lachen. Und zwar trotzdem zu lachen.«

▨ Problembewältigung aus der Sicht des Therapeuten

Der karitative Aspekt von Partnerschaft muß, für sich genommen, nicht nachteilig sein. Der Wunsch zu helfen ist eine wichtige soziale Fähigkeit, die in jedem Menschen angelegt ist. Sie ermöglicht es aber auch, sich hinter dem Karitativen zu verstecken und so insgeheim die Nähe zu erleben, die man offen zu fordern sich nicht traut. Eine Hilfe zu mehr Offenheit sind folgende Fragen:

▪ Was nützt mir mein Verhalten? Was bringt es für meinen Partner? Wie signalisiert mein Partner seinen Wunsch, Hilfe zu erhalten? Möchte er überhaupt eine Hilfe? Wie stellt er sich diese Hilfe konkret vor? Welche Unterstützung hat er bisher in Anspruch genommen? Was könnte er selbst tun? Welche Leistungen kann besser die Gemeinschaft übernehmen? Was von dem, was geschieht, steht noch in meiner Macht? Oder gehört es zum »bestimmten Schicksal«, das ich ertragen lernen muß? Welche Aktualfähigkeiten sind in der Beziehung noch relativ stabil? Welche Aktualfähigkeiten wie Treue, Sparsamkeit, Ordnung, Pünktlichkeit, Gerechtigkeit und Zeit sind konflikthaft besetzt? Was würde ich mit mir und meinem Partner machen, wenn wir keine Probleme dieser Art mehr miteinander hätten?

Solche Fragen helfen, die eigenen Bedürfnisse besser zu akzeptieren, für die tatsächlichen Bedürfnisse des Partners sensibel zu werden und sich nicht zu überfordern, sondern auf die Hilfsmöglichkeiten der Umgebung und die Mitarbeit des Partners zurückzugreifen.

▪ Die ideale Partnerschaft

Jeder Mensch besitzt mit seinen Grundfähigkeiten auch die Fähigkeit, Beziehungen zu anderen Menschen aufzunehmen. Der erste Schritt in einer Partnerschaft ist die Entscheidung, mit einem anderen Menschen zusammenleben zu wollen. Für diese Entscheidung spielt nicht nur eine Rolle, was ich und mein Partner wollen, sondern auch die Erwartungen und Forderungen durch das soziale Umfeld und das jeweilige Wertesystem.

Ich

Die Fähigkeit, eine Partnerschaft einzugehen und zu erhalten, die Fähigkeit zu lieben und sich so zu verhalten, daß man geliebt wird, wächst in der Lebensgeschichte des einzelnen Menschen auf der Grundlage der Einzigartigkeit seiner Fähigkeiten und den Erfahrungen seiner bisherigen zwischenmenschlichen Beziehungen. Diese lehren ihn, was er von einer Partnerschaft erwarten kann, wieviel an Vertrauen er investieren darf, wie schnell er seine Gefühle von einem Partner abziehen muß, um seine Ich-Stabilität nicht zu gefährden und wie intensiv er auf den anderen eingehen kann oder muß.

Du

In der Beziehung zum Gegenüber ereignet sich das Leben miteinander in den vielen Einzelheiten und Kleinigkeiten des Alltags. Zugleich kommen die Wünsche und Bedürfnisse der Beteiligten zum Tragen. Dabei wird gesellschaftlich ein Großteil der körperlichen, sexuellen und sozialen Bedürfnisbefriedigung auf den Bereich der Partnerschaft delegiert. In ihr müssen zumindest annähernd die Partner zueinander »passen«, das heißt, eine der Schloß- und Schlüsselfunktion ähnliche Beziehung entwickeln. Das Schloß sind die Erwartungen, die dem Partner entgegengebracht werden, der Schlüssel seine Fähigkeiten, Einstellungen und Verhaltensweisen. Inhalte dieser besonderen Form der Beziehung sind die Aktualfähigkeiten wie Treue, Gerechtigkeit, Höflichkeit, Ehrlichkeit, Ordnung, Sauberkeit, Sparsamkeit, Leistung, Zeit, Geduld, Kontakt oder Vertrauen.

Die Weise, in der die derart beschriebenen Erwartungen und Verhaltensweisen zueinander passen, entscheidet nicht selten über die Zufriedenheit mit dem Partner und die Existenz der Partnerschaft.

Wir

Im menschlichen Zusammenleben bestehen neben den religiös-weltanschaulichen Wertsystemen die gelebten Regeln. Es sind dies die Spielregeln des Zusammenlebens, die unausgesprochen und selten hinterfragt das Verhalten der Menschen untereinander bestimmen: Wen darf ich als Partner wählen? Welche Nationalität darf er haben? Gibt es Einschränkungen der Partnerwahl hinsichtlich seiner Rassenzugehörigkeit, seiner sozialer Klasse und seines Besitzstandes? Abhängig vom soziokulturellen Hintergrund gibt es feste Regeln und Rituale der Partnerwahl, von denen die Anerkennung einer Partnerschaft durch die jeweilige Gruppe abhängt.

Ur-Wir

Die Entscheidung für einen Partner geschieht aber auch vor dem Hintergrund der eigenen Lebensgeschichte, der soziokulturellen Gegebenheiten und ganz konkreten fördernden und hemmenden Einflüssen, denen jeder Mensch ausgesetzt ist. Diese Einflüsse werden wirksam, je nachdem, ob man in einer industriell oder landwirtschaftlich orientierten Gesellschaft, in einem sozialistischen oder kapitalistischen System lebt, ob man als Deutscher, Amerikaner, Australier, Japaner, Perser, Italiener oder Spanier geboren wurde und ob man sich als Buddhist, Hindu, Moslem, als evangelischer oder römisch-katholischer Christ, Pietist, Baptist, Kalvinist, Jude oder Bahá erlebt. Welche Freiheitsgrade der Partnerschaft und welche Auswahlmöglichkeiten ihrer Formen zur Verfügung stehen, ist, unabhängig von dem einzelnen, vorgegeben in den Regeln, Ritualen, Normen, Geboten und Verboten der Weltanschauungen, Lebensphilosophien und Religionen, die einen Menschen geprägt haben. Diese Regeln und Wertsysteme bestehen unabhängig von seiner individuellen Existenz in der zwischenmenschlichen Wirklichkeit. Sie sind, obwohl mittlerweile pluralistisch und relativiert, allgegenwärtig und unausweichlich.

Frau O. ist seit sechs Monaten in Therapie und konnte inzwischen neue, positive Beziehungen zu sich, zur Partnerschaft, zu den Eltern und zu Mitmenschen aufbauen. Sie ist dabei, ein neues Orientierungssystem zu entwickeln.

▨ Was können Sie tun?

Wenn sie sich die folgenden Fragen zu Partnerschaft und Sexualität ansehen, finden Sie darin vielleicht ähnliche Anregungen, wie sie auch Frau O. in der Therapie weitergeholfen haben.

1) Haben Sie das Gefühl, »nicht zum Ziel zu kommen«, »am Ziel vorbeizuschießen«, ein »Schlappschwanz« zu sein, »zugeknöpft« zu sein? Fallen Ihnen noch andere Sprichworte zu Ihren Beschwerden ein? Was sagen sie ihnen?
2) Durch wen oder was sind Sie »aufgeklärt« worden? Wie haben Sie das empfunden?
3) Haben bei Ihnen sexuelle Erregungs- und Empfindungsfähigkeit schon von klein auf gefehlt oder waren sie schwach, oder ging Ihre sexuelle Ansprechbarkeit erst später verloren? Seit wann? Aus welchem Grund?

4) Machen Sie einen Unterschied zwischen Sex, Sexualität und Liebe?

5) Sehen Sie die Beziehung zu Ihrem Partner vorwiegend unter dem Gesichtspunkt körperlicher Funktionen und Merkmale (Körperbau, Größe, Hautfarbe, Geruch, Größe des Busens, des Gliedes, Häufigkeit des Orgasmus usw.)? Wie empfinden Sie es, wenn körperliche Funktionen und Merkmale Ihres Partners sich ändern (beispielsweise altersbedingt)?

6) Ist Ihr Partner für Sie »austauschbar«, oder sind Sie für Ihren Partner »austauschbar«?

7) Können Sie mit Ihrem Partner auch ohne sexuellen Kontakt zärtlich sein?

8) Praktizieren Sie das Intervalltraining, autogenes Training oder andere Entspannungsmethoden?

9) Nehmen Sie regelmäßig die verordneten Medikamente? Wissen Sie, wie die Medikamente wirken, was Sie von ihnen erwarten können und welche Nebenwirkungen möglich sind?

10) Welchen Einfluß hat Ihr Beruf/Ihre Arbeit auf Ihre sexuellen Probleme?

11) Gehen Sie beruflichen Konflikten nach Möglichkeit aus dem Wege? Welche Aktualfähigkeiten sind Anlaß oder Ursache der Konflikte?

12) Sehen Sie sexuelle Erregung und Empfindung als »Leistung« an, die Sie nach Ihrem eigenen Selbstverständnis oder nach dem Ihres Partners erbringen müssen (beispielsweise eine bestimmte Zahl von Orgasmen)?

13) Geht Ihr Partner genügend auf Ihre Bedürfnisse ein (Vorspiel, Zärtlichkeit, Stellungen, Eindringen des Gliedes usw.)?

14) Kann Ihr Partner seine Probleme und Wünsche für Sie angemessen zum Ausdruck bringen? Argumentiert er, brüllt er, stellt er Fragen, hört er zu, zieht er sich zurück? Fühlen Sie sich von ihm angenommen?

15) Tolerieren oder begrüßen Sie Beziehungen Ihres/r Partners/in zu einem/r anderen, oder bereitet Ihnen das Unbehagen?

16) Was empfinden Sie, wenn Ihr/e Partner/in mit jemand anderem flirtet?

17) Wie stehen Sie zu einem tatsächlichen oder vermuteten »Seitensprung« Ihres/r Partners/in? Sprechen Sie darüber?

18) Haben Sie die Fähigkeit entwickelt, »Nein« zu sagen, wenn Sie etwas nicht möchten?

19) Spielen Eltern und Verwandte (ihre eigenen und / oder die Ihres/r Partners/in) und Ihre Kinder eine Rolle für Ihre partnerschaftlichen Probleme?

20) Spielen Eigenschaften und Fähigkeiten (Aktualfähigkeiten) Ihres Partners in Ihrer Beziehung eine wichtige Rolle?

21) Wie stehen Sie zu folgenden Aussagen?
   – Die Religion (Weltanschauung), der ich angehöre, legt großen Wert auf die Einhaltung sexueller Treue.
   – Ich akzeptiere die Einzigartigkeit meines Partners, die sich in seinen Eigenarten und Fähigkeiten ausdrückt.
   – Ich habe Angst, mich fallen zu lassen, mich zu verlieren, außer Kontrolle zu geraten.
   – Meine sexuellen Probleme lösen Minderwertigkeitsgefühle in mir aus.

22) Was ist für Sie der Sinn des Lebens (Antrieb, Ziele, Motivation, Lebensplan, Sinn von Krankheit und Tod, Leben nach dem Tod)?

23) Akzeptieren Sie Ihre Problematik auch als Chance, bisher nicht erlebte Bereiche (Körper/Sinne, Beruf/Leistung, Kontakt, Phantasie/Zukunft) zu entwickeln?

17 »Ich bin so einsam«

(Eine geschiedene Frau)

Fünfzig Jahre Höflichkeit

Ein älteres Ehepaar feierte nach langen Ehejahren das Fest der Goldenen Hochzeit. Beim gemeinsamen Frühstück dachte die Frau: »*Seit fünfzig Jahren habe ich immer auf meinen Mann Rücksicht genommen und ihm immer das knusprige Oberteil des Brötchens gegeben. Heute will ich mir endlich diese Delikatesse gönnen.*« *Sie schmierte sich das Oberteil des Brötchens und gab das andere Teil ihrem Mann. Entgegen ihrer Erwartung war dieser hocherfreut, küßte ihre Hand und sagte:* »*Mein Liebling, du bereitest mir die größte Freude des Tages. Über 50 Jahre habe ich das Brötchenunterteil nicht mehr gegessen, das ich vom Brötchen am allerliebsten mag. Ich dachte mir immer, Du solltest es haben, weil es dir so gut schmeckt.*«

Frau P. ist eine 50jährige große, hübsche und schlanke Frau. Sie berichtete, daß sie seit drei Jahren geschieden sei. Sie leide an Angstzuständen, Depressionen, Schlafstörungen, Alpträumen und innerer Unruhe.

Das erste Gespräch

Frau P. begann das Gespräch: »Mein größter Wunsch ist es, aus der Einsamkeit rauszukommen«.

Therapeut: »Ich habe den Eindruck, daß Sie das Bedürfnis nach Kontakt zu anderen Menschen haben und mit vegetativen Beschwerden auf das bis jetzt nicht erreichte Ziel reagieren.«

Frau P.: »Ja, so ist es.«

Therapeut: »Was ist in den letzten fünf bis zehn Jahren alles auf Sie zugekommen?«

Frau P.: »Ich wurde geschieden, nachdem ich vorher schon einmal die Scheidung eingereicht hatte, mein Mann aber dann so lange wieder nett zu mir war, bis ich sie zurückgezogen hatte. Im gleichen Jahr starb mein Vater, als ich – bei dem Versuch, beruflich wieder Fuß zu fassen – unterwegs war. Ich war bis heute nicht an seinem Grab. Mein Mann hat mich in den Jahren unserer Ehe oft geschlagen. Er hatte ständig Affären mit jüngeren Frauen. Mein Anwalt sagte, er sei ein regelrechter Jungesellentyp. Die zwei Kinder leben bei meinem geschiedenen Mann. Ich habe auf meinen Anteil an unserem gemeinsamen Haus verzichtet. Das Geld, das ich monatlich als Unterhalt bekomme, reicht angesichts der hohen Mieten nicht aus. Seit der Scheidung bin ich insgesamt sechsmal umgezogen. Ich habe durch meine Schwierigkeiten in der Ehe und während der Scheidung fast alle Kontakte zu meinen Freunden verloren, fühle mich unendlich einsam und verlassen. Jetzt ist vor kurzem auch noch ein guter Freund im Alter von 53 Jahren gestorben. Wenn ich doch nur wieder eine Arbeit hätte! Aber in meiner momentanen Verfassung kann ich gar nicht arbeiten und bin gar nicht belastungsfähig.«

Therapeut: »Durch Ihre spontane Beschreibung fällt mir auf, daß Sie mit sehr vielen Ereignissen konfrontiert wurden. Sie sind dabei, neue Lösungsmöglichkeiten zu suchen. Wie sind Sie bisher mit den Ereignissen umgegangen?«

Frau P.: »Wenn ich so zurückdenke, begann der ganze Streß schon vor meiner Heirat, und als ich das alles nicht mehr ertragen konnte, habe ich begonnen, Alkohol zu trinken.«

Therapeut: »Wie haben Sie Ihren Mann kennengelernt?«

Frau P.: »Wir sind uns beruflich begegnet, und ich glaubte, mein großes Glück gefunden zu haben. Es lagen harte Jahre des Hocharbeitens und eine scheußliche Kindheit hinter mir.«

Therapeut: »Wie war die Beziehung zu Ihren Eltern? Hatten Sie Geschwister?«

Frau P.: »Ich bin das zweite von fünf Kindern. Mein Vater kam erst zwei Jahre nach meiner Geburt aus dem Krieg zurück, war kriegsversehrt und konnte nicht mehr arbeiten. Er mochte mich von Anfang an nicht und hat mich viel geschlagen. Meine Mutter, die ich abgöttisch liebte, mußte arbeiten gehen, und so fühlte ich mich immer einsam. Meine Mutter ließ sich scheiden, als ich elf Jahre alt war und heiratete sofort wieder – einen Bauingenieur, der uns Kinder nicht wollte. So lebte ich in Internaten und später bei meiner Großmutter. Meine vier Jahre ältere Schwester half mir sehr, daß ich die Schule mit der Mittleren Reife abschließen und eine Sprachenschule besuchen konnte. Ich lernte Tag und Nacht, weil ich etwas erreichen wollte und ging mit 18 Jahren nach München, wo ich eine Anstellung fand. Mein Stiefvater machte Konkurs und setzte sich mit meiner Mutter und dem jüngsten Bruder in die damalige DDR ab. So war ich nun ganz ohne die Hilfe meiner Eltern, denn mein richtiger Vater hatte auch wieder geheiratet, und ich wollte ihn nie wieder sehen. Meine Oma starb, und ich hatte nur noch meine Schwester. Beruflich arbeitete ich sehr hart und erreichte eine bessere Position. In dieser Zeit begegnete ich dann meinem Mann.«

Therapeut: »Sie mußten schon in jungen Jahren auf eigenen Füßen stehen und selbständig sein. Wie war das dann in Ihrer Ehe?«

Frau P.: »Durch die Ehe habe ich mein ganzes Selbstwertgefühl und meine Selbständigkeit verloren. Bei den Schwiegereltern war ich nicht willkommen. Sie gehörten einer evangelisch-freikirchlichen Sekte an und in ihren Augen war ich keine richtige Christin. Ihren Vorstellungen nach besteht das Leben nur aus Arbeiten und Beten, sie haben überhaupt kein Interesse an den schönen Dingen des Lebens. Als ich sie das erste Mal besuchte und nichtsahnend Hosen anhatte, wurde ich wieder weggeschickt. Mein Mann wurde nach der Eheschließung von der Sekte ausgestoßen. Sie haben die Vorstellung, daß eine Frau keine Hosen tragen, sich nicht die Haare schneiden und nicht wählen darf. Fernsehen ist verpönt, man muß sich nur streng nach der Bibel richten und zu allen Andachten im Versammlungshaus anwesend sein.«

Therapeut: »Wie hat Ihr Mann darauf reagiert?«

Frau P.: »Er hat ein enges Verhältnis zu seinen Eltern und ist aufgrund seiner beruflichen Karriere für sie der Größte. Noch heute eilt er, um ihre Wünsche zu erfüllen. Er hat ihnen gegenüber nie zu mir gehalten. Ob ihm der Ausschluß aus der Sekte etwas ausgemacht hat, weiß ich nicht, darüber hat er mit mir nicht gesprochen.«

Therapeut: »War das der Anfang Ihrer Probleme?«

Frau P.: »Nein, ich weiß nicht recht. Zu Anfang waren wir doch sehr glücklich. Wir waren nach dem Kennenlernen unzertrennlich und haben kurz darauf geheiratet. In dieser Zeit hatte mein Mann einen schweren Unfall, bei dem ich zum Glück unverletzt blieb, er aber zehn Tage im Koma lag und danach mehrere Monate brauchte, um wieder arbeitsfähig zu werden. Es kam während der gemeinsamen Sorge und Pflege zu einer Annäherung seitens meiner Schwiegermutter, doch sie versuchte ständig, mich zu ihrer Religion zu bekehren, und ich mußte immer mit zu den Versammlungen. Nach der Hochzeit versuchte sie, sich in alles einzumischen. Ich versuchte, meinen Mann für mich zu gewinnen, ging zur Eheberatung und zum Pfarrer, doch mein Mann weigerte sich, etwas zu tun, denn er glaubte, ich hätte mich ihm voll und ganz anzupassen. Wir bekamen zwei Wunschkinder und bauten ein schönes Haus in schöner landschaftlicher Umgebung. Ich hatte meinen Beruf aufgegeben, und es hätte alles so schön sein können!«

Therapeut: »Sie sprachen vorhin von Alkohol. Wann haben Sie damit angefangen, Ihren Kummer zu ertränken?«

Frau P.: »Von dem Tag an, als mein Mann mir eines morgens beim Frühstück sagte, er habe mich nur geheiratet, um immer eine Frau im Bett zu haben. Ich wußte von seinen Affären, auch davon daß er mich schon während der ersten Schwangerschaft betrogen hatte und sich um mich und die Kinder überhaupt nicht mehr kümmerte. Er war beruflich unregelmäßig unterwegs. Wenn er zurückkam, schlief er und fuhr dann zu seinen Eltern, um zu helfen. Ich fühlte mich immer einsamer und fing an, ganz extrem Sport zu treiben, nur um einen Erfolg zu haben. Mein Mann belächelte mich, und an meinem 40. Geburtstag überfielen mich massive Ängste, nicht mehr attraktiv zu sein und alt zu werden. Ich hatte keine richtigen Freunde mehr und bekam mehr und mehr Probleme mit meinen Kindern. Niemand nahm mich ernst und respektierte mich. Da reichte ich die Scheidung ein, die ich wieder zurücknahm, nachdem mein Mann wieder sehr nett zu mir war. Vor fünf Jahren war ich so fertig, daß ich meinen Mann und die Kinder verließ. Ich hatte schwere

Depressionen und unternahm einen Selbstmordversuch mit Tabletten. Durch einen Zufall wurde ich nach acht Stunden gerettet, und nach einem langen Krankenhausaufenthalt machte ich eine vierwöchige Therapie. Mein Mann nahm auch wieder Kontakt zu mir auf, aber die Scheidung lief – nun von seiner Seite aus, und danach hatte ich schreckliche Existenzängste.«

Therapeut: »Was haben Sie unternommen, um Ihre Zukunft zu sichern?«

Frau P.: »Ich hatte einen Saisonvertrag für sechs Monate, doch vor Ablauf bekam ich einen schweren Rückfall, fing wieder an zu trinken und alles war aus. Als es mir nach einer erneuten Therapie besser ging, kam mein geschiedener Mann und benutzte mich, wie es ihm gerade paßte. Ein Jahr später wollte ich wirklich sterben und nahm diesmal 80 Tabletten. Die Angst war mein ständiger Begleiter, und ich sah keine Zukunft mehr. Wieder war ich lange im Krankenhaus und fand danach Arbeit in einer Klinik. Nach einem Besuch bei meinen Kindern gab es erneut einen Rückfall, und ich war auch diese Arbeit los. Ich möchte endlich frei werden, in jeder Beziehung und wieder eine neue Stelle annehmen können.«

Therapeut: »Was würden Sie tun, wenn Sie keine Probleme mehr hätten?«

Frau P.: »Als erstes wünsche ich mir, eine Arbeitsstelle zu finden, die mir Freude macht und mich ausfüllt. Ich möchte mein verlorenes Selbstbewußtsein wiederfinden und mich von meinen Ängsten befreien und lernen, mich selbst zu lieben und zu akzeptieren. Durch meinen Drang nach Perfektion habe ich mich selbst ständig überfordert. Ich möchte wieder fröhlich werden, Spaß am Leben haben und verantwortlich für mein eigenes Leben werden. Ja, dann möchte ich auch meine Kinder loslassen können, nicht klammern und vor allem nie wieder trinken!«

Therapeut: »Sie haben viele gute Ziele für die Zukunft. Was meinen Sie, war der Auslöser für die Entwicklung in der Vergangenheit?«

Die Frau P. denkt einige Zeit nach: »Ich glaube, die mangelnde Liebe und Zuwendung hat mein Selbstwertgefühl zerstört. Dann kamen ständig Ängste, nicht gut genug zu sein, keine gute Mutter und Hausfrau zu sein, Angst vor Krankheiten und dem ständigen Betrogenwerden. Ich wollte immer besser sein, mehr können und leisten. Vielleicht hatte ich auch zu große Erwartungen an den Partner, zu große Illusionen von einer Partnerschaft. Nachdem ich zu trinken angefangen hatte, kamen Gleichgültigkeit und Haß meinem Mann gegenüber auf. Ich hatte Aggressionen, litt unter Konzentrationsschwäche, hatte keine gesellschaftlichen Interessen mehr und schwere Depressionen. Es war ein regelrechter Prozeß der Selbstzerstörung durch den Alkohol und die Selbstmordversuche, aber ich wußte nicht mehr ein noch aus.«

Therapeut: »Haben Sie regelmäßige Kontakte mit Ihren Kindern?«

Frau P.: »Die Kinder kommen zweimal in der Woche zu mir. So sehr ich mich freue, sie zu sehen, so sehr bedeutet das auch Streß für mich, alles dafür vorzubereiten. Obwohl ich mich so oft einsam fühle und mich nach Menschen sehne, die mich verstehen, habe ich riesige Schwierigkeiten, diese Tage mit den Kindern zu verbringen.«

Therapeut: »Was halten Sie davon, wenn die Kinder nur noch alle vier Wochen an einem Wochenende zu Ihnen kommen?«

Dieser Vorschlag wurde von Frau P. probeweise angenommen und hat wie ein Wunder gewirkt. Kurze Zeit danach war sie auch in der Lage, wieder eine berufliche Tätigkeit zu übernehmen.

Therapieverlauf

Die Alkoholproblematik und die Selbstmordversuche waren Signale der Suche nach Wärme und Ruhe, um danach neue Lösungsmöglichkeiten zu finden.

Frau P. war nicht in der Lage, ihre Wünsche, ihre Bedürfnisse, ihre Probleme und Aggressionen rechtzeitig auszusprechen und auszutragen. Auf die Geschichte »50 Jahre Höflichkeit« hat sie sehr positiv reagiert: »Meine Ehe wurde hauptsächlich auf Höflichkeit aufgebaut. Ich habe mich selbst aufgegeben, um meinem Mann einen Gefallen zu tun. Die Liebe zwischen uns beiden war sehr groß, aber wir haben uns nicht selbst verwirklicht. Vielleicht haben wir auch zu wenig gesprochen. Wir haben sicherlich Angst vor den Reaktionen gehabt. Wir hätten mehr zuhören und miteinander sprechen sollen, um nicht eine solche Art von Höflichkeit leben zu müssen.«

Inhaltlich spielten bei Frau P. folgende Aktualfähigkeiten eine zentrale Rolle: Die Treue in der Partnerschaft, ihre Leistung in Form von Aufgabe des Berufes, die Höflichkeit – Ehrlichkeit und die Hoffnung.

Diese Bereiche wurden mit Frau P. intensiv erarbeitet. Beide Partner haben sich wenig mit den Zukunftsaspekten nach einer Trennung und Scheidung beschäftigt, und daher erfuhr ihr überbetontes Streben nach Selbständigkeit eine große Krise. Innerhalb der Therapie konnten wir diese Krise für sie nutzbringend einsetzen.

Frau P. war in der Lage, ihre Vergangenheit mit den vielfältigen Erlebnissen nicht nur als Krise zu sehen, sondern auch die positiven Aspekte zu erkennen, die in ihrer Selbständigkeit und Tatkraft lagen. Diese wurden während der Ehe unterdrückt, zum einen durch ihr eigenes Verhalten, zum anderen durch den Ehemann. Nach der Scheidung konnte sie diese Fähigkeiten nicht aus eigener Kraft reaktivieren. Im Verlauf der Therapie »erinnerte«

sie sich dieser Eigenschaften und lernte in kleinen Schritten, sich selbst wieder zu vertrauen.

Trennung und Scheidung aus der Sicht der positiven Psychotherapie

Um aus einer belastenden Partnerschaft herauszukommen, werden oft Hals über Kopf Entscheidungen getroffen, die eine solche Fülle von Konsequenzen haben, daß die Partner häufig von der losgetretenen Lawine überrollt werden.

Zunächst ist der Partner, von dem der Trennungswunsch ausgeht, in einer scheinbar besseren Situation, denn er hat aktiv eine Entscheidung getroffen. Der andere Partner wird mit einer Tatsache konfrontiert, die er gefürchtet hat, aber nicht will. Unter dem Schock der Trennung oder der anwaltlichen Scheidungsankündigung muß er sich auf diese neue Situation einstellen und reagieren. Die Unterstützung der Umwelt gilt meist dem verlassenen Partner, er wird mit guten Ratschlägen versehen und angehalten, »sich zu wehren« und »dem anderen das Leben schwer zu machen.«

In der emotional aufgeladenen Atmosphäre ist kaum ein klares und klärendes Gespräch der Partner möglich. So werden böse Briefe gewechselt und um Kleinigkeiten gestritten, anstatt zu versuchen, die Konsequenzen der Trennung/Scheidung in allen vier Bereichen des Lebens zu durchdenken und möglichst vollständig zu erfassen:

Was bedeutet eine Scheidung für mich und meinen Partner? Wie reagiere ich auf das Alleinsein? Will ich die Verantwortung für die Kinder ehrlichen Herzens übernehmen, oder ist das eher eine Machtfrage? Könnte ich mich mit meinem Partner auf ein gemeinsames Sorgerecht einigen und es zu sinnvollem Leben erwecken? Muß ich für meinen Lebensunterhalt künftig arbeiten? Wie sind meine Chancen am Arbeitsmarkt? Muß oder will ich umziehen? Wie ist die finanzielle Regelung? Wie stelle ich mir die Aufteilung von Hausrat und Vermögen vor? Wie reagiere ich, wenn Freunde sich zurückziehen? Was sagen die Eltern und Verwandten zu einer Scheidung? Bin ich fähig, neue Kontakte zu knüpfen? Wie stelle ich mir meine Zukunft nach der Scheidung vor? Habe ich Probleme damit im religiösen oder weltanschaulichen Bereich?

In den meisten Fällen wird die ganze Tragweite der Lebensveränderung durch eine Trennung oder Scheidung erst im Nachhinein bewußt und trifft die Partner dann um so härter, weil der gesamte bisherige Bezugsrahmen auseinandergebrochen ist. Der dadurch entstehende und empfundene Streß kann denjenigen in einer gestörten Partnerschaft leicht übersteigen. Ein weiterer Streßfaktor bei einer Trennung oder Scheidung ist die eigene Einstellung zur Partnerschaft und überhaupt zur Treue.

Der Treue-Typ
Für ihn gilt das Prinzip der Dauer. Er ist bereit, für die Partnerschaft große Opfer zu leisten, nach dem Motto: »Ich kann nicht allein sein, ich brauche meinen Partner.« Er erträgt Pedanterie, Unzuverlässigkeit, finanzielle Probleme und Untreue. Von ihm wird kaum der Anstoß zu einer Trennung ausgehen. Vielmehr ist er stets das Opfer der Trennung, unter der er sichtlich leidet und die ihn in tiefste Depression stürzt. Sein Problem ist die Angst vor der Trennung, die Angst vor

der Selbständigkeit und die Vorstellung: »Was sagen die Leute?«

Zwei Partner, die nach dem Treue-Konzept zusammenleben, haben als oberstes Gebot die Vermeidung aller Konflikte, die auch nur den Gedanken an eine Trennung heraufbeschwören könnten. Probleme werden verdrängt, obwohl sie die Partnerschaft für die Beteiligten zur Hölle machen können. Das einzige, was die Partnerschaft trägt, sind die gegenseitigen Abhängigkeitswünsche. Treten Probleme auf, setzen sofort Widerstände ein. Entweder werden die Schwierigkeiten auf andere projiziert, oder man wählt einen Sündenbock, meist ein Kind oder einen nahen Verwandten, dem die Rolle des Störenfrieds in einer ansonsten intakten Partnerschaft zufällt. Die dritte Möglichkeit, die sich hier bietet, ist die Symptombildung: körperliche und psychische Störungen bekommen die Funktion, die Partnerschaft zu stabilisieren.

Der Gerechtigkeitstyp

Er ist an den sekundären Fähigkeiten orientiert und hängt stark vom Funktionieren des partnerschaftlichen Zusammenspiels ab. Bestimmte Aktualfähigkeiten wie Leistung, Pünktlichkeit, Ordnung, Sparsamkeit und Zuverlässigkeit werden zu unverzichtbaren Kriterien des Zusammenlebens.

Während der erste Typ eher depressive Züge zeigt, überwiegen hier zwanghafte Strukturen. Bei Verstößen wird oft lieber die Trennung und Scheidung angestrebt, als daß Abweichungen von der idealen Norm ertragen werden. Dementsprechend wird eine Ablösung recht schnell angestrebt, die auftretenden Ängste werden verdrängt, aggressiv überkompensiert oder psychosomatisch verarbeitet. Charakteristisch ist ein Defizit im Bereich der primären Fähigkeiten. Beide Partner sind darauf angewiesen, daß eine optimale Übereinstimmung der Aktualfähigkeiten, vor allem der sekundären Fähigkeiten vorliegt. Die scheinbare Leichtigkeit, mit der Trennungen erfolgen, sollte nicht darüber hinwegtäuschen, daß auch hier starke Trennungsängste beteiligt sind. Diese beziehen sich oft weniger auf den realen Partner als vielmehr symbolisch auf die übernommenen Konzepte und damit auf die eigene Ursprungsfamilie.

Der Entlastungstyp

Er sucht die Möglichkeit der Ablösung und versucht die Anstrengungen des Partners, eine Verbundenheit aufrechtzuerhalten, in jeder erdenklichen Weise zu verhindern. Dummheit, Unreife und Infantilität des anderen werden für die partnerschaftliche Problematik verantwortlich gemacht. Gegenüber dem Treue-Typ ist der eher hysterisch zu nennende Entlastungstyp die extremste Provokation. Das einzige, was der depressive Treue-Typ dem entgegenzusetzen weiß, ist seine noch verstärkte Anhänglichkeit, die sich bis hin zu Selbstmordabsichten steigern kann. Eine besondere Dynamik zeigt das Aufeinandertreffen von zwei Vertretern des Entlastungstyps. Durch sein Werben erreicht der eine, daß sein Partner von ihm abhängig wird. Wenn diese Abhängigkeit eintritt, distanziert er sich und versucht, sich von seinem Partner zu lösen. Diese Tendenz hält so lange an, wie sein Partner um ihn kämpft. In dem Augenblick aber, in dem er sich endlich zu einer Entscheidung mit aller Mühe durchgerungen hat und von sich aus die Trennung betreibt, fängt der Entlastungstyp wieder an, Gründe zu finden, die Partnerschaft fortzusetzen. Er setzt den Partner unter Druck, seine Entscheidung zurückzunehmen, und benützt dazu Mittel, die bis hin zur Selbstmorddrohung reichen.

Problembewältigung aus der Sicht von Frau P.

»Ich war überrascht, als ich erkannte, wie einseitig ich meine Energie verteilt hatte. Ich habe einen Großteil meiner Energie auf den Bereich Phantasie konzentriert. Ich hatte mich in eine Traumwelt geflüchtet und den Bezug zur Realität verloren. Dort habe ich aber immer Schutz gesucht. Beruflich fühlte ich mich völlig unfähig, etwas Neues zu finden und anzufangen. Ich war neidisch auf meinen Mann und kritisierte seine unregelmäßigen Arbeitszeiten, obwohl diese berufstypisch sind, und ich es aus eigener Erfahrung kannte.«

»Ich habe mich in meinem Elend von vielen Freunden und Bekannten zurückgezogen und isoliert, weil ich mich nicht in der Lage fühlte, ein Gespräch zu führen. Um meine Probleme erträglich zu machen, habe ich mehr und mehr Alkohol getrunken und meine Gesundheit ruiniert. Ich war gar nicht in der Lage, auf die Bedürfnisse meiner Familie einzugehen und das hat alles noch schlimmer gemacht.«

»Als mir bewußt wurde, daß meine Probleme in der ersten Linie auf Einseitigkeit in diesen vier Bereichen beruhten, ging mir ein Licht auf. In kurzer Zeit konnte ich eine Tätigkeit finden, die mir jetzt große Freude macht.«

»Ich habe versucht, zu meinen Gefühlen und zu anderen Menschen eine offene und ehrliche Beziehung zu entwickeln, ohne die Höflichkeit, Rücksichtnahme und Sensibilität für andere völlig außer acht zu lassen. Meine Kinder besuchen mich einmal im Monat, wir können gute Gespräche miteinander führen, ich habe das Gefühl, daß sie sich bei mir wohl fühlen. Ich bin heute froh, daß es zu einer Scheidung gekommen ist, weil wir völlig verschiedene Typen waren. Den Kindern gegenüber versuche ich, über die positiven Eigenschaften des Vaters zu sprechen, weil wir über die Kinder indirekt noch immer verbunden sind. Das Bedürfnis, mich durch Alkohol zu narkotisieren und Problemen aus dem Wege zu gehen, habe ich nicht mehr.«

Problembewältigung aus der Sicht des Therapeuten

Die Scheidung von Frau P. von ihrem Ehemann, verbunden mit seiner ständigen Untreue, besaß für Frau P. traumatisierenden Charakter. Sie entwickelte durch soziale Isolierung, berufliche Unterforderung, Trennung von den Kindern, Angst vor der Zukunft und Hoffnungslosigkeit eine abnorme Trauerreaktion mit psychosomatischen Beschwerden. Nicht nur die gemeinsame Zukunft mit der Familie war in Frage gestellt, sondern die Zukunftsperspektive überhaupt.

An dieser Stelle erscheint es mir wichtig, einen großen transkulturellen Unterschied herauszuarbeiten, der für das Thema Trennung und Scheidung von Bedeutung ist. In orientalischen Kulturkreisen wird der Sinn der Ehe und die Bedeutung des Familienlebens von frühester Kindheit an dem Kind durch die Eltern, Großeltern, Subkultur, Kultur und Religion vermittelt. Der größte Wunsch ist für den Mann, einen Beruf zu haben und eine Familie zu gründen. Bei der Frau ist der größte Wunsch, erst eine Familie zu haben und dann einen Beruf auszuüben. Bei der Auswahl des Partners wirken alle Familienmitglieder mit. Treten Probleme auf, zeigt sich Solidarität in allen Lebenslagen, auch bei einer Trennung und Scheidung.

Im Abendland liegt der Sinn des Lebens in erster Linie darin, für körperliche Gesundheit zu sorgen und beruflich erfolgreich zu sein. In der Erziehung wird das Kind von klein auf zur Selbständigkeit und zu freien Entscheidungen angehalten. Ziel ist ein gut entwickeltes Durchsetzungsvermögen. Diese starke Betonung der Individualität führt bei der Partnerwahl dazu, daß man diese ausschließlich als Privatsache ansieht und die Beratung durch die Eltern als Einmischung erlebt und zurückweist. Hier verhält man sich in der Partnerschaft nach dem Versuchs- und Irrtumsprinzip und meint, nur aus eigener Erfahrung und eigenen Fehlern zu lernen. Bei Trennung und Scheidung wird die Entscheidung in erster Linie individuell getroffen, eventuell durch die außerfamiliäre Umgebung beeinflußt.

Nach einer Trennung und Scheidung kommt es sehr häufig zu sozialer Isolierung und Einsamkeit, in deren Folge sich Depressionen entwickeln. In einer solchen Situation wird oft eine neue Partnerschaft eingegangen, in der Hoffnung, sich von allen Problemen finanzieller, beruflicher und erzieherischer Art zu distanzieren. Die oben beschriebenen Fragen werden nicht aufgearbeitet. Dabei sind etwa zwei Jahre notwendig, um die Trennung aufzuarbeiten und sich auf eine neue Partnerschaft vorzubereiten.

Zusammengefaßt können wir feststellen, daß in orientalischen Kulturkreisen Liebe, Treue und Höflichkeit im Vordergrund stehen. Im Abendland sind es Gerechtigkeit und Ehrlichkeit, zu Treue/Untreue besteht eine eher ambivalente Beziehung.

Beide Kulturen erweisen sich als einseitig und bedürfen einer Ergänzung und Erweiterung: Liebe – Treue – Höflichkeit, Gerechtigkeit und Ehrlichkeit bilden die Basis für eine positive Partnerschaft, nach der letztendlich jeder Sehnsucht hat. Dies garantiert, daß man bei einer Trennung und Scheidung nicht ratlos, hoffnungslos und depressiv wird, sondern die Chancen der Beratung nutzt, um sich aus der alten Partnerschaft abzulösen und für eine neue beziehungsfähig zu werden.

Die vier Dimensionen der Liebe

Liebe erweist sich als abhängig von der Dimension Zeit, wobei vor allem folgende vier Situationen bedeutsam sind.

Glücklich sein: Sie haben vielleicht einen Partner, der Ihnen körperlich und von seinen Eigenschaften her gefällt. Wird er Ihnen aber auch noch morgen gefallen? Noch unverheiratet ist es leicht, glücklich zu sein. Wochenend- und Ferienpartnerschaften begegnen nur geringen Konflikten. Wer weiß, ob aus dem glücklich erlebten Wochenende auch glücklich verlebte Jahre werden können?

Glücklich scheinen: Obwohl man genügend Probleme hat, gibt man sich nach außen unbekümmert. Ein Kuß vor allen vermittelt die Illusion, alles sei in bester Ordnung.

Glücklich werden: Man versucht, bestehende Probleme zusammen durchzuarbeiten, indem man sie offen bespricht. Das geschieht in der Hoffnung auf eine bessere Zukunft. Man kann aber auch erwarten, daß sich die Probleme von selbst lösen, während man den Kopf in den Sand steckt.

Glücklich bleiben: Glücklich bleiben heißt nicht, die Gegenwart festzuhalten. Vielmehr stellt es uns vor die Aufgabe, unseren Partner und uns selbst immer wieder neu kennenzulernen und immer wieder neue Entscheidungen in der Partnerschaft zu treffen. Der Wunsch, in einer Partnerschaft glücklich zu bleiben, schließt die Bereitschaft ein, die Partnerin, die man abends in großer Garderobe gesehen hat, am nächsten Tag mit Lockenwicklern und ungeschminkt zu sehen. Und das nicht nur einmal, sondern vielleicht 40 Jahre lang. Es bedeutet ebenso die Bereitschaft, seinen Partner, zu dem man tagsüber aufschauen konnte, auch am Abend in langen Unterhosen, mit Stoppelbart und kleinen Wehwehchen zu akzeptieren.

Einen Partner, den wir kennenlernen, kennen wir meist nur aufgrund weniger typischer Eigenschaften: seiner körperlichen Proportionen, seines Gesichtsausdrucks und einiger angenehmer oder unangenehmer Verhaltensweisen. Als Verliebte neigen wir dazu, nur die Eigenschaften zu sehen, die wir schätzen – für andere Eigenschaften sind wir unempfindlich. Aus dieser Haltung resultiert nur zu leicht die Enttäuschung: »Wie konnte ich nur...?« Partnerschaften, in denen die sexuelle Seite im Vordergrund stand, werden später Probleme mit der Sexualität haben. Partnerschaften dagegen, die sich aufgrund hervorstechender Persönlichkeitseigenschaften gebildet haben, können am Problem der Sexualität zerbrechen.

Was können Sie tun?

Folgende Fragen können Sie sich bei jeder partnerschaftlichen Konfliktsituation stellen.

1) Ist das Problem zu ändern? Will ich überhaupt das Problem ändern? Kann mein Partner meinen Erwartungen entsprechen? Will er eine Lösung des Problems? Habe ich schon Versuche in Richtung einer Problemlösung unternommen?

2) Sehe ich unsere Situation ehrlich und offen? Bringe ich meine Meinung ehrlich zum Ausdruck? Bin ich bereit, meinem Partner zuzuhören? Bin ich überhaupt bereit, meinem Partner Zeit zu geben und mir selbst Zeit zu nehmen, oder erwarte ich, daß eine Änderung von einem Augenblick zum anderen erfolgt?

3) Erwarte ich, daß der andere sich ändert, oder bin ich selber zur Änderung bereit? Gebe ich mir und mei-

nem Partner noch eine Chance? Bin ich auch während eines großen Konfliktes meinem Partner treu?

4) Habe ich für unsere partnerschaftlichen Probleme vor einer endgültigen »Ent-Scheidung« die Hilfe von Fachleuten (Ärzte, Psychotherapeuten, Psychologen, Familientherapeuten, Juristen), von Angehörigen und Bekannten in Anspruch genommen?

5) Was würde ich machen, wenn mein Partner berufliche und finanzielle Probleme hätte? Bliebe ich dann noch bei ihm? Was würde geschehen, wenn ich/wir plötzlich nur noch mit dem Existenzminimum leben müßten? Kann ich mit geschäftlichen oder haushaltlichen Dingen auch ohne meinen Partner umgehen oder bin ich auf ihn angewiesen?

18 »Ich habe viel zu viel um die Ohren«

(Ein Gruppenleiter)

Der Diener der Auberginen

Ein mächtiger Herrscher im alten Morgenland aß mit Vorliebe Auberginen. Er konnte nicht genug davon haben und hatte sogar einen Diener, dessen einzige Aufgabe darin bestand, die Auberginen so schmackhaft wie möglich zuzubereiten. Der Herrscher schwärmte: »Wie herrlich sind doch diese Früchte. Wie göttlich ist ihr Geschmack. Wie elegant ist ihr Aussehen. Auberginen sind das Beste, was es gibt.« »Jawohl mein Herr«, antwortete der Diener. Am gleichen Tag noch aß der Herrscher in seiner Gier so viele Auberginen, daß es ihm schlecht wurde. Er hatte das Gefühl, als würde sich sein Magen von unten nach oben drehen und als wollten alle Auberginen, die er jemals gegessen hatte, auf dem falschen Weg wieder das Tageslicht erblicken. Er stöhnte: »Nie wieder Auberginen. Diese Früchte der Hölle will ich nicht mehr sehen. Allein ihre Vorstellung erzeugt mir Übelkeit. Auberginen sind die gräßlichsten Früchte, die ich kenne.« »Jawohl, mein Herr«, antwortete der Diener. Da wurde der Herrscher stutzig. »Heute mittag, als ich noch von der Herrlichkeit der Auberginen sprach, stimmtest du zu. Jetzt, da ich über ihre Gräßlichkeit spreche,

stimmst du mir wieder zu. Wie läßt sich das verein-
baren?« »Herr!«, sagte der Diener, »Ich bin dein
Diener und nicht der Diener der Auberginen.«

Ein 50jähriger Mann, Herr R., kam auf Überwei-
sung eines Spezialisten, nachdem seine Beschwerden, akut
verstärkte beidseitige Ohrgeräusche mehrere Wochen ohne nennenswerten Erfolg mit Infusionen behandelt worden waren. Ein Auszug aus dem Befundbericht: »Das
Ohrgeräusch wurde bei 6 kHz rechts und 4 kHz links in
einer Intensität von 70 bzw. 55 dB angegeben.« Diese
Werte liegen 20 bzw. 15 db oberhalb der Hörschwelle.

Das erste Gespräch

Herr R. saß in Begleitung seiner Frau mir gegenüber. Er war ein gut aussehender, gepflegter Mann, der
Sicherheit ausstrahlte, der aber gleichzeitig durch Mimik
und Gestik auch seine Ratlosigkeit und Hoffnungslosigkeit zum Ausdruck brachte.

Therapeut: »Ihre Hausärztin hat mich angerufen
und mich etwas über Ihre Situation informiert. Können
Sie mir selbst etwas über Ihre Beschwerden sagen?«

Herr R.: »Seit Mitte Dezember 1993 leide ich mit
wechselnder Intensität an Ohrensausen, von dem beide
Ohren betroffen sind. Bei der kleinsten Aufregung beginnen die Ohren zu pfeifen, und das verstärkt sich, wenn
ich bestimmte Geräusche, wie beispielsweise den Staub-
sauger, ein Gebläse, den Wind beim Autofahren höre. Im
Ruhe- oder Schlafzustand werden die Geräusche noch
stärker, ich kann nur bei völliger Erschöpfung überhaupt
schlafen.«

Therapeut: »Was wurde bisher gemacht, und wie
fühlen Sie sich?«

Herr R.: »Bisher wurde ich mit Infusionen und Medikamenten behandelt, es ist aber keine entscheidende Besserung eingetreten. Die Ärzte meinen, ich müsse mich – wie Beethoven – mit dieser Krankheit abfinden. Ich habe aber große Angst davor, daß das Leiden chronisch werden könnte. Ich bekomme dann Depressionen, weil ich mir denke, daß man mit diesen Geräuschen und Schmerzen auf Dauer nicht leben kann.«

Therapeut: »Ich habe den Eindruck, Sie haben viel um die Ohren! Sie haben die Stimme Ihres Herzens bisher nicht wahrgenommen, deshalb mußte sie so laut werden, ja schreien, um Sie darauf aufmerksam zu machen.« An dieser Stelle demonstrierte ich Herrn R. das Gesagte durch Flüstern, mittellaute und ganz laute Stimme. Herr R. ist zunächst schockiert, dann interessiert, wie seine Mimik zeigte. Es entsteht eine Pause, in der man Herrn R. anmerkt, wie er mit dieser positiven Deutung arbeitet.

Herr R.: »Oh ja, das kann man wohl sagen, da haben Sie recht. Stellen Sie sich vor, ich habe mindestens 50 Telefonate am Tag und eine regelrechte Antipathie gegen das Telefon entwickelt. Ja, ich habe wirklich viel zu viel um die Ohren! Meine Frau hat sich an die Deutsche Tinnitus-Liga gewandt, um nähere Informationen über die Erkrankung zu bekommen, aber dort wird nur über medikamentöse Behandlung, Infusionen und Sauerstoffbehandlungen berichtet. Was soll nur werden?«

Therapeut: »Welchen Einfluß hat diese Erkrankung auf Ihr persönliches und berufliches Umfeld?«

Herr R.: »Oh, es gibt laufend Streß, weil ich meine Frau und meinen Sohn rein akustisch nicht verstehe. Sie reden entweder zu leise oder zu undeutlich, und ich muß immer wieder darum betteln, auf mich Rücksicht zu nehmen, leider ohne Erfolg. Beruflich gibt es auch Probleme, weil ich schon mehrere Wochen krank geschrieben bin.«

Therapeut: »Was machen Sie beruflich?«

Herr R.: »Ich bin Gruppenleiter in der Planungsabteilung eines großen Konzerns. Ich habe einen großen Verantwortungsbereich und im Minimum eine 45-Stunden-Woche.«

Therapeut: »Machen Sie sich Sorgen um Ihre weitere berufliche Zukunft?«

Herr R.: »Ja, denn wie soll ich mit diesen Beschwerden arbeiten? Von den 50 Telefonaten am Tag habe ich schon gesprochen, dazu kommen etwa noch 30 persönliche Kontakte mit den Kollegen und Vorgesetzten. Unsere Branche hat Strukturprobleme, die künftige Marktlage ist nicht günstig und trotzdem gibt es ständigen Termindruck. Hinzu kommt, daß ich Diskrepanzen zwischen den unternehmerischen Zielen und deren Umsetzung sehe und mich für die Umsetzung verantwortlich fühle.«

Therapeut: »Wie ist Ihre persönliche Arbeitssituation?«

Herr R.: »Ich teile mein Büro mit einem Kollegen. Alle seine Telefonate bekomme ich mit, außerdem haben wir zwei Terminals und drei Drucker an unserem PC. Obwohl das Verhältnis zu dem direkten Vorgesetzten und den meisten Kollegen gut ist, sind das natürlich Faktoren, die mich belasten.«

Therapeut: »Beteiligen Sie sich an gesellschaftlichen Geschehnissen und Ereignissen, beispielsweise in der Politik oder in Vereinen?«

Herr R.: »Ja, obwohl ich es mir zeitlich eigentlich gar nicht leisten kann, bin ich politisch aktiv, weil mir einige Zukunftsfragen unserer Wohngemeinde sehr wichtig sind. Früher hat das meine Frau gemacht, aber ich war der Meinung, daß sie meine politischen Ziele nicht ernsthaft genug vertrat, also habe ich selbst kandidiert, um das Heft in die Hand zu nehmen.«

Therapieverlauf

Die folgenden Sitzungen dienten dazu, mit Herrn R. alle diese zum Teil schon bewußten Streßfaktoren durchzuarbeiten. Es gab außerdem Probleme mit der Haushaltsführung der Ehefrau und Probleme mit dem Sohn. Er erkannte, daß Gerechtigkeit für ihn ein wichtiges Thema war, das sich inhaltlich auf die Aktualfähigkeiten Ordnung, Ehrlichkeit, Pünktlichkeit und Sparsamkeit bezog. Damit kamen wir vom Symptom zum Konflikt. Zunächst wurde die Ehefrau in die Therapie mit einbezogen, da hier ein erhebliches Konfliktpotential lag.

Herr R.: »Meine Frau kann nicht mit Geld umgehen, ständig ist unser Konto überzogen, deshalb habe ich ihr die Vollmacht entzogen und gebe ihr Haushaltsgeld. Außerdem haben wir viel Streit, weil ich der Meinung bin, daß der Haushalt nicht gut geführt ist, und es gibt oft Meinungsverschiedenheiten bei der Erziehung unseres jüngsten Sohnes. Meine Frau fällt mir da in den Rücken.« Der zugrundeliegende Aktualkonflikt bezieht sich auf die Bereiche Sparsamkeit, Ordnung und Gehorsam.

Frau R.: »Ich habe den Eindruck, daß mein Mann die Krankheit benutzt, um Dinge in der Familie durchzusetzen, die er sonst nicht durchsetzen kann. Unser 17jähriger Sohn und ich sollen pünktlich um 22 Uhr zu Hause sein, unabhängig davon, was der Anlaß des Weggehens ist. Wenn ich nicht pünktlich war, hat er mir schon die Haustüre abgeschlossen. Seit ich meine politischen Aktivitäten aufgegeben habe, will er, daß ich abends gar nicht mehr weggehe. Er hat mich gezwungen, meine erfolgreiche politische Arbeit nach vier Jahren aufzugeben. Für das Gremium war das ein großer Schock. Unser Sohn soll seine Hobbys aufgeben, weil sie dem Vater nicht zusagen. Manchmal denke ich, das kommt auch von seiner strengen Erziehung.« Die zugrunde liegenden Aktualfähigkeiten sind die Pünktlichkeit, Gehorsamkeit und Gerechtigkeit.

Therapeut: »Wir wollen jetzt gemeinsam sehen, wie sich diese Normen bei Ihnen entwickelt haben. Können Sie diesbezüglich etwas über Ihre Eltern erzählen?«

Herr R.: »Ich bin das Älteste von acht Geschwistern. Mein Vater, der Einzelkind war, wollte eine kinderreiche Familie. Ich habe lernen müssen, früh selbständig zu sein, da der Abstand zu meinem Bruder nur elf Monate betrug. Die anderen Kinder folgten immer im Abstand von ein bis zwei Jahren. Wir wurden von Vater, Mutter und verschiedenen Kindermädchen erzogen. Mein Vater war überzeugter Anhänger einer freikirchlichen Gemeinde, die in ihren Ansichten sehr rigide war. Alle Menschen, die nicht dieser Organisation angehörten, waren Ungläubige und damit für uns verboten. Wir durften keinen Sport im Verein treiben, nicht mit der Schule ins Kino oder Theater gehen und mußten sonntags dreimal in die Versammlung.«

An dieser Stelle erzählte ich Herrn R. die Geschichte »Der Diener der Auberginen«, die ihn sehr nachdenklich machte.

Die nächste Sitzung wurde von Herrn R. mit den Worten eröffnet:

»Über die Geschichte habe ich viel nachdenken müssen. Als Kind und Jugendlicher habe ich unter dem Zwang zu Hause gelitten. Die Geschichte hat mir deutlich gemacht, daß ich genauso unflexibel bin, wie früher mein Vater. Es fällt mir beruflich und privat schwer, einen einmal eingeschlagenen Weg wieder zu verlassen. Ich muß mich künftig flexibler auf neue Situationen einstellen.«

Nachdem auch der Sohn in die Therapie einbezogen wurde, wobei es hauptsächlich um die Aktualfähigkeiten Pünktlichkeit, Ehrlichkeit und Gehorsam ging, gelang es, den Streß im privaten Bereich deutlich zu reduzieren. Es kam zu einem echten Dialog zwischen den Ehepartnern einerseits und dem Sohn andererseits.

Nach acht Wochen und 22 Therapiesitzungen war Herr R. wieder arbeitsfähig und es gelang ihm, Veränderungen am Arbeitsplatz zu erreichen:

»In der Zwischenzeit hatte ich ein Gespräch mit meinem Vorgesetzten über die persönliche Arbeitssituation. Ich habe Änderungen durchgesetzt, damit ich künftig nicht mehr so viel um die Ohren habe. Ich habe nun wieder ein Büro für mich und eine Freisprecheinrichtung an meinem Telefon, so daß ich nicht mehr den Hörer abheben muß. Es werden neue Wege begangen, um den Mitarbeitern den Zugang zu notwendigen Informationen zu gewähren, ohne daß ich ständig am Telefon Auskunft geben muß.«

Ausschlaggebend für die Besserung war jedoch die Auseinandersetzung mit seinen privaten und beruflichen Streßsituationen: »Für mich war die Arbeit mit den vier Bereichen ganz wichtig. Mir wurde deutlich, daß meine Krankheit mir signalisiert hat, endlich die vier Bereiche ins Gleichgewicht zu bringen. Angeregt durch die Fragen habe ich auch gründlich über meine berufliche Situation nachgedacht. Die Beziehung zu meiner Familie, meiner Frau und meinem Sohn ist viel besser geworden. Außerdem denke ich jetzt anders über meine Freizeit, die Zukunft und den Sinn des Lebens. Da war ich doch sehr aus dem Gleichgewicht geraten durch den ganzen Streß, den ich mir zum Teil auch selbst gemacht habe.«

Tinnitus aus der Sicht der Positiven Psychotherapie

Es wird geschätzt, daß in Deutschland etwa eine Million Menschen an chronischem Tinnitus leiden. Rechnet man diejenigen dazu, die unregelmäßige Geräusche wahrnehmen, sind es etwa zehn Millionen. Der quälende Dauerton aus dem Inneren wird durch eine Funktionsstörung im Hörsystem hervorgerufen: Vermutlich kommt es durch Fehlerregungen geschädigter Hörsinneszellen zu den Geräuschempfindungen, die unser Gedächtnis mit bekannten Mustern verbindet: Meeresrauschen, pfeifender Wasserkessel, ratternde und scheppernde Töne. Im Volksmund kennt man die Redeweise: »Jetzt denkt einer an dich« oder »Einen kleinen Mann im Ohr haben«. Die Ursachen für Ohrgeräusche liegen – soweit bis jetzt erforscht – in einer mangelnden Durchblutung, die einen Sauerstoffmangel des Innenohres zur Folge hat. Diese Durchblutungsstörungen können durch Arterienverkalkung, Zuckerkrankheit, Stoffwechselleiden, Abnutzung der Halswirbelsäule, Allergien, Medikamentenunverträglichkeit und Streß entstehen.

Streß bewirkt eine Verengung der blutzuführenden Gefäße, wodurch es zu einer verminderten Durchblutung und Sauerstoffversorgung des Innenohres kommt. Die Folge ist, daß die Sinneshärchen, die die Geräusche wahrnehmen und an das Gehirn weiterleiten, verkleben, und die Hörzellen absterben. Die abgestorbenen Zellen fallen in die Hörschnecke und reizen die benachbarten Sinneszellen, wodurch das Geräusch – in Form von Fiepen, Dröhnen, Hämmern, Zischen oder Klingeln – entsteht. Die Belastung für die Betroffenen ist enorm, die Lautstärke der Geräusche kann bis zu preßlufthammerartiger Lautstärke ansteigen und das Tag und Nacht.

Als Stressor kommt zum einem Lärm in Frage, und zwar sowohl Lärm, dem man schutzlos ausgesetzt ist, als auch selbsterzeugter Lärm, der zunächst lustvoll erlebt wird wie beispielsweise der Walkman, die Disco oder die Windgeräusche beim Motorradfahren. Zum anderen kann – wie bei Herrn R. – Streß durch überhöhte Anforderungen an sich selbst, durch Ehrgeiz, Pflichtbewußtsein und Genauigkeit, die Krankheit auslösen. Wer in Hektik ist, nimmt aufgrund streßbedingter nervöser Fehlsteuerungen ebenfalls häufiger störende Ohrgeräusche wahr. Für Diagnose und Behandlung sind oft nicht nur Ohrenärzte zuständig, sondern im Verdachtsfall ebenso Internisten, Neurologen, Zahnärzte und Orthopäden. Aber auch Psychologen und Psychotherapeuten können ebenfalls Aufschluß und Hilfe im Kampf gegen den Lärm im Ohr bringen.

Problembewältigung aus der Sicht von Herrn R.

Die Krankheit Tinnitus muß so früh wie möglich behandelt werden. Der Kranke befindet sich in einem Ausnahmezustand. Er benötigt dringend psychologische Hilfe, und die Ärzte sollten alles vermeiden, was den Patienten unnötig verunsichert. Der Patient sollte frühzeitig aufgeklärt werden, daß die Krankheit länger dauern kann. Die Behandlung sollte in einem Klima der Geborgenheit ablaufen. Auch die Infusionen berühren die Psyche stark, deshalb sollte möglichst stationär, und wenn das nicht möglich ist, in aller Ruhe infundiert werden. Hilfreich ist auch eine sofortige Ruhigstellung durch Krankschreibung. In dieser Phase sind lange Spaziergänge, Atemübungen und Gymnastik sinnvoll, um ruhiger zu werden.

»Nach der ersten psychotherapeutischen Sitzung habe ich erstmals wieder Hoffnung geschöpft. Ich habe mich verstanden und angenommen gefühlt. In den nächsten 15 Sitzungen bekam ich Anleitung zur Selbsthilfe, nebenbei erlernte ich Entspannungsmethoden, die ich seitdem regelmäßig anwende. Das Ohrgeräusch wurde ständig schwächer, und ab Anfang Mai war ich so belastbar, daß ich meine Arbeit wieder aufnehmen konnte. Schließlich war ich ab Juni tageweise ohne Ohrgeräusche und konnte wieder gut schlafen. Ich setzte konsequent um, was ich in der Therapie gelernt habe.«

Konsequenzen, die Herr R. zog

Um die Krankheit auszuheilen und einen Rückfall zu vermeiden, mußte Herr R. einen Teil seiner Lebensgewohnheiten ändern. In der Therapie ist ihm klar geworden, welche Faktoren die Krankheit maßgeblich ausgelöst haben. Aus der Analyse hat er folgende Konsequenzen gezogen:

Meine Familie, mein Zuhause

»Meine Frau, mein Sohn und ich haben die wichtigsten unbewältigten Schlüsselereignisse der letzten zehn Jahre aufgerollt und versucht, nachträglich in den strittigen Fragen einen Konsens zu finden. In vielen Fällen ist uns das gelungen. Vieles, was uns ›im Wege stand‹, konnte beseitigt werden.

Wir haben beschlossen, keine Probleme mehr ›unter den Teppich zu kehren‹, sondern einvernehmlich zu lösen. Immer zu fragen, was hältst du davon, wie denkst du darüber?«

»Dann sind wir daran gegangen, die vielen kleinen Ärgernisse des täglichen Lebens bewußt zu machen und systematisch zu vermeiden. Meine Frau hat anerkannt, daß meine ausgeprägten sekundären Fähigkeiten, wie Ordnung, Pünktlichkeit, Gerechtigkeit, Ökonomie im Prinzip gute Eigenschaften sind, die sie respektieren muß. Im Gegenzug habe ich meine Meßlatte etwas tiefer gehängt.«

Hobby und Freizeit

»Unbewußt hatte ich meine beruflichen Verhaltensweisen auf meine Freizeitbeschäftigung ausgeweitet. Als
Produktionsplaner und Zeitstudienfachmann lief die
Freizeit genau nach Plan ab. Da gab es keinen Leerlauf,
alles war genau ›getimt‹ und rational entschieden. Es
gab so gut wie keine Entspannungsphasen. Ich habe mich
andauernd überfordert. Ich war der Überzeugung, daß
man nur so seine Leistungsfähigkeit steigern oder erhalten kann. Ich habe gelernt, mir in der Freizeit keine hohen Ziele mehr zu setzen. Ich lasse die Dinge auf mich zukommen. Ich entwickle kein schlechtes Gewissen mehr,
wenn ich mein Tagespensum nicht geschafft habe. Ich
empfinde es als normal, passiv zu sein, mich auszuruhen
und zu entspannen.

Ich habe eingesehen, daß meine extreme Belastung
aus Beruf und zusätzlicher ehrenamtlicher Kommunalpo-
litik zu groß ist. Ich habe meine Grenzen erkannt und bin
bereit, bei nächster Gelegenheit zurückzutreten. Insofern
bin ich der Stimme des Körpers dankbar, daß sie mich
noch rechtzeitig gewarnt und ruhiggestellt hat.«

Beruf

»Mein Aufgabengebiet ist naturgemäß mit sehr viel
Streß verbunden. Nichtsdestotrotz gibt und gab es aber
viele hausgemachte Streßfaktoren, die ich beeinflussen
und vielleicht auch ausschalten kann. Die äußeren Arbeitsbedingungen wurden mit Unterstützung meines Ar-
beitgebers geändert. Ich erhielt nach Wiedereinstieg in
mein Berufsleben ein eigenes Büro und ein Telefon mit
Freisprecheinrichtung. So wird ein beträchtlicher Teil der
Hektik und Lärmkulisse von mir fern gehalten. Ich tren-
ne meine Arbeit in Zeiten mit Publikumsverkehr und in
Zeiten, in denen ich beispielsweise konzentriert am Com-

puter arbeite und nicht gestört werden kann. Das Telefon wird währenddessen auf meinen Mitarbeiter umgestellt. Ich halte die Arbeitszeit ein und nehme keine Arbeit mehr über das Wochenende mit nach Hause. Die täglichen kleinen Ärgernisse versuche ich, bewußt zu machen und sofort zu lösen. Wenn sie nicht in meine Kompetenz fallen und auch mit Hilfe meines Vorgesetzten nicht ausgeschaltet werden können, akzeptiere oder toleriere ich sie. Um mich zu beruhigen, halte ich das Problem oder den Managementfehler schriftlich fest. So kann ich das Thema abhaken und muß nicht weiter darüber nachdenken.«

Insgesamt hat Herr R. durch die Krankheit ein anderes Verhältnis zu materiellen Dingen bekommen. Sie bedeuten ihm jetzt weniger. Wohlbefinden und Harmonie in der Familie sind ihm wichtiger als Karriere oder dergleichen. Er beschäftigt sich mehr und mehr mit der Frage nach dem Sinn des Lebens.

Konsequenzen, die die Ehefrau zog

»Mein Mann ist durch seine Krankheit gezwungen worden, eine Einstellung zu sich und unserer Familie zu entwickeln. Er ist gelassener geworden. Er kann die Meinung der anderen etwas gelten lassen und Fehler eingestehen. Die Beziehung zu unserem Sohn hat sich geändert. Er sieht ihn als Erwachsenen und Partner an. Früher hat er ihn immer als Kind gesehen. Das Loslassen fiel ihm immer schwer. Die beiden machen jetzt viel gemeinsam, beispielsweise bei der Gartenarbeit.«

»Ein großes Problem war bei uns die Unpünktlichkeit des Sohnes, und daß mein Mann sich über meine Ordnung im Haushalt geärgert hat. Wir haben da gemeinsam neue Regeln gefunden. Ich gehe jetzt zweimal in der Woche weg und bin bis 23 Uhr zu Hause. Meine

Ängste haben sich erheblich gebessert. Ich suche noch mehr geistige Betätigungen.«

Problembewältigung aus der Sicht des Therapeuten

Bisher wurde therapeutisch vor allem auf die psychosomatische Verarbeitung und die mit dem Beruf verknüpfte Leistungsproblematik eingegangen. Im Sinne des Balancemodells erweiterten wir das therapeutische Spektrum: Im Vordergrund der Problematik stand die Leistung als Form der Konfliktverarbeitung. Das Leben von Herrn R. hatte sich um die Leistung zentriert. Dieser narzißtische Wunsch nach unangreifbarer Vollkommenheit ging Hand in Hand mit einer tiefen Angst vor dem Versagen. Minusvarianten im Repertoire seiner Möglichkeiten, Konflikte zu verarbeiten, waren die Bereiche Körper, Kontakt und Phantasie/Zukunft. Diese waren Herrn R. nicht bewußt, obwohl sie sehr viel zur Dynamik des Konfliktes beigetragen hatten. Verständlich wurden sie vor dem Hintergrund der Vorbild-Dimension, welche die ursprünglich erlebten familiären Beziehungen beschreiben. Umgekehrt wirken die defizitären Bereiche auf das Bedürfnispotential von Herrn R., das sich über die Symptombildung zu Wort meldete: Hör endlich zu! Unter den Aktualfähigkeiten standen Fleiß/Leistung, Sparsamkeit, Pünktlichkeit, Ehrlichkeit, Ordnung und Gerechtigkeit im Vordergrund. Sie finden sich in den Konzepten wieder, die sich in seinem Lebensstil ausdrückten, die er als seine Motive nannte und durch die seine Erziehungssituation geprägt worden war. Die therapeutische Strategie richtete sich primär auf die nicht erlebten Bereiche, die im Sinne einer Familientherapie neu erarbeitet werden konnten.

Was können Sie tun?

Folgende Fragen können Ihnen dabei helfen, sich das Problem von Hör- oder Sehstörungen bewußt zu machen.

1) Sehen Sie privat oder beruflich »schwarz«? Lassen Sie sich durch Erfahrungen »den Blick für etwas trüben»? Sind Sie »blind und taub« für etwas? Fallen Ihnen noch andere Sprichworte zu Ihrer Erkrankung ein? Was sagen Ihnen diese Volksweisheiten?

2) Betrachten Sie die Welt nur unter einem bestimmten Blickwinkel? Sehen Sie Ihre Vergangenheit, Gegenwart und Zukunft eher durch eine »rosarote Brille«?

3) Haben Sie regelmäßig die verordneten Medikamente eingenommen? Wissen Sie, wie die Medikamente wirken, was Sie von ihnen erwarten können und welche Nebenwirkungen möglich sind?

4) Praktizieren Sie das Intervalltraining, autogenes Training oder andere Entspannungsmethoden?

5) Haben Sie Angst, beruflichen Anforderungen nicht gewachsen zu sein? Fühlen Sie sich gestreßt?

6) Müssen Sie Mitarbeitern, Kollegen, dem Chef »in den Ohren liegen«, um sich »Gehör zu verschaffen«?

7) Sind Sie besonders »hellhörig«, wenn es um Fehler anderer geht?

8) Wie stehen Sie zu Konzepten wie »Mach die Augen und Ohren auf!«, »Sieh dir alles erst mal genau an!«, »Wer nicht hören will, muß fühlen!«?

9) Gibt es Ereignisse in Ihrem Alltag, die bei Ihnen oder Ihrem Partner (Ehepartner, Eltern, Kindern, Freunden, Bekannten) »ins Auge gehen«? Welche Aktualfähigkeiten sind beteiligt?

10) Glauben Sie nur das, was Sie »mit eigenen Augen« gesehen haben?

11) Welche Ereignisse sind in den letzten fünf Jahren auf Sie zugekommen, daß Ihnen »Hören und Sehen ver-

gangen ist«? Nennen Sie mindestens 10 Ereignisse. Übersehen oder überhören Sie das, was Sie nicht sehen/hören wollen?

12) Welche Wünsche, von denen Sie schon lange »geträumt« haben, möchten Sie sich erfüllen? Sehen Sie dafür Chancen?

13) Was ist für Sie der Sinn des Lebens (Antrieb, Ziele, Motivation, Lebensplan, Sinn von Krankheit und Tod, Leben nach dem Tod)?

14) Aktzeptieren Sie Ihre Beschwerden auch als Chance, bisher nicht erlebte Bereiche (Körper/Sinne, Beruf/Leistung, Kontakt, Phantasie/Zukunft) zu entwickeln?

19 »Ich war auf der Suche nach fehlender Wärme«

(Ein Diabetiker)

Die goldenen Zeltnägel

Ein Derwisch, dessen Freude die Entsagung und dessen Hoffnung das Paradies war, traf einst einen Fürsten, dessen Reichtum alles übertraf, was der Derwisch je gesehen hatte. Das Zelt des Adeligen, das außerhalb der Stadt zur Erholung lagerte, war aus kostbaren Stoffen und selbst die Zeltnägel, die es hielten, waren aus purem Gold. Der Derwisch, der es gewohnt war, Askese zu predigen, überfiel den Fürsten mit einem Wortschwall, wie nichtig doch der irdische Reichtum, wie eitel die goldenen Zeltnägel, wie vergeblich das menschliche Mühen seien. Wie ewig und herrlich seien dagegen die heiligen Stätten. Entsagung bedeute das größte Glück. Ernst und nachdenklich hörte der Fürst zu. Er ergriff die Hand des Derwischs und sprach: »Deine Worte sind für mich wie die Glut der Mittagssonne und die Klarheit des Abendwindes. Freund, komm mit mir, begleite mich auf dem Weg zu den heiligen Stätten.« Ohne rückwärts zu schauen, ohne Geld, ein Reitpferd oder einen Diener mitzunehmen, begab sich der Fürst auf den Weg. Erstaunt eilte der Derwisch hinterher: »Herr! Sag mir doch, ist es dein Ernst, daß du zu den heiligen Stätten pil-

gerst? Wenn es so ist, warte auf mich, daß ich schnell meinen Pilgermantel hole.« Gütig lächelnd antwortete der Fürst: »Ich habe meinen Reichtum, meine Pferde, mein Gold, mein Zelt, meine Diener und alles, was ich hatte, zurückgelassen. Mußt du dann wegen eines Mantels den Weg zurückgehen?« »Herr«, staunte der Derwisch, »erkläre mir bitte, wie konntest du alle deine Schätze zurücklassen und selbst auf deinen Fürstenmantel verzichten?« Der Fürst sprach langsam, aber mit sicherer Stimme: »Wir haben die goldenen Zeltnägel in den Erdboden geschlagen, aber nicht in unser Herz!«

Der 41jährige Herr S. kam mit insulinpflichtiger Zuckerkrankheit (Diabetes mellitus Typ I) und beginnendem Nierenversagen in meine Praxis. Eine Reihe an Symptomen wie Schweißausbrüche, Erbrechen, Gewichtsverlust, Depressionen, innere Unruhe und Suizidgedanken hatten ihn zu mir geführt. Herr S. war seit mehreren Jahren wechselweise in ambulanter und stationärer Behandlung. In den letzten 3½ Jahren vor dem Beginn der Psychotherapie war er dauerhaft im Krankenhaus.

Die rein medikamentöse Therapie hatte zu keiner stabilen Einstellung der Krankheitswerte geführt. Nach der persönlichen Berechnung von Herr S. beliefen sich die Kosten seiner Behandlung bis zu diesem Zeitpunkt auf etwa drei Millionen Mark.

Das erste Gespräch

Herr S. begann das Gespräch: »Seit neun Jahren habe ich Diabetes, und trotz allem, was bisher gemacht wurde, läßt sich die Krankheit bei mir nicht richtig einstellen. Ich war jetzt 3½ Jahre im Krankenhaus, und es ist nicht besser geworden. Ich weiß nicht mehr weiter. In der langen Zeit meines Krankenhausaufenthaltes ist beruflich und privat alles zusammengebrochen, und ich sitze jetzt vor einem großen Scherbenhaufen.«

Im Verlauf des ersten Gespräches erarbeiteten wir gemeinsam die positive Deutung seiner Beschwerden. Sie lautete, daß er die Fähigkeit habe, sich die fehlende Wärme selbst zu geben. Herr S. war zunächst verblüfft, es machte ihn aber auch neugierig, und er war bereit, sich auf den Weg zu machen.

Therapeut: »Wann ist ihre Krankheit zum ersten Mal aufgetreten, und was ist seither alles auf sie zugekommen?«

Herr S.: »Im Mai vor 9 Jahren wurde bei mir erstmals Diabetes diagnostiziert. Anfang des Jahres hatte ich mich selbständig gemacht und mein bisheriges Anstellungsverhältnis aufgegeben. Das war schon sehr aufregend und eine große Umstellung, aber mit den ersten Erfolgen kam auch die Freude. Aber es gab auch gleich Probleme mit meiner Frau, die sich vernachlässigt fühlte, da ich nicht mehr so viel Zeit für sie hatte. Sie wollte mir nicht glauben, daß meine Gefühle für sie unverändert waren, aber ich jetzt erst mal schauen mußte, daß das Geschäft läuft.«

Herr S. schaut ein wenig nachdenklich: »Außerdem war ich gleich mehrere Monate im Krankenhaus, weil sich keine stabile Einstellung erreichen ließ. Ich habe dann vom Krankenhaus aus versucht zu arbeiten. Wir haben kaum ein Jahr später angefangen, ein Haus zu bauen, das ist ja auch keine kleine Aufgabe, die nun mitlaufen sollte. Außerdem ist es erheblich teurer geworden als geplant.«

»Zwei Jahre später habe ich erfahren, daß meine Frau mir untreu war. Das war ein schwerer Schock für mich, denn ich finde, Treue ist eine ganz wichtige Grundlage einer Ehe. Wieder zwei Jahre später starb mein Vater, was mich ziemlich getroffen hat, denn ich hatte kein so gutes Verhältnis zu ihm, und nun konnte ich nichts mehr tun. Meine geschäftliche Situation war sehr angespannt, weil ich zwischendrin immer wieder nicht einsatzfähig war. Ich hatte immer das Gefühl, ich laufe den Dingen hinterher und wollte doch Erfolg haben. Ja, und dann war es so schlimm, daß ich stationär eingewiesen wurde, und daraus sind 3½ Jahre geworden. In dieser Zeit hat meine Frau die Scheidung eingereicht, meine Firma ist in Konkurs gegangen, ich habe einen Riesenberg Schulden und lebe von Sozialhilfe.«

In der nächsten Sitzung fragte ich ihn, woher seine sehr positive Beziehung zur Leistung käme.

Herr S.: »Ach, wissen Sie, ich bin im Alter von 13 Jahren von zu Hause weggegangen, weil ich es nicht mehr aushielt, und bin von da an immer auf eigenen Füßen gestanden. Die Ehe meiner Eltern war nicht gut, sie haben mir auch nicht gezeigt, daß sie mich mögen, und es wurde viel kritisiert. Als ich wegging, hatte ich bereits einen zweiten Selbstmordversuch gemacht, und meine Eltern haben das alles heruntergespielt. Ich habe für meinen Lebensunterhalt gearbeitet, nebenher die Schule besucht, Abitur gemacht, studiert und dann eine entsprechende Stelle angetreten. Es gab immer nur Arbeit.«

Therapeut: »Ich habe den Eindruck, Sie haben in all den Jahren viel Energie und Zeit in Ihren Beruf investiert.«

Herr S.: »Ja, es ging doch alles gut, und ich machte mir keinen Gedanken um den Sinn meiner Arbeit.«

Therapeut: »Sie haben extrem viel geleistet, um die Position zu erreichen, in der Sie sich bis zu dem langen Krankenhausaufenthalt befanden. Meinen Sie, daß die Krankheit auch positive Aspekte für Sie haben könnte?«

Herr S.: »Ich weiß nicht. Es ist ja alles kaputt, was mir etwas bedeutet hat. Oder meinen Sie gerade das, daß ich jetzt zwangsweise in einer Situation bin, in der ich darüber nachdenken kann, wie es weitergehen soll?«

Ich gab ihm bis zur nächsten Stunde die Aufgabe, einmal aufzuschreiben, welche Wünsche er sich aufgrund seiner Situation bisher nicht erfüllen konnte. Ebenso sollte er notieren, welche Wünsche er für die nächsten drei bis fünf Jahre habe.

Herr S.: »Bei dieser Aufgabe habe ich lange nachgedacht, was das wohl gewesen sein könnte, und mir sind zunächst gar keine Wünsche eingefallen. Ein paar Tage später kam mir dann, daß wohl eher die kleinen Wünsche gemeint waren, bei denen ich vor mir selbst nicht ehrlich war. Wahrscheinlich wollte ich mich selbst nicht in Schwierigkeiten bringen, indem ich sie mir nicht zugestanden habe. Für die Zukunft wünsche ich mir, daß es gesundheitlich wieder aufwärts mit mir geht und ich einen Sinn in meinem Leben sehen kann. Manchmal denke ich, es wäre besser, ich wäre nicht geboren worden. Je mehr ich über den Sinn nachdenke, desto unsicherer werde ich. Im Moment sehe ich keinen Sinn in meinem Leben.«

Therapieverlauf

Im Verlauf der Therapie, die innerhalb von 14 Monaten 45 Sitzungen umfaßte, wurde Herrn S. seine ausschließliche Leistungsorientierung bewußt, und er erkannte, daß die berufliche Tätigkeit die Hauptquelle seines Selbstwertgefühls gewesen war. Die Schwierigkeiten in seiner Ehe kamen auch durch sein starkes berufliches Engagement und die mangelnde Zeit, die er für seine Frau hatte. Natürlich erlebte sie diese Situation als mangelnde Zuwendung. Der Leistungsdruck, dem er sich dauerhaft selbst ausgesetzt hatte, führte zu Streß, nachdem er krankheitsbedingt die Leistung nicht mehr erbringen konnte. Dieser Streß wurde durch seine Erfahrungen mit der Krankheit immer größer und führte zu Hoffnungslosigkeit. Mit der Zeit sanken bei Herrn S. die maximalen Blutzuckerwerte ab, und die Schwankungsbreite der Werte verringerte sich. Als Folge konnten die Insulineinheiten deutlich verringert werden. Heute ist Herr S., der in zweiter Ehe verheiratet ist und sein Geschäft wieder aufgebaut hat, beschwerdefrei.

Die fünf Stufen der Therapie

Am Beispiel von Herrn S. läßt sich die fünfstufige Positive Psychotherapie gut nachvollziehen.

1. Stufe der Beobachtung und Distanzierung

Ausgangspunkt sind zunächst einmal die Symptome, die den Patienten zum Therapeuten geführt haben. Bei Herrn S. waren dies sein instabiler Diabetes und die daraus resultierenden körperlichen und seelischen Probleme. Der Beginn der Symptomatik kommt zur Sprache, und schließlich versucht der Therapeut durch eine positive Deutung dem Patienten einen anderen Blick auf die Problematik zu eröffnen.

2. Stufe der Inventarisierung

Anhand der besprochenen Lebensereignisse aus den letzten 10 Jahren wird festgestellt, wie der Patient Probleme verarbeitet und wie er auf Konflikte reagiert. Bei Herrn S. wurde deutlich, wie stark er von Leistungsnormen beeinflußt war. Die von ihm berichteten beruflichen und familiären Belastungen führten zu einer emotionalen Überlastung und zu Spannungszuständen, die sich auf das vegetative Nervensystem, das Hormonsystem und das Organsystem auswirkten.

3. Stufe der situativen Ermutigung

Positive (konfliktarme) Anteile werden herausgearbeitet. Dem dient beispielsweise die Frage »Welche positiven Aspekte haben diese Ereignisse bei Ihnen und Ihrer Umgebung gehabt?«

Nachdem Herr S. aufgrund der Inventarisierung erkannt hatte, daß die Bereiche zwischenmenschliche Kontakte und Zukunft (Sinn seines Handelns) bei ihm zu kurz gekommen waren, interpretierte er den Zusammenbruch seines bisherigen Lebens als Hinweis darauf, sich diesen defizitären Bereichen vermehrt zuzuwenden. Die Entspannungsübungen nach Jacobson und das Intervalltraining nach Peseschkian halfen ihm.

4. Stufe der Verbalisierung

Nun werden die Probleme und defizitären Bereiche konkret herausgearbeitet und besprochen. Dies betrifft vor allem die Familie, den Partner und den Beruf. Dabei lernte Herr S. schrittweise, zu seinen verleugneten Wünschen zu stehen und sich auch Wünsche und Forderungen vorzustellen, die ihm sein altes Leistungskonzept bislang nicht gestattet hatten. Zeitweilig kam es zu Verlustängsten und Rückzugsversuchen, die dem Patienten den inneren Prozeß verdeutlichten.

5. Stufe der Zielerweiterung

Ziele und Wünsche in den nächsten fünf Jahren werden anhand der vier Bereiche der Konfliktverarbeitung ermittelt und durchgearbeitet. Die fünfte Stufe bereitete die Ablösung von der Psychotherapie vor. Herr S. wurde ermutigt, seine Zukunft so zu planen, daß er seine Gesundheit, Leistung, partnerschaftliche Beziehung verbessern und erhalten kann.

Diabetes mellitus aus der Sicht der positiven Psychotherapie

Traubenzucker (Glukose) befindet sich im Blut jedes gesunden Menschen, allerdings nicht mehr als etwa 1,1 Gramm Zucker auf etwa einen Liter Blut. Der normale Blutzuckerspiegel liegt nüchtern bei ungefähr 70 bis 120 mg/dl. Ab etwa 120 mg/dl liegt ein Diabetes mellitus vor. Der Blutzucker ist die Hauptenergiequelle der Körperzellen, wohin er durch die Wirkung des Insulins aus der Bauchspeicheldrüse gelangt. Wird zuwenig Insulin produziert, kommt es zu einer Konzentrationszunahme des Zuckers im Blut und schließlich auch im Harn. Die Sekretion des Insulins wird auch vom vegetativen Nervensystem und durch hormonelle Reize gesteuert. Die sogenannten Streßhormone Adrenalin und Noradrenalin zum Beispiel hemmen die Insulinausschüttung. Durch diesen vegetativ-hormonellen Reaktionszyklus wird der ganze menschliche Organismus in Höchstform gebracht: er ist bereit zum Kampf und auch zur Flucht. Der Blutzuckerspiegel steigt hoch an. Der Sinn dieses Vorgangs mag wohl darin liegen, die nötige Energie für einen möglichen Kampf oder auch zur Flucht bereitzustellen.

Die vier Formen der Konfliktverarbeitung

Körper : Den chronischen »Liebeshunger« stillt der Diabetes-Patient auf bewährte Art und Weise, nämlich mit Essen, speziell mit süßen Sachen. Durch die erheblichen Einschränkungen, die die Zuckerkrankheit mit sich bringt, sind häufig Angst und ein Gefühl der Ohnmacht anzutreffen. Ein Teil der Patienten reagiert auf den Verlust der Autonomie mit Resignation und Gleichgültigkeit. Andere verdrängen oder verleugnen ihre Krankheit. Einige protestieren gegen die Einschränkungen durch exzessives Essen und Trinken alkoholischer Getränke.

Beruf/Leistung: Im Bereich Verstand und Leistung zeichnen Diabetiker sich durch Disziplin und Genauigkeit aus. Entschlußfreudigkeit, Ehrgeiz und expansive Strebungen fehlen jedoch meist.

Kontakt: Im Kontaktbereich kommt es häufig zu negativen Erfahrungen. Den übergroßen Wünschen des Diabetikers nach Abhängigkeit und Verwöhnung kann der Partner nur in den wenigsten Fällen gerecht werden. Trotz der Enttäuschung trennt sich der Diabetiker jedoch nur relativ selten von seinem Partner, eben wegen der angestrebten Verbundenheit.

Phantasie/Zukunft: Schließlich kann ein Diabetes auch der Versuch sein, dem bitteren Alltag zu entfliehen und, wenigstens in der Phantasie, in Allmacht- und Größenvorstellungen, das zu sein und das zu bekommen, was die Realität verweigert. Da die Kranken sich häufig vom Schicksal benachteiligt fühlen und ihre Krankheit als große Ungerechtigkeit empfinden, verlieren sie nicht selten den Glauben an Gott. Die Aktualfähigkeiten Gerechtigkeit, Zweifel, Zuverlässigkeit, Treue und Verbundenheit sind beim Diabetiker besonders ausgeprägt. Ausbaufähig sind Liebe, Glaube, Hoffnung und auch Leistung.

Die innere Konfliktdynamik

Versuchen wir uns die psychologische Situation zu verdeutlichen, in der sich der Zuckerkranke befindet:

Welche Bedeutung Süßigkeiten haben, lernen Kinder schon früh. Süßes wird als Belohnung gegeben, Süßes bedeutet Trost, süß ist die Liebe schlechthin. Ein Mensch wird als »süß« bezeichnet, wenn man ihn hübsch und lieb findet. Schmiert man einem Menschen »Zucker um den Mund«, so täuscht man ihn. Man gibt ihm zwar Zucker (oder Liebe), aber nicht so, daß er ihn auch aufnehmen kann. Bekommt ein Mensch »Zuckerbrot und Peitsche«, so heißt das, daß er gleichzeitig verwöhnt und bestraft wird.

Problembewältigung aus der Sicht des Patienten und des Therapeuten

Die von Herrn S. angenommene positive Deutung und die daran anknüpfende Psychotherapie brachte bereits nach einem Monat eine spürbare Entlastung. Im Verlauf der 14monatigen Therapie kommt es erstmalig seit Jahren zu einem sichtbaren Absinken der maximalen Blutzuckerwerte. Die Schwankungsbreite der Blutzuckerwerte verringert sich deutlich, und in der Folge müssen weniger Insulineinheiten gespritzt werden (Tabelle 2). Herr S. ist zunehmend imstande, über seine Krankheit hinaus sein Leben wieder aktiv zu planen. Er beobachtete, daß sich seine Blutzuckerwerte immer dann veränderten, wenn er bestimmte Bereiche im Gesamtkonzept nicht beachtete. Als Beispiel nannte er quantitativ oder qualitativ überhöhtes berufliches Engagement auf Kosten der anderen Bereiche und Konflikte, die auf ihn zukommen und die er nicht adäquat auffangen kann, so beispielsweise die Trennung von der neuen Partnerin (im September 1986, s. Tabelle 2).

Die Bedeutung psychischer und psychosozialer Faktoren bei der Zuckerkrankheit wurde bisher nur we-

Tabelle 2. Blutzuckerwerte (in mg/dl) vor Beginn der Psychotherapie und ihre Entwicklung bis zum Therapieende.

	Maximum	Minimum	Schwankungsbreite
Mai 1976 (Beginn des Diabetes)	788		
Nach der stationären Einstellung 1976	800	400	400
Dezember 1985 (nach 3jährigem Krankenhausaufenthalt)	600	195	405
Januar 1986 (Beginn der Psychotherapie)	600	400	200
Februar 1986	600	53	547
März 1986	400	41	359
April 1986	356	38	318
Mai 1986	400	81	319
Juni 1986	386	38	348
Juli 1986	330	62	268
August 1986	376	83	293
September 1986	400	200	200
Oktober 1986	276	46	230
November 1986	310	96	214
Dezember 1986	283	86	197
Januar 1987	196	86	110
Februar 1987	146	42	104

nig untersucht. In der psychosomatischen Forschung herrscht allerdings weitgehend Einigkeit darüber, daß ihr Verlauf durch chronische emotionale Belastung oder Konfliktsituationen beeinflußt werden kann.

Hier setzt auch die Positive Psychotherapie mit ihrem inhaltlichen Vorgehen an, indem sie nach belastenden Ereignissen fragt, die der Patient in den letzten 10

Jahren erlebt hat. Die Aktualfähigkeiten, die das Individuum in seinem Alltag prägen, werden als Erklärungsmuster verstanden, wieso gerade dieser Patient Diabetes mellitus und keine andere Krankheit entwickelt hat.

Was können Sie tun?

Die folgenden Fragen können Ihnen helfen, sich mit der Bedeutung auseinanderzusetzen, die Ihre Krankheit für Ihr Leben hat.

1) Sind Sie in Ihren Beziehungen »aus der Balance geraten«? Haben Sie das Gefühl, sich die »fehlende Wärme« selbst geben zu müssen? Fallen Ihnen noch andere Sprichworte zu Ihrer Erkrankung ein?
2) Wer hat Sie wann über Ihre Krankheit informiert?
3) Fürchten Sie, aus der Rolle zu fallen, wenn Sie nicht mitmachen (Höflichkeit), wenn – wie oft in unserer Gesellschaft üblich – Frustrationen durch Essen und Trinken kompensiert werden?
4) Verwöhnen Sie sich in Zeiten der Ruhe mit Essen? Reagieren Sie bei Spannungen mit Hunger?
5) Nehmen Sie regelmäßig die verordneten Medikamente? Wissen Sie, wie die Medikamente wirken, was Sie von ihnen erwarten können und welche Nebenwirkungen möglich sind?
6) Sind Sie mit Ihrem Beruf zufrieden? Sind bei Ihnen Entschlußfreudigkeit, Ehrgeiz und expansive Strebungen stark ausgeprägt?
7) Können Sie Wünsche und Forderungen offen (Ehrlichkeit) und in angemessener Weise (Höflichkeit) zum Ausdruck bringen?
8) Leiden Sie unter Einsamkeitsgefühlen? »Frieren« Sie in Gegenwart Ihres Partners oder anderer Menschen? Erleben Sie mangelnde Zeit, Unordnung, Unpünktlichkeit und Unhöflichkeit Ihres Partners als mangelnde Zuwendung?

9) Geben Sie anderen Menschen Wärme und Liebe?

10) Bekommen Sie in Ihren Beziehungen »Zuckerbrot und Peitsche«, werden Sie abwechselnd verwöhnt und frustriert?

11) Möchten Sie von Ihrem Partner gerne »gefüttert« werden?

12) Akzeptieren Sie im Hinblick auf Ihren Diabetes Ihre Eigenverantwortung?

13) Haben Sie die Erwartung, daß Ihr Lebensstil flexibler werden kann?

14) Haben Sie häufig das Gefühl, daß Ihre körperliche und seelische (berufliche und private) Sicherheit bedroht ist?

15) Empfinden Sie Ihre Krankheit als große Ungerechtigkeit (»Warum gerade ich?«)?

16) Was ist der Sinn des Lebens für Sie (Antrieb, Ziele, Motivation, Lebensplan, Sinn von Krankheit und Tod, Leben nach dem Tod)?

17) Akzeptieren Sie Ihre Erkrankung auch als Chance, bisher nicht erlebte Bereiche (Körper/Sinne, Beruf/Leistung, Phantasie/Zukunft) zu entwickeln?

20 »Ich bin mit 50 Jahren schon erwerbsunfähig«

(Ein Vertriebsleiter)

Noch ein langes Programm

Ein Kaufmann hatte hundertfünfzig Kamele, die seine Stoffe trugen, und vierzig Knechte und Diener, die ihm gehorchten. An einem Abend lud er einen Freund (Saadi) zu sich. Die ganze Nacht fand er keine Ruhe und sprach fortwährend über seine Sorgen, Nöte und die Hetze seines Berufes. Er erzählte von seinem Reichtum in Turkestan, sprach von seinen Gütern in Indien, zeigte die Grundbriefe seiner Ländereien und seine Juwelen. »Oh Saadi«, seufzte der Kaufmann, »Ich habe nur noch eine Reise vor. Nach dieser Reise will ich mich endlich zu meiner wohlverdienten Ruhe setzen, die ich so ersehne wie nichts anderes auf der Welt. Ich will persischen Schwefel nach China bringen, da ich gehört habe, daß er dort sehr wertvoll sei. Von dort will ich chinesische Vasen nach Rom bringen. Mein Schiff trägt dann römische Stoffe nach Indien, von wo ich indischen Stahl nach Halab bringen will. Von dort will ich Spiegel und Glaswaren in den Jemen exportieren und von dort Samt nach Persien einführen.« Mit einem träumerischen Gesichtsausdruck verkündete er dem ungläubig lauschenden Saadi: »Und danach gehört mein Leben der Ruhe,

Besinnung und Meditation, dem höchsten Ziel meiner Gedanken.«

Nach Saadi, persischer Dichter

Der 50jährige Herr T. kam nach einem sechsmonatigen Krankenhausaufenthalt und einer mehrjährigen Krankengeschichte auf Empfehlung seines Internisten erstmalig zur Psychotherapie.

Gleich zu Beginn der ersten Sitzung kam er auf seine Erwerbsunfähigkeit zu sprechen, ein Thema, das ihn mehr zu beschäftigen schien als die deutlich sichtbaren Auswirkungen seiner Krankheit. Es sprudelte eine Unzahl von Erlebnissen und Gewohnheiten hervor, die er als Belastung empfand.

▓ Das erste Gespräch

Herr T.: »Seit sieben Jahren habe ich große gesundheitliche Probleme. Es fing an mit einem Herzinfarkt, dann hatte ich im Abstand von drei Jahren zwei Schlaganfälle mit nachfolgenden Operationen. Jetzt war ich wieder sechs Monate im Krankenhaus, und es wurde die sogenannte Wibel-Operation durchgeführt, bei der die Hälfte der Bauchspeicheldrüse, die Gallenblase, der Zwölffingerdarm, zwei Drittel des Magens und noch weitere Teile des Darmes entfernt werden. Aber am schlimmsten ist, daß ich nicht mehr arbeiten kann. Meine Krankenkasse hat den Antrag auf Erwerbsunfähigkeit gestellt, und so wie es aussieht, ist es für immer...«

Therapeut: »Und dieses ›für immer‹ bereitet Ihnen Schwierigkeiten, nicht wahr? Sie haben aber wirklich gesundheitlich schon viel mitgemacht. Aber versuchen wir doch einmal, gemeinsam herauszufinden, warum Leistung für Sie so eine große Bedeutung hat und was die

Ursachen für Ihre Erkrankungen gewesen sein können. Haben Sie sich darüber schon einmal Gedanken gemacht?«

Herr T.: »Die behandelnden Professoren und Ärzte meinten, die Ursachen lägen sowohl in meiner Pedanterie als auch in meiner Hektik und übergroßem Streß. Ich kann mir das aber nicht so richtig erklären. Das letzte Jahr bis zu meiner Scheidung litt ich unter sehr starken Depressionen. Dann kämpfte ich um den Erhalt meiner Ehe. Am vierten Tag nach der Scheidung setzte ich eine Anzeige in die Zeitung, um nach einer Freundin zu suchen. In den etwa drei Jahren, bis ich meine Frau kennenlernte, hatte ich sehr viele Freundinnen und ein verrücktes Leben.«

Therapeut: »Welchen Beruf haben Sie gelernt, und was machen Sie heute?«

Herr T.: »Ich mußte einen technischen Beruf lernen, weil mein älterer Bruder etwas Kaufmännisches gemacht hat. Das war der Wille meines Vaters. Ich habe es nur sehr ungern getan. Trotzdem habe ich die Meisterprüfung abgelegt, weil das die Bedingung meines Vaters für meine Heirat war. Drei Jahre nach meiner Übersiedlung in die Bundesrepublik habe ich eine Chance ergriffen, und bin Schulungsleiter für Verkäufer und Fachhändler geworden. Ich bin dann zu einer bekannten EDV-Firma gewechselt, habe dort die Ausbildung zum Betriebswirt EDV gemacht und war bis zu meinem Ausscheiden Vetriebsleiter für das Gebiet der Bundesrepublik.«

Therapeut: »Das ist ein interessanter und erfolgreicher Weg. Da haben Sie bestimmt viel gearbeitet, um eine solche Position zu erreichen. Waren Sie in dieser Firma bis jetzt tätig?«

Herr T.: »Es war sehr hart für mich, weil ich mich hier erst zurechtfinden mußte. Vor vier Jahren bin ich in die Firma meiner Frau eingetreten, die wir gegründet hatten, um eine patentierte Idee von mir gemeinsam zu vermarkten. Die Firma läuft sehr gut, und es sind nun 19 Mitarbeiter da. Und jetzt die Operation und der Bescheid, auf dem steht, daß ich vollständig erwerbsunfähig bin. Können Sie sich vorstellen, was das bedeutet?«

Therapeut: »Ja, das kann ich mir sehr gut vorstellen, vor allem weil Sie es sehr spontan und gefühlsgeladen vortragen. Wie geht Ihre Familie mit Ihnen und Ihrer Erkrankung um?«

Herr T.: »Wenn meine zweite Frau nicht wäre, hätte ich das alles wahrscheinlich nicht überstanden. Alles, was ich tat, war in den Augen meines Vaters völlig wertlos. Für ihn waren mein Bruder und seine Tochter aus zweiter Ehe die Größten. Dabei habe ich mein ganzes Leben lang versucht, meinem Vater alles recht zu machen.«

Therapeut: »Ich habe den Eindruck, Ihre starke Beziehung zur Leistung hat ihre Wurzeln in Ihrem Wunsch nach väterlicher Anerkennung. Fällt Ihnen dazu spontan etwas ein?«

Herr T.: »Ja, das ist richtig. Meine Mutter ist früh gestorben, und bis zu meinem 13. Lebensjahr bin ich bei meinen Großeltern aufgewachsen. Nach deren Tod mußte ich zu meinem Vater und meiner Stiefmutter, und da hatte ich nichts zu lachen. Meine Stiefmutter hat mich hart und ungerecht behandelt. Mein Vater hat mir immer meinen älteren Bruder als Vorbild vorgehalten, er war für ihn immer der Größte. Ich habe von ihm nie ein Wort der Anerkennung gehört, dabei war ich während meiner Zeit als Handelsvertreter im Vergleich mit 167 Mitarbeitern nie schlechter als auf zwölfter Position.«

Therapieverlauf

Innerhalb der Therapie beschrieb Herr T. noch seinen familiären und beruflichen Werdegang näher, hier vor allem Situationen, die er als ungerecht erlebte.

»Nach dem Weggang meines Bruders wurde das Verhältnis zu meinen Eltern nicht besser, sondern noch schlechter, denn nun war ein gesundes Kind meiner Stiefmutter da. Wie wichtig dieses Kind für meine Eltern war, ersehen Sie daraus, daß meine Stiefschwester studieren durfte und beide, mein Vater und meine Stiefmutter, meinen Bruder und mich durch Testament enterbt haben und alles, auch einige besondere Erinnerungsstücke, meiner Stiefschwester vermacht haben. Meine sexuelle Erziehung holte ich mir außerhalb meines Elternhauses. Aufgeklärt wurde ich durch die Praxis. Meine anfänglichen Hemmungen konnte ich selber abbauen. Einen Gesprächspartner für meine Probleme habe ich erst in meiner zweiten Frau gefunden.«

»Jetzt möchte ich mit meiner Frau die mir noch verbleibenden Monate oder Jahre in Ruhe verleben und mich aber trotzdem um unsere Fabrik kümmern. Die Vertriebsleitung, die Kalkulation, das Marketing und die Prospektentwürfe bleiben voll in meiner Hand, weil es die anderen noch nicht können.«

»Ich habe eine besondere Einstellung zur Religion. Unmittelbar nach meiner großen Operation bekam ich eine sehr enge Beziehung zu Gott. Ich habe sehr viel geweint und weine auch heute noch sehr viel. Zum Teil aus Liebe und Dankbarkeit zu meiner Frau, aber auch aus Angst vor dem weiteren Leben. Oft zweifle ich auch an Gott, da er mir einen solchen Leidensweg auferlegt hat. Ich habe eine sehr schwache Einstellung zur Kirche. Die Freude am Leben stand bei mir lebenslang in der dunkelsten Ecke. Ich möchte und muß sie hervorheben. Ich muß ruhiger werden, ich muß beherrschter leben. Ich muß meine Frau, die Vögel und Tiere und Pflanzen intensiver kennen. Ich will leben und nicht nur arbeiten.«

Schlaganfall und Arterienverkalkung aus der Sicht der Positiven Psychotherapie

Bei Apoplexie, auch Schlaganfall, Gehirnschlag oder auch apoplektischer Insult genannt, handelt es sich entweder um eine Massenblutung im Gehirn oder um die Verstopfung einer Hirnarterie infolge einer Arteriosklerose. Mit Arterienverkalkung und Arteriosklerose bezeichnet man die krankhafte Verhärtung und Verengung der Arterien infolge abnormer Ablagerungen von Fetten, Eiweißen und Mineralstoffen in den Arterienwänden. Der Schlaganfall liegt nach den Herzerkrankungen und Krebs an dritter Stelle der Todesursachenstatistik. In der ehemaligen BRD erlitten pro Jahr etwa 90 000 Menschen einen Schlaganfall. 25 Prozent der Patienten starben in der Akutphase. Bei den übrigen tritt bei etwa 50 Prozent ein tödliches Rezidiv innerhalb von fünf Jahren auf. Das durchschnittliche Alter der Patienten liegt zwischen 65 und 70 Jahren, aber auch bei jüngeren Menschen kann ein Schlaganfall auftreten.

Die Arterien sind mit Nerven versehen, die eine Weiter- und Engerstellung ermöglichen und für die Anpassung des Organismus an wechselnde Bedingungen wie Ruhe und körperliche Anstrengung oder Temperaturwechsel unabdingbar sind.

Die Reaktion des Arteriosklerotikers auf Belastungen geht in Richtung Schutz und Abschirmung, aber damit auch Einschränkung und Einengung aller Lebensbereiche. Die Konfliktreaktion spielt sich im Bereich Körper/Sinne ab, und verläuft hier meist sehr dramatisch. Denn häufig tritt nicht nur eine funktionelle Störung auf, sondern ein totaler Ausfall einer Funktion.

Im Bereich Verstand/Leistung erfolgt nach anfänglicher Flucht in die Leistung häufig ein langsamer Rückzug von allen Leistungsanforderungen. Zum Rückzug, zur Isolierung kommt es auch im Kontaktbereich. Schließlich wird auch die Phantasie demontiert. Wie die Gefäße engt sich der geistige Horizont mehr und mehr ein. Im Volksmund bezeichnet man diesen Zustand als »Verkalkung«.

In der Erziehungssituation von Menschen, die einen Schlaganfall erlitten haben, wurde der Entwicklung der Erkenntnisfähigkeit der Vorrang vor der Entwicklung der Liebesfähigkeit gegeben. Sekundäre Aktualfähigkeiten wie Ordnung, Pünktlichkeit, Gehorsam, Sparsamkeit und Gerechtigkeit wurden gefördert, die primären Fähigkeiten dagegen wenig verstärkt, sondern wohl eher stillschweigend als vorhanden und nicht ausbaupflichtig vorausgesetzt. Dadurch, daß letztere auch nicht in der Beziehung der Eltern zueinander vorgelebt wurden, konnte das Kind sie auch nicht nachahmend übernehmen. Kontakte zu anderen Menschen, außer denen des engsten Verwandtenkreises, waren eingeschränkt. Andere Menschen kennenzulernen und damit auch andere Lebensformen und Einstellungen, war nicht erwünscht. Man legte großen Wert auf die Einhaltung familiärer Gepflogenheiten. Die Beschäftigung mit Glaubensfragen hatte im Elternhaus nur untergeordnete Bedeutung. Man legte aber trotzdem – dem Konzept »Tradition ist alles« entsprechend – Wert auf den regelmäßigen Kirchgang (insbesondere der Kinder) oder andere sichtbare Zeugnisse eines geordneten Lebens. Machte die Phantasie einmal zu große Sprünge, so hieß es: »Das hat doch keinen Sinn« oder »Das geht nicht«.

Die psychosomatischen Zusammenhänge beim Schlaganfall kommen in zahlreichen Redewendungen zum Ausdruck. Bei plötzlichen unangenehmen Überraschungen wird man »vom Schlag getroffen«, »es haut einen um«, »es verschlägt einem die Sprache«. Man fühlt sich durch seelische Belastungen wie »paralysiert« oder »gelähmt«.

Problembewältigung aus der Sicht von Herrn T.

Seinen Wunsch, psychosomatisch behandelt zu werden, begründete der Patient damit, daß er in der letzten Zeit kaum mehr mit sich zurechtkomme.

Innerhalb von 15 Sitzungen, die sich auf einen Zeitraum von fünf Monaten verteilten, konnte eine wesentliche Besserung seines Gesundheitszustandes, aber vor allem eine merkliche Änderung seiner Kommunikation zu mir und zu anderen Mitmenschen erzielt werden.

»Ich habe mittlerweile gelernt, auch negative Gegebenheiten positiv zu sehen. Der Begriff Angina temporis als Freund der Angina pectoris hat mich ungeheuer angesprochen. Zum Beispiel: Ich fahre auf der Autobahn nur noch höchstens 120 Stundenkilometer. Früher bin ich zwischen 160 und 180 gefahren. Einerseits würde ich gerne wieder so schnell fahren wollen, andererseits hätte ich vielleicht schon einen schweren Unfall gehabt. Mir fällt bei anderen auf, daß viele Kleinigkeiten negativ hochgespielt werden.«

»In der Zwischenzeit entwickelte ich eine andere Beziehung zum Geld und zur Sparsamkeit. Ich lernte, mit Geld besser umzugehen, aber nicht vom Geld und der Sparsamkeitsmoral beherrscht zu werden. Gott sei Dank wurde ich nicht von dieser Lawine erstickt, son-

dern konnte mich im letzten Augenblick noch frei-
schwimmen.«

Problembewältigung aus der Sicht des Therapeuten

Herr T. kommt, weil er seit einem Jahr unter Schlafstörungen, Selbstwertproblemen, Lebensangst und Depressionen leidet. Er kommt gerade jetzt, weil er nach
Herzinfarkt, Schlaganfällen und Operationen emotional
»tief abgesackt« war. Der Eindruck, beruflich nicht mehr
aktiv zu sein, ist bei Herrn T. so stark, daß er nur unter
größter Selbstüberwindung überhaupt noch Freude empfinden kann und jeweils danach Depressionen und Selbstmordgedanken hat.

Herr T. steht ständig unter Druck und ist unfähig,
seine Gefühle von Einsamkeit, Kränkung und Eifersucht
auszudrücken. Er sieht sich hoffnungslos an das Leistungsprinzip gekettet und richtet alle Aggressionen gegen sich selbst, so daß er immer depressiver wird. In beruflicher Hinsicht war er sehr erfolgsorientiert. Jede Nie-
derlage kratzte an seinem Selbstwertkonzept. Daher besaß für ihn die emotionale Überforderung eine besondere
Bedeutung. Die Vorbilddimensionen des Vaters waren
von Pünktlichkeit, Leistung, Ordnung und Gehorsam geprägt. Seine Depressivität verstärkte sich, als er in seiner
Krankheit nicht die Hilfe bekam, die er von seiner Umwelt erwartete.

In den bisherigen Therapiesitzungen war Herr T. in
der Lage, die Chance wahrzunehmen, die seine Krankheit
ihm aufgezeigt hatte. Er ist eigenständiger geworden und
konnte in seinem Beruf mehr delegieren. Er ist fähig, Beziehungen zu seinen Angestellten einzugehen und sich
auch mit anderen Bereichen des Lebens zu beschäftigen.

Er behauptet seine Rechte oder rivalisiert offen. Viele seiner Ansätze zur Selbstgestaltung konnten gefördert werden.

Da die Ehefrau in die therapeutische Situation mit einbezogen wurde, konnte sie ihn so weit unterstützen, daß er eine für sich günstige Lösung seiner quälenden Konflikte fand.

Herr T. schien immer wieder überrascht, welche Zusammenhänge sich bei dem Thema Leistung und Sparsamkeit für ihn auftaten. Es waren Spielformen eines betonten Sparsamkeitskonzeptes, das Besitz von verschiedenen Lebensbereichen ergriffen hatte. Die Beziehung zur Gesundheit war ebenso von diesem Sparsamkeitsprogramm betroffen wie der familiäre Umgang. Auch der Kontakt zu anderen Menschen und seine berufliche Situation litten unter seiner Sparsamkeit. Sie war auf eine noch unbestimmte Zukunft gerichtet. Da er sehr einseitig ausgerichtet war, mußte er immer wieder an Geschichten wie »Noch ein langes Programm« und »Teure Sparsamkeit« denken.

Innerhalb von 30 Sitzungen wurde die Behandlung abgeschlossen.

Was können Sie tun?

Die folgenden Fragen können Ihnen dabei helfen, sich intensiver damit auseinanderzusetzen, welche Bedeutung Ihre Erkrankung für Sie haben könnte.

1) Glauben Sie, daß Sie »verkalkt« oder »verknöchert« sind? Was hat Sie »umgehauen«? Fallen Ihnen noch andere Sprichworte zu Ihrer Erkrankung ein? Was sagen Ihnen diese Volksweisheiten?
2) Wer hat Sie wann über Ihre Krankheit informiert?

3) Praktizieren Sie das Intervalltraining, das autogene Training oder andere Entspannungsmethoden?
4) Versuchen Sie, durch täglich mindestens 15minütiges »Gehirnjogging« Ihre geistige Leistungsfähigkeit zu erhalten?
5) Nehmen Sie regelmäßig die verordneten Medikamente? Wissen Sie, wie die Medikamente wirken, was Sie von Ihnen erwarten können und welche Nebenwirkungen möglich sind?
6) Welchen Einfluß hat Ihr Beruf/Ihre Arbeit auf Ihre Erkrankung und umgekehrt? Sind Sie mit Ihrem Beruf zufrieden?
7) Haben Sie in den letzten 5 Jahren größere berufliche Veränderungen erlebt?
8) Welche sekundären Fähigkeiten können Sie ausbauen, um den Rückzug aus Leistungsanforderungen zu bremsen?
9) Stärken Sie Ihre »rechte Hirnhälfte«, indem Sie primäre Fähigkeiten wie Zeit, Vertrauen und Hoffnung durch Geschichten und Spruchweisheiten ausbauen? Können Sie dadurch Ihre Kontakte intensivieren?
10) Welche Bedeutung haben soziale Kontakte für Sie und Ihren Partner, für Freunde, Gäste, Verwandte, Nachbarn, Kollegen? Welche Gemeinsamkeiten oder Unterschiede beobachten Sie?
11) Wie gehen Ihrer Meinung nach Angehörige anderer Kulturen mit Kontakten um?
12) Haben Sie eher eine gute Beziehung zur Vergangenheit, zur Gegenwart oder zur Zukunft?
13) Haben Sie Lust, von kreativen Fähigkeiten (Musizieren, Malen, Töpfern, Schriftstellern usw.) Gebrauch zu machen?
14) Was ist für Sie der Sinn des Lebens (Antrieb, Ziele, Motivation, Lebensplan, Sinn von Krankheit und Tod, Leben nach dem Tod)?
15) Akzeptieren Sie die Erkrankung auch als Chance, bisher nicht erlebte Bereiche (Körper/Sinne, Beruf/Leistung, Kontakt, Phantasie/Zukunft) zu entwickeln?

21 »Ich verliere den Boden unter den Füßen«

(Eine Trauernde)

Die Signale des Todesengels

Ein Mann hatte mit dem Todesengel Freundschaft geschlossen. Eines Tages sagte er zu dem Todesengel: »Du Erfolgreichster aller Zeiten: wohin du auch gehst, du kommst immer zum Ziel. Ich habe eine Bitte an dich: Sage mir rechtzeitig Bescheid, bevor du mich abholst.« Der Todesengel stimmte zu. Eines Tages kam er zu seinem Freund und sagte: »Morgen werde ich dich abholen.« »Das kann nicht dein Ernst sein«, sagte der Mann, »du hast mir doch versprochen, mir rechtzeitig Bescheid zu geben.« Da antwortete der Todesengel: »Ich habe dir sehr viele Zeichen gegeben, aber du hast nie meine Signale verstanden: Als dein Vater starb, wußtest du es nicht zu deuten; als deine Mutter starb, hörtest du nicht auf diese Botschaft; als ich deinen Schwager, deinen Nachbarn und deinen Freund nacheinander abholte, hast du die Augen verschlossen. Komm morgen mit mir!« Als der Engel den Freund am nächsten Tag abholte und in den Himmel führte, zeigte er ihm Scharen von verstorbenen Menschen, die laut riefen: »Warum hast du uns nicht rechtzeitig Bescheid gesagt? Wir hätten vorher doch noch so viel erledigen können!« »Du

siehst nun«, sagte der Todesengel, »wie die Men-
schen mit meinen Signalen umgehen!«

Persische Geschichte

Die rotblonde 45jährige Frau U. mit leuchtend
blauen Augen trug ein einfaches Kleid und begegnete
mir mit einem roten Gesicht. Auch während sie später
über ihre Schwierigkeiten sprach, errötete sie konstant.
Frau U. sprach mit gedämpfter Stimme, ihre großen
Augen wirkten wäßrig, auch wenn sie keine Tränen
zeigte.

Das erste Gespräch

Frau U.: »Ich bin nervlich sehr angespannt, mein
Gedächtnis läßt in beängstigendem Maße nach, ich leide
an starken Kopfschmerzen, Schlafstörungen und sehr
starken Rückenschmerzen. Deswegen war ich schon
zweimal zur Kur. Ich habe Depressionen und Ängste, ich
traue mir nichts mehr zu. Abends und am Wochenende
fühle ich mich so schlecht, daß ich mich kaum zu Freizeitaktivitäten aufraffen kann, worunter ich auch wieder
leide, denn mir fehlt der Gedankenaustausch mit anderen
Menschen.«

Therapeut: »Sie haben Ihre Situation und Ihre vielfältigen Beschwerden sehr gut dargestellt. Sie wissen
wohl, daß alles eine bestimmte Bedeutung und einen Sinn
hat. Versuchen wir, Ihre Beschwerden unter diesem
Aspekt zu sehen. Sie sprechen von ihrer Nervosität, über
das Nachlassen des Gedächtnisses, über Kopfschmerzen,
Schlafstörungen, Rückenschmerzen, Depressionen und
Ängste.

Ihre Nervosität könnte als die Fähigkeit, auf bestimmte Lebenssituationen spontan motorisch zu reagie-

ren, angesehen werden. Das Nachlassen ihres Gedächtnisses ist die Fähigkeit, nicht alles, was geschieht, um jeden Preis zu behalten.

Kopfschmerzen sind die Fähigkeit, sich Spannungen und Konflikte durch den Kopf gehen zu lassen. Kennen Sie die Sprichworte wie: »Sich den Kopf zerbrechen«, »Den Kopf verlieren«, »Das macht mir Kopfschmerzen« oder »Sich den Kopf um ungelegte Eier zu zerbrechen«?

Ihre Schlafstörung zeigt, daß Sie sehr wachsam sind, und Ihre Rückenbeschwerden sind Ausdruck Ihrer Fähigkeit, sich zusammenzunehmen, Haltung zu bewahren und sich den gegebenen Umständen anzupassen. Ihre Ängste besagen, daß Sie die Fähigkeit haben, viel Energie aufzuwenden, also klare Zielvorstellungen haben.

Ihre Depressionen zeigen, daß Sie mit tiefster Emotionalität auf Probleme und Konflikte reagieren. Gleichzeitig bringen Sie zum Ausdruck, daß Sie das Bedürfnis haben, mit anderen Menschen zusammen zu sein nach dem Spruch: »Alle Trauer der Erde ist Einsamkeit«.«

Frau U.: »Das ist traurig aber wahr.«

Diese Erklärungen waren für Frau U. ein Gegenkonzept, auf die eigenen typischen Reaktionsweisen aufmerksam zu werden, sie differenzierter zu sehen und sich mit ihnen auseinanderzusetzen. Sie waren der Ausgangspunkt, um den Teufelskreis, in dem sich Frau U. befand, aufzubrechen.

Therapieverlauf

Frau U. berichtete in der nächsten Sitzung: »Ich war stark mit mir und meinen Beschwerden und Problemen beschäftigt und konnte oft an nichts anderes denken. Durch die Geschichten und Beispiele fiel es mir wie Schuppen von den Augen. Ich sah plötzlich, daß ich auch so frei sein kann, und daß es nun an mir liegt, dieses Bewußtsein zu entwickeln. Mir ist jetzt überhaupt erst klar, unter welchem Druck ich in all den Jahren gestanden habe.«

Therapeut: »Was haben Sie bisher dafür oder dagegen gemacht?«

Frau U.: »Nichts, außer hausärztlicher Betreuung, aber jetzt überrollt mich das Ganze wie eine Lawine.«

Therapeut: »Überlegen Sie einmal, was in den letzten fünf Jahren alles auf Sie zugekommen ist, körperlich, gesundheitlich, beruflich, familiär und gesellschaftlich?«

Frau U.: »Meine körperlichen Beschwerden habe ich geschildert. Ich leide darunter schon länger, aber ich spüre, daß die Symptome seit den letzten drei Jahren kräftig zunehmen. Beruflich bin ich sehr angespannt und fühle mich an meinem Arbeitsplatz nicht so recht wohl, nachdem es vor zwei Jahren zu einem innerbetrieblichen Arbeitsplatzwechsel kam. Mein Chef behandelt mich zynisch und arrogant, informiert mich nicht über wichtige Dinge und macht mir keine Vorgaben. Besprechungen sind selten, und ich habe keine klare Aufgabendefinition. Er akzeptiert dann zwar das Ergebnis, aber meine Unsicherheit und Anspannung nehmen zu. Ich habe Angst, den Boden unter den Füßen zu verlieren.«

Therapeut: »Und wie war die familiäre Situation?«

Frau U.: »Ich habe mich vor sechs Jahren nach 17jährigem Zusammenleben von meinem Partner getrennt. Wir waren nicht verheiratet, hatten aber ein Haus zusammen gebaut. Unsere Beziehung war für mich so unbefriedigend geworden, daß ich ausgezogen bin, nachdem ich erfahren habe, daß er Beziehungen zu anderen Frauen hat. Ein Jahr später war mein Vater schwer an Krebs erkrankt. Er wurde operiert und mußte danach noch lange im Krankenhaus bleiben. Im Jahr darauf wurde meine Schwester an Brustkrebs operiert, im nächsten Jahr starb meine Mutter ganz plötzlich, während ich im Urlaub war. Ein Jahr später kam es zu dem schon erwähnten internen Arbeitsplatzwechsel, und vor einem Jahr hatte ich einen Autounfall mit Totalschaden.«

Therapeut: »Zählen Sie selbst einmal, wieviele Verluste sie verkraften mußten, oder mit wieviel drohenden Verlusten Sie sich auseinandersetzen mußten. Gab es in Ihrer Kindheit auch Verlustsituationen?«

Frau U.: »Ja, lassen Sie mich überlegen. Wenn ich so zurückdenke, dann fing das kurz nach der Geburt meiner Schwester an, die ein Jahr jünger ist. Sie begann bereits im Alter von wenigen Wochen so zu kränkeln, daß meine Oma, die mit im Haus lebte, mich zu sich nahm und ganz für mich sorgte, als ob ich ihr Kind wäre. Diese Oma starb, als ich etwa dreieinhalb Jahre alt war. Dann fand ich in der Person eines Kriegskameraden meines Vaters, der keine Angehörigen mehr hatte und bei uns wohnte, einen zweiten Vater. Nach Berichten meiner Mutter hätte ich auch immer stolz erzählt, zwei Väter zu haben, meine Schwester aber nicht. Dann gab es noch meine andere Großmutter, die ebenfalls mit im Haus lebte, eine liebe sanfte Frau, die sehr viel Geduld hatte. Ich lebte nach dem Tod der Oma bei ihr und erinnere mich, daß ab dem Zeitpunkt, als meine Schwester in die Schule kam, wir beide im Zimmer der Großmutter schliefen. Meine Großmutter starb, als ich 12 Jahre alt war, und mein Zweitvater, als ich 17 Jahre alt war. Im Alter von 21 Jahren bin ich von zu Hause weggezogen und mußte mich in einer fremden Umgebung zurechtfinden. Und als ich erkannte, daß es in meinem erlernten Beruf keine Möglichkeiten mehr gab, begann ich eine neue Ausbildung und habe es durch viele Fachlehrgänge und Seminare bis zu meiner heutigen Position gebracht.«

Therapeut: »Sehen Sie, Sie mußten von frühester Kindheit an Verluste und Trauer verkraften. Wie sind Sie damit umgegangen?«

Frau U.: »Jetzt, wo Sie mich direkt fragen, stelle ich fest, daß mir das gar nicht bewußt war. Ich habe das bisher eigentlich so weggesteckt. Ich fühlte mich all die Jahre stabil, und sagte mir immer daß ich das aushalten könnte. Ich hatte meinen Beruf, in dem ich mich wohlfühlte und der mir Trost und Halt gab.«

Therapeut: »Denken Sie jetzt noch einmal an die Ereignisse der letzten sechs Jahre und Ihre berufliche Situation, so wie Sie sie geschildert haben. Wie beurteilen Sie dann Ihre Situation?«

Frau U.: »Jetzt erkenne ich, woraus die Lawine besteht, von der ich mich überrollt fühle, aber ehrlich gesagt, bisher habe ich mich mit dem Thema Tod und Trauer überhaupt noch nicht beschäftigt. Ich habe fürchterliche Angst, mich mit solchen Themen zu befassen. Die Vorstellung, daß mein Körper, meine Brüste, mein Bauch stinkend zerfallen können, erregt in mir eine furchtbare Angst vor mir selbst.«

In dieser Situation erzählte ich ihr die Geschichte »Die Signale des Todesengels«, die sie als Hausaufgabe mitnahm. Diese Geschichte stand symbolisch für die Neigung von Frau U., an ihrer Wirklichkeit vorbeizuleben und sich unrealistischen Bestätigungen hinzugeben. Frau U. konnte sich später mit dem Helden der Geschichte identifizieren. Sie benutzte fortan nicht mehr das stereotype »mir geht es unverändert und schlecht«, sondern versuchte, ihr tatsächliches Befinden differenzierter zu beschreiben.

Trauer und Angst vor dem Tod aus der Sicht der Positiven Psychotherapie

Trauer entsteht unter dem Eindruck der Wirklichkeit, die unausweichlich verlangt, daß man sich von einer Person, einer Beziehung, einer Vorstellung oder einer Erwartung trennt, weil diese nicht mehr besteht. Trauern ist ein sehr schmerzlicher Vorgang, der von einer unerfüllbaren Sehnsucht begleitet ist.

Gerade für den Angstpatienten ist es ein sehr mühsamer Weg, Sehnsucht und Trauer sowie ambivalente Gefühlsregungen wahrnehmen und empfinden zu lernen, ohne zugleich in hoffnungslose und panische Verzweiflung zu verfallen.

In der heftigen Trauerreaktion versucht ein Überlebender, den Tod einer geliebten Bezugsperson zunächst nicht wahrhaben zu wollen, ihn zu überspielen oder rückgängig zu machen. Während die normale Trauerarbeit nach einer gewissen Zeit beendet ist, setzt sich die abnorme Trauerreaktion aus eigenen Kräften bis zur Erschöpfung fort.

Der Tod ist etwas, das uns alle trifft und betrifft. Er ist unser gemeinsames Schicksal, und er ist uns bestimmt wie unsere Geburt. Geburt und Tod sind also das *bestimmte* Schicksal jedes Menschen. Zu unterscheiden ist unsere Einstellung zum Tod als ein *bedingtes* Schicksal, die durch unsere Erziehung, unsere Erfahrungen und unser kulturelles Umfeld bestimmt ist. Alle Religionen, so verschieden sie sind, beschäftigen sich inhaltlich mit dem Geheimnis unserer Herkunft – also mit Schöpfung und Geburt, mit dem Geheimnis von Gut und Böse, mit Leid und Gerechtigkeit und mit dem Geheimnis unserer Zukunft: Dem Tod mit der Frage, ob es ein Leben danach gibt.

Die heutigen technischen Möglichkeiten scheinen uns allmächtig gemacht zu haben. Technische Geräte funktionieren auf Knopfdruck, und Mängel lassen sich reparieren. Ähnliches erwartet der Mensch im Krankheitsfalle von der Medizin, und wird in der Erziehung die Selbständigkeit überbetont, werden Krankheiten kaum mehr ertragen.

Alle diejenigen, die gesellschaftlich nicht funktionieren, also beispielsweise Kranke und Behinderte, leben oft am Rande der Gesellschaft und ziehen sich selbst auch zurück. Das Thema Tod, vordergründig nicht mehr Bestandteil des täglichen Lebens, wird beiseite geschoben. Als Folge davon treten vermehrt Todesängste, Weltanschauungskrisen, existentielle Ängste und Flucht in Leistung, Sport und Krankheit auf.

So verschieden die Menschen sind, so unterschiedlich reagieren sie, wenn sie erfahren, daß ihr Leben auf absehbare Zeit begrenzt ist. Einige können angemessen mit den aufkommenden Gefühlen von Angst, Wut und Depressionen umgehen, so daß sie letztlich mit einer inneren Ruhe ihre letzten Tage und Wochen erleben. Andere wirken unfähig, damit umzugehen, und ihre Unzufriedenheit kann sich als starke emotionale Belastung für die umgebenden Angehörigen und das Pflegepersonal auswirken.

Die Todesangst eines Menschen hat, entsprechend den vier Qualitäten des Lebens, vier Dimensionen :

Angst vor Schmerzen und Leiden.
Angst vor Verlust des Berufes und der Selbständigkeit.
Angst vor der Trennung von geliebten Menschen. Dabei Angst davor, der Familie und den Angehörigen zur Last zu fallen.
Angst vor der eigenen Zukunft.

Jeder Patient durchläuft entsprechend der vier Konfliktverarbeitungsmöglichkeiten vier Phasen. Diese Phasen gehen fließend ineinander über, aber nicht für jeden Patienten haben diese Phasen die gleiche Gewichtung. Sie sollen helfen, den Patienten mit seinen Reaktionen im Rahmen der Therapie und Selbsthilfe besser zu verstehen.

Verleugnungsphase

Die Zeit, in der Patienten am intensivsten Rat und Beistand bedürfen, ist der Zeitraum, in dem ihnen bewußt wird, daß eine unheilbare Krankheit vorliegt und daß der Tod in nicht allzu ferner Zukunft möglich, ja wahrscheinlich ist. Es kommt zu einer intensiven emotionalen Beschäftigung mit dem Tod und der Angst vor dem Sterben. Oft verleugnen die Menschen die Schwere der Erkrankung, fühlen sich hoffnungslos und sinnlos.

Wut und Verärgerung

Daran schließt sich die zweite Phase mit stark aufkommenden Gefühlen von Zorn und Ärger an: »Warum gerade ich?«, »Was habe ich falsch gemacht?« Der Patient entwickelt Wut gegenüber anderen Menschen, die gesund sind. Einige setzen sich in dieser Phase mit Gott und der Schöpfung auseinander.

Einsamkeit und Schuldgefühle

In der dritten Phase ist der Patient Einsamkeits- und Schuldgefühlen ausgesetzt. Depressionen treten auf.

Heftige Trauer

In der vierten Phase trauert der Patient mit aller Kraft um alle früheren Verluste, um Dinge, die getan und nicht getan wurden, um Fehler, die gemacht wurden, um die Zukunft des Berufes und der Familie. Die Frage, wie es ohne ihn weiter geht, beschäftigt ihn, und er nimmt Abschied von allen geliebten Dingen. Der Patient versucht, das eigene Schicksal anzunehmen.

Nach dem Modell der Positiven Psychotherapie verfügt jeder Mensch über vier Bereiche, die bei der Konfliktbewältigung eingesetzt werden können. Bezieht man sie auf den Umgang mit Sterbenden, erscheinen folgende Aspekte wichtig:

1) Körperliche Beschwerden unter denen der Patient leidet sowie das Alter des Patienten.
2) Sorgen um die Familie, deren Zukunft und finanzielle Sicherheit
3) Die eigenen Erfahrungen im Umgang mit Sterbenden
4) Die religiösen Vorstellungen und Glaubensinhalte

Problembewältigung aus der Sicht von Frau U.

»Ich war überrascht, daß alle meine Beschwerden eine Bedeutung und einen Sinn haben. Wie oft habe ich schlaflose Nächte verbracht und all die vielen Medikamente genommen, ohne daß es mir besser ging. Mit der Bedeutung meiner Beschwerden haben Sie mich zunächst ziemlich überrascht, aber ich denke, die anfängliche Verblüffung hat einen Denkprozeß in Gang gesetzt.«

»Für mich war die Unterscheidung von bestimmtem und bedingtem Schicksal ganz wichtig und überhaupt, daß das Thema Tod von so vielen verschiedenen Seiten her angesprochen wurde. Ich habe alle Stufen des Verlustes oft mitgemacht und kann jetzt damit umgehen.

Besonders die Geschichte hat mir geholfen. Sie brachte mir ein echtes Aha-Erlebnis und hat mir gezeigt, wie sehr ich in meinem eigenen Leid gefangen war.«

»Als ich Ihnen von meiner Angst vor dem Tod und dem körperlichen Verfall berichtete, haben Sie mir mit Ihrem Vergleich sehr geholfen. Ihre Worte begleiten mich ständig. Sie fragten mich damals, ob ich abends mit Kleidern ins Bett gehe. Ich war erstaunt, wie Sie so was von mir denken konnten und was Sie mit der Frage bezweckten. Ich sagte Ihnen, daß ich meine Kleider abends sehr ordentlich in meinen Schrank hänge. Ihre Antwort war, daß ich mich wohl fühlen würde, obwohl ich meine Alltagshülle im Schrank aufgehängt hatte. Wir haben viele Hüllen um uns. Können wir uns vorstellen, daß im Sarg nur unsere Hülle liegt – analog zu dem Kleid im Schrank – und wir uns trotzdem genauso wohl fühlen können?«

»Dieser Vergleich hat mich sehr angesprochen und gefühlsmäßig fühlte ich mich beruhigt. Auf diese Idee bin ich nie gekommen. Jetzt habe ich erkannt, wie wichtig es ist, gesund, aktiv und glücklich zu leben auch auf die Gefahr hin, vom Todesengel abgeholt zu werden, als ein langes Leben voller Leid, Schmerz, Kummer und Trauer zu führen.«

Problembewältigung aus der Sicht des Therapeuten

Bei Frau U. trat eine depressive Entwicklung auf der Grundlage einer heftigen Trauerreaktion mit erheblichem Leidensdruck zu Tage. Der zentrale Konflikt von Frau U. bestand im Bedürfnis nach Sicherheit einerseits und einem ständigen Fluchtverhalten andererseits. Sie wollte ohne Krankheit, Verlust und Tod glücklich sein und flüchtete daher ständig in Arbeit, Phantasie und Krankheit.

Der Partner, die Eltern und ihre Freundinnen waren in diesem Sinne keine Stütze. Frau U. stand an der Schwelle zur eigenen Berufstätigkeit und befürchtete, indem Sie sich festlegte, zu werden wie ihre Eltern, mit denen sie sich wenig identifizieren wollte.

Die Behandlung wurde im Rahmen der fünfstufigen Psychotherapie und Selbsthilfe durchgeführt. Indem Frau U. neurophysiologische Zusammenhänge erklärt und die Todesnähe angesprochen wurde, fühlte sich Frau U. verstanden und wußte, in welche Richtung die Therapie verlaufen würde. Sie erkannte, wie wichtig es für sie war, sich mit dem Tod auseinanderzusetzen. Nachdem sie zwischen »bedingtem Schicksal«, also der Einstellung zu Tod und Verlust, und »bestimmten Schicksal«, also dem Tod selbst, zu unterscheiden gelernt hatte, konnte ich sie fragen, wie sie sich ihren eigenen Tod vorstellen würde? Als Beispiel nannte ich Krankheiten wie Herzinfarkt, Schlaganfall und Unfall oder längere Bettlägerigkeit bei Krebs oder Multipler Sklerose. Frau U., die mit solchen Fragen nicht gerechnet hatte, reagierte zunächst schockiert und dann interessiert. Sie fertigte bis zur nächsten Sitzung eine Liste mit etwa fünfzehn Krankheiten an und beschrieb kurz ihre Einstellung zu jeder.

Sie kam zu dem Schluß, daß sie von sich aus nicht festlegen könne, wie sie sterben möchte, und daß sie das den höheren Kräften überlassen müsse. Da sie die Verluste durch die Todesfälle als Ungerechtigkeiten empfunden hatte, wurden die Aktualfähigkeiten Gerechtigkeit und Glaube im Zusammenhang mit dem Thema Tod thematisiert und bearbeitet. Zusätzlich wurden ihr leicht antidepressiv wirkende Medikamente verordnet. Aussagen über den Tod und das Leben nach dem Tod von bekannten Nobelpreisträgern wirkten als Mediatoren zwischen Therapeut und Frau U. Außerdem wurden ihre Kontaktprobleme bearbeitet. Denn Kontakte waren aufgrund ihrer überbetonten Ordnungseinstellung kaum zustande gekommen. Sie war dann in der Lage, Ziele für die nächsten drei bis fünf Tage, Wochen, Monate und Jahre zu formulieren. Nach 25 Sitzungen verstand sie den Sinn ihrer Krankheit. »Lieber sinnvoll zu leben, zu dienen und zu sterben, als ein Leben lang mit Angst zu leben, um vom Todesengel fern zu bleiben.«

Was können Sie tun?

Die folgenden Fragen können Ihnen die verschiedenen Aspekte Ihrer Ängste und Depressionen erkennen helfen.

1) Was halten Sie von folgenden Sprichworten: »Furcht gibt Sicherheit« (Shakespeare); »Die Furcht hat ihren besonderen Sinn« (Lessing); »Wer zu sterben gelernt hat, hört auf, Knecht zu sein« (Seneca); »Sorge macht alt vor der Zeit«? Kennen Sie noch andere Spruchweisheiten oder Sprachbilder?
2) Antworten Sie mit körperlichen Symptomen auf Angst, Ärger, Unruhe und Konflikte?
3) Haben Sie Schwierigkeiten, sich zu entspannen?
4) Wann gehen Sie abends ins Bett? Können Sie nur schwer einschlafen? Schlafen Sie durch?
5) Wachen Sie morgens sehr früh auf? Welche Bedeutung hat für Sie der Spruch »Morgenstund hat Gold im Mund!«? Neigen Sie dazu, sich morgens schlechter zu fühlen?
6) Leiden Sie unter Kopf- oder Nackenschmerzen? Haben Sie eines der folgenden Symptome beobachtet: Zittern, Prickeln, Schwindelattacken, Schweißausbrüche, Herzrasen, Durchfall?
7) Fühlen Sie sich verlangsamt, wie abgebremst?
8) Haben Sie an Gewicht abgenommen, weil Sie an Appetitlosigkeit leiden?

9) Basiert Ihre Depression auf körperlichen Krankheiten oder auf der Art und Weise, wie Sie gelernt haben, mit solchen umzugehen?

10) Wurden Sie körperlich bestraft?

11) Wie haben Ihre Eltern sich Ihnen gegenüber verhalten, wenn Sie krank waren? Wurde Ihre Krankheit ignoriert? Wurden Sie gepflegt und in den Mittelpunkt gestellt? War es erstrebenswert, auch bei Krankheit so lange wie möglich auf den Beinen zu bleiben?

12) Nehmen Sie regelmäßig die verordneten Medikamente? Wissen Sie, wie die Medikamente wirken, was Sie von ihnen erwarten können und welche Nebenwirkungen möglich sind?

13) Wer von Ihnen, Sie oder Ihr Partner, legt mehr Wert auf Fleiß und Leistung?

14) Sind Sie mit Ihrem Beruf zufrieden? Investieren Sie Energien in Ihre Arbeit? Ist der Beruf, den Sie gewählt haben, Ihr Traumberuf?

15) Haben Sie Angst, beruflich zu versagen? Vertreten Sie Ihre Ansichten kompromißlos? Wie reagieren Sie bei Kritik oder mangelnder Anerkennung? Was mußten Sie früher tun, um von Ihren Eltern anerkannt und geliebt zu werden?

16) Wie verhält sich Ihr Partner Ihnen gegenüber, wenn Sie krank, voll Angst oder depressiv sind? Werden Sie »bemuttert«? Oder glauben Sie, daß Ihr Partner kein Verständnis für Ihre Probleme hat?

17) Haben Sie Probleme mit Ihrem Partner, die vielleicht schon über Jahre andauern und nach dem Motto »Steter Tropfen höhlt den Stein« zu Ängsten, Aggressionen und Depressionen führen? In welchen Bereichen?

18) Wer von Ihnen ist kontaktfreudiger, Sie oder Ihr Partner?

19) Hatten Sie als Kind viele Kontakte, oder waren Sie isoliert?

20) Wenn Ihre Eltern Gäste hatten, durften Sie dabei sein und mitspielen?

21) Fehlen Ihnen Kontakte und emotionale Wärme?

22) Fühlen Sie sich durch soziale Verpflichtungen und Verflechtungen, die Sie für unausweichlich halten, überfordert?

23) Beziehen Sich Ihre Ängste auf die äußere Erscheinung, sexuelle Potenz, soziale Isolierung oder »alltägliche Kleinigkeiten« wie Ordnung, Pünktlichkeit, Sauberkeit oder Sparsamkeit?

24) Welche Kriterien muß ein Mensch für Sie erfüllen, damit Sie Kontakt zu ihm aufnehmen möchten?

25) Stehen Sie für Ihre Meinung ein, auch wenn Sie anderen dadurch zuweilen »auf die Zehen treten«?

26) Wissen Sie, wie Menschen in anderen Kulturen mit Krankheiten, Arbeitslosigkeit, Trennung, Scheidung, Leid und Tod und den damit verbundenen Ängsten und Depressionen umgehen?

27) Fühlen Sie sich antriebslos, ohne Energie? Haben Sie Ihr Interesse an manchen Dingen verloren?

28) Haben Sie nur wenig Selbstvertrauen und Hoffnung?

29) Mußten Sie eine Reihe schwerer Schicksalsschläge in den letzten Jahren einstecken? Welche? Wie sind Sie damit umgegangen?

30) Empfinden Sie kleine Probleme und mikrotraumatische Situationen, die sich summieren, als unausweichliche Schicksalsschläge?

31) Betrachten Sie nahezu alles, was um Sie herum vorgeht, als Bestätigung der Sinnlosigkeit, der ausweglosen Ungerechtigkeit, der Hoffnungslosigkeit oder der Schuldhaftigkeit?

32) Haben Sie das Gefühl, mit den Anforderungen des täglichen Lebens nicht mehr fertig zu werden, nicht mehr gebraucht zu werden, »überflüssig« zu sein?

33) Empfinden Sie Angst vor der Zukunft, die sich in einem Gefühl der Sinn- und Ziellosigkeit äußert?

34) Was würden Sie machen, wenn Sie keine Ängste und Depressionen mehr hätten?

35) Akzeptieren Sie Ihre Erkrankung auch als Chance, bisher nicht erlebte Bereiche (Körper/Sinne, Beruf/Leistung, Kontakt, Phantasie/Zukunft) zu entwickeln?

22 »Ich mache mir Sorgen über mein Alter«

(Ein 77jähriger Mann)

Das ewige Leben

Ein mächtiger König wandelte vor langer Zeit durch sein Reich. Auf einem sonnenbeschienenen Hang sah er einen ehrwürdigen alten Mann mit gekrümmtem Rücken arbeiten. Gefolgt von seinem Hofstaat trat der König näher und bemerkte, daß der Alte kleine, gerade ein Jahr alte Stecklinge pflanzte. »Was machst Du da?« fragte der König. »Ich pflanze Dattelbäume«, antwortete der Greis. Der König wunderte sich: »Du bist schon so alt. Wozu pflanzt du Stecklinge, deren Laub du nicht sehen, in deren Schatten du nicht ruhen und deren Früchte du nicht essen wirst?« Der Alte schaute auf und sagte: »Die vor uns kamen, haben gepflanzt, und wir konnten ernten. So pflanzen wir nun, damit die, die nach uns kommen, ernten können.«
Der König hatte Gefallen an der Antwort und gab dem Mann ein Geldstück. Der alte Gärtner, niederkniend, dankte dem König. Der fragte: »Warum kniest du vor mir nieder?« »Ich habe nicht nur die Freude, junge Bäume zu pflanzen. Sie haben auch schon Früchte gebracht, denn du hast mir dieses Geld gegeben«, antwortete der Alte. Dies gefiel dem König wiederum so sehr, daß er dem Mann

283

noch ein Geldstück gab. Wieder kniete der Gärtner nieder und sagte: »Die meisten Bäume bringen nur einmal Früchte, während die meinigen bereits zwei Ernten eingebracht haben«. Der König lächelte und fragte: »Wie alt bist Du?« Der Mann antwortete: »Ich bin zwölf Jahre alt.« »Wie kann das sein, du schaust doch sehr alt aus?« Der Gärtner antwortete: »In den Tagen Deines Vorgängers war das Land von Kriegen und Sorgen geschüttelt, so kann ich dies nicht als einen Teil meines Lebens zählen. Aber seitdem du auf dem Thron bist, sind die Menschen glücklich und leben in Frieden. Und da es erst zwölf Jahre her ist, daß deine Herrschaft begann, so bin ich erst zwölf Jahre alt.« Dies erfreute den König so sehr, daß er notgedrungen dem Mann ein weiteres Geldstück gab und sprach: »Ich werde dich jetzt verlassen müssen, denn wenn ich dir noch länger zuhöre, verliere ich an dich noch all meinen Reichtum«.

Nach Abdu'l-Bahá

Herr W. erschien sehr gefaßt. Er war überpünktlich und dennoch ungeduldig, stets übertönt freundlich und bemüht, den Therapeuten nicht zu sehr zu beanspruchen. Er schilderte prägnant und nachfühlbar seine Situation. Auffallend war die große Hoffnung und das schnelle Vertrauen, das er dem Therapeuten entgegenbrachte.

Das erste Gespräch

Herr W.: »Ich mache mir Sorgen um meine Zukunft. Ist der Ruhestand genügend finanziell abgesichert? Werden mich nicht gesundheitliche Schwierigkeiten aus dem Gleis werfen oder mich ein langes Siechtum erwarten? Ich nehme alles viel zu ernst und zu schwer. Selbst die kleinen alltäglichen Schwierigkeiten entwickeln sich inzwischen zu ernsthaften Bedrohungen.«

Therapeut: »Ich finde es großartig, daß Sie sich in Ihrem Alter mit der Zukunft beschäftigen, Sie sind zukunftsorientiert.«

Herr W.: »Meine Frau hält mich deswegen für verrückt und sagt, ich mache mir unnötige Sorgen, wenn ich immer an die Zukunft denke.«

Therapeut: »Es kommt darauf an, wieviel Sie an die Zukunft denken, welche Themen dabei im Vordergrund stehen und was Sie damit erreichen wollen.«

An dieser Stelle erzählte ich Herrn W. die folgende Anekdote:

Ein Mann spielte täglich sechs Stunden Klavier. Sein Freund fragte ihn: »Warum spielst du soviel und das jeden Tag?« » Es kommt darauf an, was man damit erreichen will«, antwortete der Mann. »Was willst du damit erreichen?«, fragte der Freund. »Die Wohnung nebenan«, sagte der Mann.

Herr W.: »Lustig, lustig!«

Therapeut: »Wie jung sind Sie, Herr W., und seit wann leben Sie im Ruhestand?«

Herr W.: »Ich bin 77 Jahre alt und habe vor zwölf Jahren damit begonnen, mich aus dem Berufsleben zurückzuziehen. Meine Frau und ich haben unser Haus verkauft und sind in eine Eigentumswohnung in der Stadt gezogen. Ich habe meinen Anteil an dem Geschäft verkauft und alle Ehrenämter aufgegeben. Einen weiteren Betrieb habe ich etwas später abgegeben.«

Therapeut: »Was sind Ihre körperlichen Beschwerden?«

Herr W.: »Ich leide seit etwa meinem 12. Lebensjahr an einem starken Zittern der Hände, das wahrscheinlich angeboren ist. In der letzten Zeit wird nun das Zittern, das dann verstärkt auftritt, wenn ich mich beobachtet fühle oder in Gesellschaft ein Glas oder eine Tasse hochheben will, immer stärker, so daß ich derartige Situationen meide. Manchmal tritt der Tremor auch beim Schreiben auf, selbst dann, wenn ich alleine bin. Hinzu kommen unregelmäßige Blutdruckschwankungen und deren Begleiterscheinungen wie Benommenheit, Ohrensausen, Konzentrationsschwäche, Schlafstörungen, große allgemeine Unruhe. Ich lese so gerne, aber das ist im Augenblick gar nicht möglich.«

Therapeut: »Haben Sie sich schon einmal mit dem Tod und der Frage, ob es ein Leben nach dem Tod gibt, beschäftigt?«

Herr W.: »Ich weiß, daß alles irdische Leben vergänglich ist, und daß auch meine Zeit irgendwann einmal abgelaufen sein wird. Es ist nicht so sehr das Ende, daß ich fürchte, sondern die Umstände, die dazu führen können, insbesondere ein langes Siechtum mit einem langsamen Verfall der körperlichen und geistigen Kräfte. Außerdem mache ich mir viele Sorgen, ob ich meine Frau in diesem Fall auch ausreichend versorgt zurücklassen werde.«

An dieser Stelle erzählte ich Herrn W. die »Geschichte vom ewigen Leben« und fragte ihn nach seiner spontanen Meinung. Es zeigte sich dabei, daß diese Geschichte bei ihm eine ausgesprochene Ventilfunktion hatte.

Therapieverlauf

Herr W. und seine Frau wurden anhand der fünfstufigen Therapie behandelt. In der ersten Stufe erfolgte die Bewußtwerdung der positiven Aspekte seines bisherigen Lebens. Dieser Rückblick führte zu einer Entlastung und Bestätigung seines Selbstwertgefühls. In der zweiten Stufe, der Inventarisierung, sollte er eine Bilanz aufstellen und sich bei der genauen Betrachtung der Soll- und Haben-Posten seine finanzielle Situation vergegenwärtigen. In der Stufe der situativen Ermutigung wurde mit Herrn W. in Anwesenheit seiner Frau immer wieder über die Früchte seiner beruflichen Leistung gesprochen. In der Stufe der Verbalisierung wurden die Probleme zwischen ihm und seiner Frau sowie zu anderen Menschen inhaltlich konkretisiert. Dabei spielten folgende Aktualfähigkeiten eine zentrale Rolle: Höflichkeit – Ehrlichkeit, Kontakt, Sparsamkeit und Hoffnung.

Die fünfte Stufe, Zielerweiterung, erwies sich für Herrn W. als ein tragendes Element. Seine Ängste bezüglich Alter, Zukunft, Sterben, Tod und Leben nach dem Tod wurden für ihn faßbar, er konnte sie definieren und die positiven Aspekte seiner Befürchtungen erkennen und wahrnehmen.

Er erkannte, daß er immer einseitig nur auf Leistung ausgerichtet war. Aus diesem Grund wurzelten die Ängste gerade in den defizitären Bereichen.

Die Geschichte »Teure Sparsamkeit« begleitete ihn innerhalb und außerhalb der Therapie und besaß innerhalb der Therapeut-Patient-Beziehung eine Mediatorfunktion.

Der Fragebogen, der am Ende des Kapitels wiedergegeben ist, ermutigte ihn, die Konzepte seiner Frau als Erweiterungskonzepte zu akzeptieren und die vier Bereiche in ein Gleichgewicht zu bringen.

Probleme mit dem Alter aus der Sicht der Positiven Psychotherapie

In unseren Breiten wird – anders als beispielsweise in einigen orientalischen Kulturen – das Altern eher als negativ empfunden. Das Nachlassen körperlicher Aktivitäten, Krankheiten, Stoffwechselveränderungen, Aufgeben der beruflichen Tätigkeit, soziale Isolierung und Hoffnungslosigkeit haben Einfluß auf das Lebensgefühl, das wiederum auf das Körper-Ich-Gefühl zurückwirkt.

Ältere Menschen suchen – besonders auch nach Scheidung oder Tod des Partners – nach einem Lebenssinn, der sie beschäftigt und bestätigt. Sie finden ihn mit auffälliger Regelmäßigkeit in zwei Bereichen: erstens im eigenen Körper, dessen altersbedingte oder krankhafte Veränderungen Stoff nicht nur für jahrelange Grübeleien, sondern auch für ungezählte Konsultationen bei verschiedenen Ärzten geben. Die Störungen werden zum Vorwand, den Kontakt und die Aufgaben zu erhalten, die sie brauchen.

Der zweite Schwerpunkt läßt sich als »Gerechtigkeitsproblematik« bezeichnen. Sie wird aktiviert durch das Gefühl, in Familie und Beruf nicht mehr gebraucht zu werden. Unsere Beobachtungen zeigen, daß bei vielen älteren Menschen in Deutschland von Jugend auf die Bereiche Leistung und Körper im Mittelpunkt standen, während Kontakt und Phantasie im Zusammenhang mit Sinnfragen weniger entwickelt wurden. Weder die Gesellschaft noch der Einzelne fragen sich nach positiven Aspekten des Alterns. Im Zuge der schnellen technischen Veränderungen verliert leider die praktische Lebenserfahrung ihre Bedeutung und damit auch die Weitergabe von Erfahrungswissen zwischen den Generationen. Auch die unterschiedlichen gesellschaftlichen und individuellen Konzepte bezüglich des Zusammenlebens mit alten Menschen in der Familie führen in den westlichen Kulturen zu einer besonderen Problematik des Alters.

Für das Altern und den Umgang mit dem Alter ergeben sich aus den unterschiedlichen Familienkonzepten wichtige Konsequenzen.

Die in unserem Kulturkreis stark betonte Selbständigkeit des Einzelnen führt zu Reaktionen wie »Ich will meinen Kindern nicht zur Last fallen«, die nicht selten den emotionalen Bedürfnissen und Wünschen entgegenstellen. Die Einstellung »Wenn ich erst Rentner bin, dann ...« läßt häufig ein Loch entstehen, aus dem kein Ausweg gesehen wird. Dabei fängt die Vorbereitung auf das Altern viel früher an:

Wer schon früher gesundheitsbewußt gelebt hat und Risikofaktoren vermieden hat, wird wahrscheinlich weniger körperliche Probleme haben.

Wer schon während der Berufstätigkeit Hobbys nachgegangen ist, die ihm Freude gemacht haben, ist nicht ohne Beschäftigung.

Wer Kontakte zu seinen Arbeitskollegen, Nachbarn, Freunden hatte, wird auch im Alter nicht alleine sein und muß nicht alle erhoffte Ansprache von der Familie erwarten.

Wer sich realistisch mit seinen Fähigkeiten und Möglichkeiten im Alter auseinandergesetzt hat, den überfallen weniger Ängste und Depressionen.

Problembewältigung aus der Sicht von Herrn W.

Herr W.: »Durch meine Ängste vor der Zukunft konnte ich mich nicht an der Vergangenheit erfreuen, an dem, was ich geleistet hatte, ich lebte auch nicht in der Gegenwart. Das zeigte sich an den Konflikten mit meiner Frau, die ein fröhlicher, unternehmungslustiger Typ ist. Ich habe mich total zurückgezogen, ohne daß mir das bewußt war, keine Einladungen, keine Reisen, alles aus Sparsamkeitsgründen.« Herr W. erzählt Erfahrungen, die er als Kind mit seinen Eltern während der Zeit nach dem ersten und während des zweiten Weltkrieges gemacht hat.

»Mir wurde bewußt, daß meine Tüchtigkeit, Genauigkeit, Ordnung und Pünktlichkeit, also die preußischen Eigenschaften, mir geholfen haben, nach dem Krieg neu aufzubauen und in verschiedenen Ehrenämtern und Vereinen erfolgreich zu sein. Jetzt habe ich eigentlich die Chance, mit Hilfe meiner Frau den dritten Bereich – die Kontakte – aufzubauen und mich für die längste Reise des Lebens vorzubereiten.«

Ehefrau: »Nach seinem Rückzug aus dem Berufsleben war es mit meinem Mann nicht auszuhalten. Er mußte zu Hause dauernd etwas machen, reparieren, sich Beschäftigung suchen. Wenn ich dagegen war, wurde er wütend und spielte sich auf. Er war regelrecht ein Haustyrann und wollte auch in meinem Bereich alles besser wissen.«

»Durch die Gespräche mit Ihnen ist er viel umgänglicher geworden. Ich habe den Eindruck, erst jetzt ist wieder ein Gespräch mit ihm möglich, in dem ich meine Gedanken und Vorstellungen auch sagen kann.«

»Sein Zittern hat sich erheblich gebessert, er spricht nicht mehr so ängstlich von der Zukunft. Er unternimmt jetzt etwas mit mir, auch wenn es ihm noch schwer fällt.«

»Die vier Bereiche und die Geschichte ›50 Jahre Höflichkeit‹ haben uns sehr viel Stoff zum Nachdenken gegeben. Wir wundern uns, wie oft wir uns in verschiedenen Fragen wiederfinden. Mein Mann ist viel ruhiger und entspannter und macht sich weniger Sorgen um die Zukunft, seitdem er sich mit dem Thema Tod beschäftigt hat.«

Problembewältigung aus der Sicht des Therapeuten

Das Beispiel von Herrn W. zeigt, daß es auch in hohem Alter möglich ist, den Menschen in seiner Gesamtheit zu erfassen und ihm neue Orientierungsmöglichkeiten anzubieten. Die Erweiterungen im Bereich Kontakt, Phantasie und Zukunft führten bei Herrn W. zu einer Entlastung in den Bereichen Körper und Leistung. Sein körperlicher Zustand besserte sich merklich, und die Versagensängste wurden relativiert.

Was können Sie tun?

Die folgenden Fragen haben nicht nur Herrn W. geholfen. Sie können auch für andere ältere Menschen benötigte Orientierungshilfe sein.

Körper-Ich-Gefühl
1) Legen Sie Wert auf Körperpflege, auf Ihre Kleidung, Ihre Frisur?
2) Halten Sie sich durch Gymnastik, Wandern, Schwimmen oder eine andere Sportart fit?
3) Atmen Sie öfters einmal tief durch?
4) Können Sie sich durch autogenes Training, Yoga oder andere Übungen lockern und entspannen?
5) Achten Sie auf Art und Menge Ihrer Ernährung?
6) Ist das Essen für Sie eine Gelegenheit, Kontakte zu pflegen oder anzuknüpfen?
7) Halten Sie sich an Ihre Diätvorschriften?
8) Wie ist Ihre Verdauung?
9) Haben Sie einen bestimmten Rhythmus bezüglich des Schlafens (Zeit des Zu-Bett-Gehens, Aufstehens)?
10) Legen Sie Wert auf Körperkontakt und Zärtlichkeit? Mit wem haben Sie diese Art von Kontakten?
11) Haben Sie noch sexuelle Kontakte, oder haben Sie keine Gelegenheit oder Neigung mehr dazu?
12) Was tun Sie, wenn Sie Schmerzen haben? Nehmen Sie Medikamente?
13) Entspannen Sie sich? Verhalten Sie sich eher aktiv oder passiv?

Leistung – Die Fähigkeit, aktiv zu bleiben

Hierzu gehört die Art und Weise, wie Leistungsnormen ausgeprägt sind und wie sie in das Selbstkonzept eingegliedert werden. Denken und Verstand ermöglichen es, systematisch und gezielt Probleme zu lösen und Leistungen zu optimieren.

1) Womit beschäftigen Sie sich in Ihrer Freizeit?
2) Haben Sie ein Hobby?
3) Fühlen Sie sich noch in der Lage, eine »nützliche« Tätigkeit auszuüben?
4) Haben Sie Lust, etwas Neues anzufangen (beispielsweise eine Sprache zu erlernen oder eine handwerkliche Kunst wie Töpfern, Emaillieren, Batiken)?
5) Könnten Sie anderen bei ihren schulischen oder beruflichen Problemen aus Ihrer Erfahrung beratend oder helfend zur Seite stehen (beispielsweise Kindern bei den Schulaufgaben helfen)?
6) Können Sie etwas »organisieren« (beispielsweise eine Reise, eine Ausstellung oder einen Diavortrag)?

Kontakt – Die Fähigkeit, Beziehungen aufzunehmen und zu pflegen

1) Auf welche »Aktualfähigkeiten« legen Sie bei Menschen, zu denen Sie Kontakt haben oder aufbauen möchten, besonderen Wert: Ordnung, Sauberkeit, Pünktlichkeit, Höflichkeit, Ehrlichkeit, Treue, Geduld, Zuverlässigkeit, Vertrauen, Hoffnung, Zärtlichkeit, Sexualität, Religion?
2) Welche dieser Aktualfähigkeiten sind für Sie »allergische Punkte«, die Kontakt erschweren oder verhindern?
3) Wo haben Sie diese Einstellungen »gelernt«, wer hat sie Ihnen vermittelt?
4) Wie sind die Kontakte zu Ihren Angehörigen?
5) Können Sie alte Kontakte wieder aufleben lassen, indem Sie selbst die Initiative ergreifen?

6) Können Sie sich mit anderen Menschen zusammen-
tun, die einsam sind und etwas zusammen unternehmen oder ins Leben rufen (beispielsweise einen Club
für gemeinsame Hobbies)?
7) Können Sie durch Kontaktangebote etwas für andere
Menschen tun (beispielsweise Schulaufgaben von
Kindern berufstätiger Eltern betreuen, Babysitten)?
8) Beteiligen Sie sich am Vereinsleben, an Bürgerinitiati-
ven, in einer Kirchengemeinde, in einer Partei etc.?

Zukunft und Phantasie: Die Fähigkeit, sich die Zukunft auszumalen

1) Womit beschäftigen Sie sich vorwiegend in Ihrer
Phantasie: mit Ihrem Körper, Ihrem (ehemaligen)
Beruf, Möglichkeiten des Kontakts, philosophisch-
weltanschaulichen Fragen?
2) Haben Sie Pläne für Ihre Gegenwart und Zukunft,
die Sie in Angriff nehmen können?
3) Beschäftigen Sie sich – aktiv oder passiv – mit
Musik, Malerei, Plastik, Literatur? Wer ist Ihr Lieb-
lingsautor?
4) Welche Rolle spielt die Religion in Ihrem Leben?
5) Was ist der Sinn Ihres Lebens? Der Sinn von Gesundheit und Krankheit?
6) Setzen Sie sich mit der Frage des Todes auseinander?
7) Gibt es für Sie ein Leben nach dem Tod?
8) Tun Sie etwas für Ihre Umwelt (Luft, Boden, Pflanzen, Tiere) oder können Sie sich für Ihre Umwelt
engagieren?
9) Beschäftigen Sie sich mit Fragen der Politik?
10) Ist für Sie der Weltfrieden ein erreichbares Ziel?
Was können Sie dafür tun?
11) Wie denken Sie über die Frage der Einheit der
Menschheit? Ist sie für Sie ein Ziel? Wie kann sie
realisiert werden?
12) Akzeptieren Sie Ihre Beschwerden auch als Chance,
bisher nicht erlernte Bereiche (Körper/Sinne, Leistung, Kontakt, Phantasie/Zukunft) zu entwickeln?

Eine Metapher als Schlußwort

Die Situation eines Kranken gleicht in vieler Hinsicht der eines Menschen, der über längere Zeit hinweg nur auf einem Bein steht. Nach einiger Zeit verkrampfen sich seine Muskeln, das belastete Bein beginnt zu schmerzen. Er ist kaum in der Lage, das Gleichgewicht zu halten. Doch nicht nur das Bein schmerzt, die gesamte Muskulatur beginnt sich in dieser ungwohnten Haltung zu verspannen und zu verkrampfen. Der Leidensdruck wird unerträglich, der Mensch schreit um Hilfe.

Die Helfer eilen herbei, und während er weiter auf dem einen Bein stehenbleibt, beginnt ein Helfer, das belastete Bein zu massieren. Ein anderer nimmt sich die verkrampfte Nackenpartie vor und walkt sie nach allen Regeln der Kunst durch. Ein dritter Helfer sieht, daß der Mensch sein Gleichgewicht zu verlieren droht, und bietet ihm seinen Arm als Stütze an. Von den Umstehenden kommt der Rat, der Mensch solle vielleicht seine beiden Hände zu Hilfe nehmen, damit ihm das Stehen nicht mehr so schwer falle. Ein weiser alter Mann schlägt vor, er solle daran denken, wie gut er es eigentlich habe, wenn er sich mit Menschen vergleicht, die überhaupt keine Beine besitzen. Beschwörend redet einer auf ihn ein, er solle sich vorstellen, er sei eine Feder, und je intensiver er sich darauf konzentriere, um so mehr würden seine Leiden *nachlassen. Ein abgeklärter Alter setzt wohlmeinend hinzu: »Kommt Zeit, kommt Rat.«*

Schließlich geht einer der Zuschauer auf den Leidenden zu und fragt: » Warum stehst du auf einem Bein? Mach doch das andere gerade und stelle dich darauf. Du hast doch ein zweites Bein!«

Unterdrückte oder einseitig überbetonte Fähigkeiten sind eine Quelle von Streß und Konflikten, die zu seelischen und psychosomatischen Störungen führen können. Die Konflikte lassen sich jedoch lösen, wenn wir erkennen, daß sie im Laufe unserer Lebensgeschichte entstanden sind und deshalb kein notwendiges und unausweichliches Schicksal sein müssen, sondern Probleme und Aufgaben, die wir zu lösen versuchen können.

Danksagung

Kollegen, Patienten und Teilnehmer von Seminaren
danke ich für Erkenntnisse, die sie mir im Verlaufe meiner psychotherapeutischen und psychosomatischen
Tätigkeiten vermittelt haben. Die Falldarstellungen ent-
stammen meiner psychotherapeutischen Arbeit in Ein-
zel-, Familien- und Gruppenpsychotherapien. Natürlich
wurden Namen und Daten verändert, um die Anonymi-
tät zu wahren.

Meiner Mitarbeiterin, Frau Ingrid Hofmann, danke ich für ihre sorgfältige Hilfe und vielfältige Unterstützung und für die Anregungen zur Gestaltung des Buches.
Mein besonderer Dank gilt dem Springer-Verlag Heidelberg, Frau Ilse Wittig, für ihr Interesse, ihr Entgegenkom-
men und ihre Ermutigungen. Meinen Mitarbeiterinnen
Frau Christiane Müller und Frau Karin Elsner danke ich
für ihre Aufgeschlossenheit und Zuverlässigkeit bei der
sorgfältigen Schreibarbeit. Schließlich danke ich meiner
Frau Manije als Familientherapeutin und meinen Söhnen
Hamid und Nawid, die als Psychiater und Psychotherapeuten mit ihren Ehepartnerinnen (Barbara und Shida)
viele Anregungen gaben.

Vor allem möchte ich hier diejenigen nennen, die
mich motiviert und zur Weiterentwicklung in Theorie
und Praxis angeregt haben: Prof. Dr. med. R. Battegay

(Basel); Prof. Dr. med. G. Benedetti (Basel); Prof. Dr. med K. Jork (Frankfurt/M.); Prof. Dr. Dr. h.c. E. Kuntz (Wetzlar); Prof. Dr. med. P. Kutter; Prof. Dr. med. H. J. Rheindorf (Bad Homburg); Dr. med. U. Boessmann (Wiesbaden); Direktor Herzog (Montabaur); Dr. med. W. Hoenmann; Willi Köhler† (Frankfurt/ M.); Dr. med. M. Popovic (Frankfurt/M.); Dr. med. H. Röthke (Fulda); Dr. med. D. Schön (Regensburg), Dr. med. A. Remmers (Ortenberg), Herrn Dipl. Päd. G. Hübner (Langenhain), Frau Dr. med. H. Sombroek (Darmstadt) und Frau Dr. med. Ch. Hohenschutz (Wiesbaden).

Während dieses Buch auf streßgeplagte Menschen in verschiedenen Berufsgruppen und Lebensphasen eingeht, gehen die Bücher *Psychosomatik und Positive Psychotherapie* (erschienen im Springer-Verlag und Fischer-Verlag), *Positive Psychotherapie, Psychotherapie des Alltagslebens, Der Kaufmann und der Papagei* und *33 und eine Form der Partnerschaft* (erschienen als Taschenbücher beim Fischer-Verlag) vorrangig auf psychotherapeutische Fragestellungen und Selbsthilfe ein, so daß letztlich ein Buch das andere ergänzt. Daher werden an manchen Stellen bestimmte Konzepte zur Verdeutlichung der Streßbewältigung aus meinen früheren Arbeiten einbezogen.

Nossrat Peseschkian

Literaturverzeichnis

Bahá'u'lláh (1990) Worte der Weisheit – Verborgene Worte. Bahá'i-Verlag, Hofheim

Battegay R (1992) Grenzsituationen. Fischer, Frankfurt

Benedetti G (1983) Die umweltbedingten Depressionen. Zeitschrift für Positive Psychotherapie 6: 18–35

Biemer K (1994) Streß: Epidemiologie und Prävention. Huber, Bern Göttingen

Bräutigam W, Christian P (1993) Psychosomatische Medizin. Thieme, Stuttgart

Dührssen A (1981) Psychogene Erkrankungen bei Kindern und Jugendlichen. Vandenhoeck & Ruprecht, Göttingen

Freud S (1956) Abriß der Psychoanalyse. Fischer, Frankfurt

Heinemann E (1996) Aggression. Verstehen und bewältigen. Springer, Berlin Heidelberg New York

Herzog R (Hrsg) (1995) Konflikt-Management. Anregungen. ADG, Heft 8, Schloß Montabaur

Hoffmann SO, Hochapfel G (1995) Neurosenlehre. Psychotherapeutische und Psychosomatische Medizin, 5. Aufl. Schattauer, Stuttgart New York

Kutter P (1989) Moderne Psychoanalyse. Eine Einführung in die Psychologie unbewußter Prozesse. Verlag Internationale, München Wien

Lübke H (1990) Der Lebenssinn der Industriegesellschaft. Springer, Berlin Heidelberg New York

Lukas A, Vetter U (Hrsg) (1993) Management. Gabler, Wiesbaden

Marks I (Hrsg.) (1993) Ängste. Verstehen und bewältigen. Springer, Berlin Heidelberg New York

Mentzos S (1992)Neurotische Konfliktverarbeitung. Einführung in die Psychoanalytische Neurosenlehre unter Berücksichtigung neuer Perspektiven. Fischer, Frankfurt

Peseschkian N (1993) Psychosomatik und Positive Psychotherapie. Transkultureller und interdisziplinärer Ansatz am Beispiel von 40 Krankheitsbildern. Springer, Berlin Heidelberg New York

Peseschkian N (1996) Der Kaufmann und der Papagei. Orientalische Geschichten in der Positiven Psychotherapie, 22. Aufl. Fischer, Frankfurt

Peseschkian N (1993) Auf der Suche nach Sinn. Psychotherapie der kleinen Schritte. Fischer, Frankfurt

Peseschkian N (1996) Positive Psychotherapie: Hoffnung ist der Schlüssel zur Heilung. In: Natur und Heilen, München

Schonert-Hirz S (1995) Der Brigitte Streß-Ratgeber für Frauen. Goldmann, München

Schmitz C, Gester P, Heitger B (Hrsg) (1992) Managerie. Auer, Heidelberg

Wolfersdorf M (1994) Depression. Verstehen und bewältigen. Springer, Berlin Heidelberg New York

Weitere Literatur beim Verfasser